FOLIO BIOGRAPHIES

collection dirigée par

GÉRARD DE CORTANZE

Alexandre Dumas

par

Sylvain Ledda

Gallimard

Crédits photographiques :

1 : Leemage / Josse. 2, 11 et 14 : BnF, Paris. 3 : RMN - GP (musée du Louvre) / Jean-Gilles Berizzi. 4 : RMN - GP (musée d'Orsay) / Hervé Lewandowski. 5 et 13 : adoc-photos. 6 et 8 : Roger-Viollet. 7, 10 : Akg-images / Gilles Mermet. 9 : adoc-photos / Coll. LD. 12 : Bridgeman Images / Roger-Viollet. 15 : Roger-Viollet / musée Carnavalet. 16 : Coll. part. 17 : Bridgeman Images / Ken Welsch. 18 : Roger-Viollet. 19 : Ministère de la Culture - Médiathèque du Patrimoine, Dist. RMN - GP / Atelier de Nadar.

Sylvain Ledda est professeur de littérature française à l'université de Rouen, membre du CÉRÉDI. Spécialiste du romantisme, il a consacré plusieurs ouvrages à la littérature des années 1830, en particulier à Alfred de Musset et au théâtre romantique. Il codirige actuellement une édition du *Théâtre complet* d'Alexandre Dumas.

À mon père

Quand la vie est un roman

Alexandre Dumas a appris à des générations successives le plaisir fabuleux de la lecture. Écrivain né avec son siècle, contemporain de Victor Hugo, l'homme a connu un itinéraire d'exception, maintes fois décrit, souvent commenté, parfois méjugé. Deux mots viennent à l'esprit de celui qui se plonge dans la vie de cet infatigable travailleur : *énergie* et *démesure*. Pour Balzac, le terme « énergie » est chargé d'un sens qui n'est plus tout à fait celui qu'on lui prête aujourd'hui. Il désigne la circulation d'une force vitale, indissociable de la création et même du génie. Dumas est un enfant du siècle, celui d'une « génération ardente » et « nerveuse*[1] », telle que l'a décrite Musset. Comme bien des écrivains nés après la Révolution, Dumas est un homme de ruptures et de contradictions.

Au miroir du romantisme, la vie et l'œuvre d'un des plus grands écrivains français font naître bien des clichés. Les chatoiements d'une existence hors du commun, avec ses apothéoses et ses chutes,

* Les notes bibliographiques sont regroupées en fin de volume p. 341.

aimantent fantasmes et affabulations, entretenues par Dumas lui-même. Sa passion pour le théâtre, ses amours tumultueuses, ses amis, ses voyages, la chasse, l'art culinaire, Dumas les a cultivés avec une singulière fécondité, créant la légende de son existence en la vivant. Mais ce n'est pas là son unique secret. Dumas possède deux qualités dont jamais il ne se départit : le sens de l'humour — donc de la distance — et le don très rare de la *renaissance*. Dumas sait revenir briller sur le devant de la scène quand on le croit réduit aux affres de l'ombre ; il sait faire refleurir la branche quand on la croyait sèche ; il possède enfin l'intuition qu'il faut fuir quand l'air de Paris devient irrespirable et que les créanciers griffent à la porte. Comme le mystérieux Balsamo, plus connu sous le nom de comte de Cagliostro, personnage du *Collier de la reine*, Dumas possède l'art d'être là et ailleurs en même temps : dans la fiction et dans la vie, comme si ces deux mondes, par la magie de l'écriture, pouvaient s'interpénétrer.

Dumas n'est pas venu, comme Balsamo, dans ces temps mémoriels qui échappent à l'histoire des hommes. En témoigne son acte de naissance, enregistré à Villers-Cotterêts, à la date du 2 Thermidor an XI du calendrier républicain (24 juillet 1802). Quand Dumas voit le jour, l'Occident est dominé par Bonaparte ; bien qu'encore consul, le futur empereur a déjà dessiné l'orbe d'un destin qui le conduira des oliviers sauvages de Corse aux saules pleureurs de Sainte-Hélène. Alexandre Dumas est fils d'un siècle de révolutions et d'un général qui a gagné ses galons en servant la République. Il partage cette ascendance militaire avec Victor Hugo, son aîné de quelques mois. Toute sa vie, malgré des dissensions, Dumas lui vouera une admiration indéfectible. Tous deux sont hantés par l'Histoire avec une grande H, passée et présente. Hugo, plus prophète que Dumas, y ajoutera l'avenir. Alexandre Dumas, le « fascinateur souverain des esprits et des consciences », selon le mot de Jules Janin, a poussé les limites de son siècle vers les siècles passés :

> L'homme qui a fait vivre, qui a fait agir, qui a fait parler, qui a fait mourir plus de héros, plus de romans et plus d'histoires que Dieu lui-même ! C'est toi Dumas que le peuple de France invoque dans ses misères et dans ses joies ; sa consolation, son espérance viennent de toi[2].

À l'instar de cet éloge, l'œuvre de Dumas excède les frontières de l'espace et du temps, offrant au lecteur l'image d'une vie *extraordinaire*.

Généalogies

On dit toujours que la joie ne fait pas de mal, et voilà pourquoi je suis entré ici sans préparation. Voyons, souris-moi, au lieu de me regarder comme tu le fais, avec des yeux égarés. Je reviens et nous allons être heureux.

Le Comte de Monte-Cristo[1]

« Il était l'un des plus beaux jeunes hommes qu'on pût voir[2]. » Ces mots ne sont pas le début de quelque récit merveilleux ni même les premières lignes d'un roman historique d'Alexandre Dumas. Ces mots tracent le portrait d'un père, Thomas-Alexandre Davy de la Pailleterie, mieux connu sous le nom du général Dumas. Dans l'imaginaire de l'écrivain, ce père est un extraordinaire lieu de cristallisation héroïque. Alexandre Dumas a de quoi s'enorgueillir de la destinée de son illustre géniteur. Né à Saint-Domingue (aujourd'hui Haïti) en 1762, Thomas-Alexandre est un mulâtre, fruit des amours du libertin marquis de la Pailleterie et d'une esclave affranchie, Marie-Césette Dumas. Ce patronyme, qu'Alexandre portera à son plus haut degré d'incandescence, viendrait de la précision topographique « du Mas », car sa grand-mère Marie-Césette vivait dans un mas. Plus récemment, arguant des origines gabonaises de la grand-mère d'Alexandre, on a prétendu que le nom de Dumas était issu du bantou *Dumâ*, qui signifie *dignité*. L'idée est belle... Quelle que soit l'origine exacte de ce nom, Thomas-Alexandre est issu d'une union singulière : il est le fils d'un marquis de la petite noblesse normande et d'une esclave noire. La première conséquence de cette alliance romanesque, c'est l'abandon par le marquis des enfants, deux garçons et deux filles, des bâtards qu'il monnaye. Cette fêlure des origines ne s'effacera jamais tout à fait de l'imaginaire d'Alexandre Dumas.

Sans qu'on en sache véritablement la cause, le marquis rachète Thomas-Alexandre, le fait venir en France, l'éduque et l'intègre à la bonne société. Le jeune homme excelle dans le maniement de l'épée et se lie d'amitié avec l'un des meilleurs fleurettistes du XVIIIe siècle, le chevalier de Saint-Georges qui, comme lui, est né d'un colon et d'une esclave. Saint-Georges, « le roi des gymnastes, l'élégant mulâtre, l'homme à la mode, l'homme supérieur dans tous les exercices du corps[3] », est un être d'exception. Excellent musicien, escrimeur de génie, formé aux idées des Lumières et servant des causes justes, Saint-Georges prouve au jeune Davy de la Pailleterie qu'en des temps où le préjugé de race est prégnant dans les mentalités, un mulâtre peut exercer ses talents avec brio et réussir en société. C'est aussi l'intime conviction d'Alexandre Dumas, qui consacre les cent premières pages de ses *Mémoires* à redorer l'image de son père. Il n'a pas d'adverbes assez grands, point de termes assez retentissants pour subsumer l'immense figure paternelle. « Prodigieusement » rime avec « admirablement » dans le concert de ses louanges hagiographiques.

La jeunesse parisienne du père de Dumas est traversée par de fréquents orages. Sa relation avec le vieux marquis de la Pailleterie est mauvaise car le jeune homme est doté d'un caractère altier et d'une grande intégrité morale ; il juge sévèrement les amours de son père, quand il apprend que le marquis va convoler en justes noces avec une épouse de trente-quatre ans sa cadette — en 1840, Alexandre Dumas-fils n'accueillera pas mieux le mariage de son père avec Ida Ferrier. Le vieux marquis lui coupe alors les vivres et l'enjoint de choisir un état. La menuiserie, pour laquelle il a été formé, ne l'exalte guère. Quelle voie suivre quand on est mulâtre, tout ensemble noble et esclave, mais qu'on possède un tempérament léonin ? Thomas-Alexandre choisit les armes. Soit. Mais son père, qui fut colonel et commissaire général d'artillerie, exige qu'il s'engage dans un corps d'armée d'élite, digne de sa particule. Thomas-Alexandre dresse le front. Fidélité à sa mère ou ultime bravade contre son père ? Il opte pour le nom de guerre d'Alexandre Dumas et entre au service du régiment des dragons de la Reine. Une décision digne à la fois d'un héros de Corneille et de Camus, car en supprimant sa particule, il fait un choix idéologique fort qui a d'inévitables conséquences sur sa carrière. Une telle décision l'engage dans une vie dont il veut tenir fermement les rênes. Treize jours après son engagement, le 16 juin 1786, le marquis de la

Pailleterie disparaît, laissant dans la mémoire de son fils et de son petit-fils un souvenir amer.

Aux dires d'Alexandre Dumas, son père se distinguait par sa beauté et sa force, par son habileté naturelle à manier les armes et à faire corps avec le terrain, fût-il hostile. « Quant à sa force musculaire, écrit-il, elle était devenue proverbiale dans l'armée[4]. » L'histoire lui a, en effet, fourni l'occasion de le prouver. Avec les événements de 1789 s'offre l'opportunité pour un soldat du rang de sortir de l'ombre et d'accéder à des grades élevés. Outre son ambition personnelle, Dumas trouve une motivation nouvelle. En août 1789, tandis qu'il séjourne avec sa garnison à Villers-Cotterêts, il rencontre Marie-Louise Labouret, fille de Claude Labouret, tenancier de l'hostellerie de l'Écu où il est logé. La fraîcheur des vingt ans de Louise et le hâle viril de Thomas-Alexandre font des étincelles. Ces deux-là s'aiment. Mais Dumas n'est alors qu'un dragon sans fortune et Claude Labouret, aguerri aux affaires, espère meilleur parti pour sa fille. Le mariage sera agréé si le militaire monte en grade et prouve à son futur beau-père qu'il peut apporter une aisance suffisante à sa fille. Favorisée par la marche des événements historiques, la carrière du général s'accélère. Fort de la gageure d'un mariage désiré, Dumas déploie ses talents, excelle, prend du galon. Si l'année 1792 marque le début de longs conflits pour la France, elle signe pour Dumas une décennie de gloire.

En février 1792, à l'instigation de Dumouriez, la France déclare la guerre à l'Autriche, occasion pour le brigadier Dumas de se distinguer par de hauts faits. D'abord maréchal des logis, il est très vite nommé sous-lieutenant par l'intrépide chevalier Saint-Georges, chef d'une légion franche de la cavalerie américaine, qui compte dans ses rangs des soldats de couleur. Dumas fait parler de lui dans le Tyrol ; de hauts gradés tels que Boyer cherchent à se l'attacher et lui promettent de l'avancement. Mais Saint-Georges ne saurait se départir d'un si brillant élément : il le fait lieutenant-colonel de son état-major. Encore deux marches et Dumas peut accéder au rang des officiers généraux. En moins de trois ans, le dragon est devenu officier supérieur. Le pari est tenu et le contrat rempli. Le 28 novembre 1792, il épouse Louise, avec le consentement du père Labouret. L'un des témoins, cousin par alliance de sa femme, se nomme Jean-Michel Deviolaine, inspecteur des Eaux et Forêts. C'est un nom qui comptera dans la jeunesse d'Alexandre Dumas.

La lune de miel est vite éclipsée par les reflets métalliques de la guerre et l'appel du sabre. Dumas retourne au front. Depuis mars 1793 et la refonte des tribunaux révolutionnaires, la France vit sous le régime de la Terreur. « Personne ne semblait avoir le temps. Tout le monde se hâtait », écrira Hugo dans *Quatrevingt-treize*. Dumas aussi vole vers les succès dans ce moment frénétique de la période révolutionnaire. « Il lui avait fallu vingt mois en partant des derniers rangs, puisqu'il n'était que simple soldat, pour atteindre une des plus hautes positions de l'armée[5] », rappelle son fils. Dumas est fait général de brigade à la fin du mois de juillet 1793. Mais cette promotion ne signifie pas qu'il approuve les méthodes politiques de Danton et de Robespierre. Le général n'est guère amateur d'exécutions publiques, contrairement à « ces femmes qu'on appelait du nom énergique de lécheuses de guillotine[6] ». À Bayonne, où il dirige l'armée des Pyrénées occidentales, le général Dumas n'adopte pas l'attitude d'un bon citoyen, refusant ostensiblement d'admirer le spectacle de la décollation de quelques aristocrates locaux. Car pour être soldat, il n'en est pas moins homme et son patriotisme n'exclut pas l'humanité. Or c'est une position idéologique risquée en des temps où les couperets vont vite et font valser les têtes. Cet épisode jette la suspicion sur le gradé : il se voit affublé de l'ironique surnom de « Monsieur de l'Humanité » qui, en toute autre période, eût été louangeur. Déplacé pour éviter la rumeur, le général récidive l'année suivante à Saint-Maurice, dans les Alpes. Quatre hommes sont voués à la guillotine pour avoir empêché la fonte de la cloche de l'église. Dumas ordonne de démembrer la « machine » buveuse de sang pour qu'elle serve de bois de chauffage aux armées ; il congédie le bourreau et libère les prisonniers. Une telle action est philanthropique mais presque suicidaire. Suspecté d'antipatriotisme, le général doit s'expliquer devant le cerbère de la Terreur, Collot d'Herbois, dramaturge reconverti dans les dénouements sanglants. Est-ce le souvenir de son engagement auprès des « Amis des Noirs » ou la faconde de Dumas qui le convainc ? Collot d'Herbois ne vote ni la mort du général ni sa dégradation.

Le général Dumas est toutefois déplacé d'un régiment à l'autre, par crainte, peut-être, que

« Monsieur de l'Humanité » ne transforme l'armée en association philanthropique... Affecté en août 1794 au commandement de l'armée de l'Ouest, il aggrave son cas en adressant un rapport circonstancié sur la situation de Vendée au Comité de salut public, rapport dont le contenu équivaut à une démission puisqu'il y consigne son désaccord face aux exactions perpétrées dans la région. Il est officiellement renvoyé dans ses foyers pour « convalescence ». Au vrai, ses prises de position dérangent. Quand il rentre à Villers-Cotterêts, à la fin de l'année 1794, le général Dumas est en rupture de ban. Entre-temps, Marie-Louise a donné naissance à Marie-Alexandrine Aimée. Pendant quelques mois, le général Dumas délaisse l'uniforme pour les langes.

Au cours de l'année 1795, la situation de la France ne s'arrange guère sur le plan politique. Des contre-offensives royalistes se font jour, qui gagnent du terrain. Aussi, en octobre, la Convention décide-t-elle de rappeler le général Dumas à Paris pour la soutenir contre ses opposants. À trente-cinq ans, le général Dumas est dans la force de l'âge et saisit cette occasion pour renouer avec ses grandes passions, la guerre, les faits d'armes, l'art du stratège. Mais un autre général, plus audacieux encore, vient de sauver la Convention. C'est le Corse Buonaparte, de sept ans son cadet. La rencontre entre les deux généraux scelle le destin du père d'Alexandre. Sous les ordres de Bonaparte, le général Dumas accomplit des exploits militaires sur le front de l'Est, à telle enseigne que les Autrichiens le surnomment « Le Diable noir », tant il leur semble magique qu'un seul homme puisse affronter sans périr ennemis, tirs, balles et coups de sabre. Le 21 mars 1797, après un exploit accompli sur le pont de Clausen, on le baptise l'« Horatius Coclès du Tyrol », en référence au héros légendaire de Rome. Si Monsieur de l'Humanité est un nouveau Satan pour les Tyroliens défaits, en 1797, c'est en héros qu'il revient à Villers-Cotterêts, non sans avoir remarquablement gouverné la province de Trévise pendant quelques mois.

Dumas n'a toujours pas ce fils que Louise voudrait lui donner. Pire, l'année précédente, la mort de sa seconde enfant, la petite Louise-Alexandrine, a endeuillé les victoires éclatantes du général. Est-il temps de lever l'ancre et de rejoindre le port ? Pas encore. Bonaparte, dont l'appétit d'ogre ne cesse de croître, songe à Dumas pour la campagne d'Égypte. L'Orient, ses richesses, ses territoires immenses aimantent l'ambition du général corse. Dumas, quant à lui, n'est pas encore prêt pour la retraite, aussi rejoint-il Bonaparte à Toulon. Napoléon le reçoit au lit, en compagnie de Joséphine. Semée de victoires, la campagne d'Égypte a le goût du bagne pour les soldats de la Grande Armée. Le désert, la chaleur de plomb, la soif et la faim ont raison du moral des plus solides. Beaucoup réclament le retour en France face à l'obstination de Bonaparte. Dumas ose le critiquer ouvertement, accuse son chef de faire passer son ambition personnelle avant son patriotisme, au détriment de ses hommes. Aussitôt prononcées ces paroles sont rapportées par quelque mouchard et le général est accusé de démoraliser l'armée, première marche avant des reproches plus graves : insubordination et sédition. Dans ses *Mémoires*, Alexandre Dumas raconte comment Bonaparte reçut son père à Gizeh. Pour être en partie apocryphes, les paroles du général Dumas n'en respirent pas moins la franchise, attestée par des documents historiquement fiables[7].

> Prenez garde, général : tout à l'heure vous parliez de discipline ; maintenant vous ne parlez plus que de vous... Eh bien, à vous je veux bien donner une explication... Oui, la réunion de Damanhour est vraie ; oui, les généraux, découragés dès la première marche, se sont demandé quel était le but de cette expédition ; oui, ils ont cru y voir un motif non d'intérêt général, mais d'ambition personnelle ; oui, j'ai dit que pour la gloire et l'honneur de la patrie, je ferais le tour du monde ; mais que, s'il ne s'agissait que de votre caprice, à vous, je m'arrêterais dès le premier pas. Or, ce que j'ai dit ce soir-là, je vous le répète, et, si le misérable qui vous a rapporté mes paroles vous a dit autre chose que ce que je vous dis, c'est non seulement un espion, mais pis que cela, un calomniateur[8].

Cette prosopopée, dont le fils du général prétend qu'elle lui a été souvent racontée, dit clairement la disgrâce dans laquelle tombe Dumas au moment où il quitte l'Égypte pour regagner la France, en mars 1799. Malheureusement, la traversée vers le continent est périlleuse, et *La Belle Maltaise* est contrainte d'accoster à Tarente. Ce que le général Dumas croit être un refuge va se transformer en prison. Il ignore que le royaume de Naples et la France sont à nouveau en guerre. Or un général de division est une belle prise, pain bénit pour les Calabrais qui s'en emparent, le maltraitent et le retiennent deux ans dans leurs geôles. Les conditions de détention déplorables altèrent définitivement sa santé. La victoire de Marengo et l'échange de prisonniers qui s'ensuit le délient de ses rets. Mais quand il rentre à Villers-Cotterêts, au printemps 1801, c'est un homme aigri et définitivement malade, détruit par les doses d'arsenic qu'on lui a fait ingérer pour l'empoisonner. Cette déchéance physique va bientôt s'accompagner d'une dégradation et d'un humiliant reniement.

Retenu captif pendant deux ans, le général Dumas réclame l'arriéré de solde qui lui est dû : vingt-huit mille cinq cents francs*. Mais Saint-Domingue vient de se soulever sous la houlette de Toussaint Louverture, ce qui entraîne une épuration raciale chez les militaires gradés. L'arrêté Berthier du 29 mai 1802 radie, en effet, les officiers de couleur des rangs de l'armée. Cette mesure d'épuration raciale s'étend encore en juillet, quand le territoire français est interdit aux « nègres ». Le 23 juillet, la veille de la naissance d'Alexandre, le général Dumas est dégradé. Il multiplie alors les démarches auprès de ses anciens camarades. Il réclame ce qu'on lui doit. En vain. Berthier et Davout ne prennent pas la peine de répondre. Quant à Bonaparte, cynique et sans doute animé par un fond de racisme, il lui propose de réintégrer l'armée, mais à la condition expresse d'aller mater la révolte de Saint-Domingue. C'est un chantage sciemment insultant, vécu comme une profonde injustice par le général : « Citoyen consul, écrit-il, je ne puis vous obéir. Vous oubliez que ma mère était une négresse. Je n'irai pas amener les chaînes

* Environ cent mille euros.

de la désolation à ma terre natale, aux hommes de ma race[9]. » De préjugé de race, il sera parfois question dans la vie de Dumas, de manière le plus souvent insidieuse.

À sa naissance, Alexandre Dumas a un père humilié, qui ne sera pas même cité dans le *Mémorial de Sainte-Hélène*. Les deux cents premières pages de *Mes Mémoires* pallient cette injustice, rétablissent la vérité, quitte à l'embellir. Alexandre Dumas y relate les hauts faits de son père, non sans plonger sa plume dans l'acier trempé de l'idéalisation rétrospective. Mais quelles images peut-on retenir avant l'âge de raison qui ne soient déformées sur la forge du ressouvenir ? La réponse se ramifie, consciemment ou non, dans l'œuvre du fils du général Dumas. Alexandre n'oubliera jamais la leçon d'histoire léguée par son père, jusqu'à imaginer la plus terrible vengeance, le plus terrible « retour offensif du passé[10] ». N'est-ce pas Dumas qui s'adresse à son père par la voix d'Edmond Dantès invoquant l'abbé Faria ?

Ô mon second père, dit-il, toi qui m'as donné la liberté, la science, la richesse ; toi qui, pareil aux créatures d'une essence supérieure à la nôtre, avais la science du bien et du mal, si au fond de la tombe il reste quelque chose de nous qui tressaille à la voix de ceux qui sont demeurés sur la terre, si dans la transfiguration que subit le cadavre quelque chose d'animé flotte aux lieux où nous avons beaucoup aimé ou beaucoup souffert, noble cœur, esprit suprême, âme profonde, par un mot, par un signe, par une révélation quelconque, je t'en conjure, au nom de cet amour paternel que tu m'accordais et de ce respect filial que je t'avais voué, enlève-moi ce reste de doute qui, s'il ne se change en conviction, deviendra un remords[11].

Lié aux îles des Caraïbes par son père, Alexandre Dumas est fils d'Île-de-France par sa mère, Marie-Louise Labouret, née en 1769. La figure paternelle est auréolée de tels prestiges qu'elle occulte quelque peu celle de la mère de Dumas, fille d'un hôtelier de Villers-Cotterêts ; certes, dans la seconde moitié du XVIIIe siècle, la geste des Labouret est moins héroïque et moins exotique que celle des Davy de la Pailleterie, mais elle enracine l'imaginaire du futur Alexandre Dumas dans un terroir chargé d'une histoire pluriséculaire. Alexandre Dumas, qui sait ménager l'entrée en scène des personnages, nous rappelle, au seuil de *Mes Mémoires*, que la branche des Labouret a fleuri près de l'arbre de la famille d'Orléans. À défaut d'une fabuleuse histoire de son ascendance maternelle, Dumas raconte les amours de Philippe d'Orléans, grand-père du futur Louis-Philippe ; puis il rappelle l'attachement de son grand-père à Mme de Montesson, seconde épouse du duc. Un peu à la manière de son ami Gérard de Nerval, recomposant ses vies antérieures grâce à des vies empruntées, Alexandre Dumas fait revivre les mœurs de l'Ancien Régime pour mieux fixer sa propre destinée.

En 1789, quand Louise rencontre le futur général Dumas, les Labouret tiennent, on l'a dit, l'Hôtel de l'Écu à Villers-Cotterêts et cette position ne doit rien au hasard. La famille Labouret a été au service des princes d'Orléans. Dumas signale que son grand-père Labouret était « anciennement premier maître d'hôtel de Louis-Philippe d'Orléans, qui avait fait si peu de bruit, et père de Philippe

Joseph, qui venait de prendre le surnom de Philippe-Égalité, et qui en faisait tant[12] ». Par-delà le trait d'humour — Philippe-Égalité vota la décapitation de son cousin Louis XVI et fut lui-même guillotiné —, Dumas fournit un détail important sur sa famille. Celle-ci est à la fois rattachée à la dynastie ducale d'Orléans, branche cadette issue de Louis XIII, et à un territoire, le Valois. À défaut d'une « épopée Labouret », Dumas associe donc la destinée de ses ancêtres à celle de princes de sang et à une ville, Villers-Cotterêts, dont le nom évoque un épisode décisif du droit et de la politique : c'est là, en effet, que fut signée l'ordonnance de 1539, stipulant que tous les actes notariés seraient désormais rédigés en français. Berceau de l'unité de la langue française — c'est aussi dans le Valois qu'on parle la langue la plus pure, selon Nerval —, Villers-Cotterêts fait partie de l'apanage du duc d'Orléans depuis qu'en 1661 Louis XIV en a fait don à son frère Philippe. Jusqu'à la Révolution française et la rencontre des parents d'Alexandre, Villers-Cotterêts bénéficie donc des fastes de la famille d'Orléans qui aime séjourner dans le château édifié sous François Ier, transformé en hospice après 1789. Dans son *Dictionnaire topographique des environs de Paris*, Charles Oudiette apporte les précisions suivantes : « Villers-Cotterêts, petite ville, département de l'Aisne, arrondissement de Soissons, chef-lieu de canton, siège d'une justice de paix et la résidence d'une brigade de gendarmerie, ci-devant province d'Île-de-France, dans le Valois et le diocèse de Soissons. » Les ancêtres de nos guides touristiques témoignent aussi du dynamisme hôtelier de la petite ville. Après Dammartin, Villers-Cotterêts est la première étape sur la route du Nord. À la fin de l'Ancien Régime, la ville compte environ trente auberges ou hostelleries, attirant voyageurs et visiteurs. Sans être notable, la famille de la mère de Dumas y tient donc une place enviable, l'Hôtel de l'Écu étant réputé pour ses grillades ! Il est probable qu'à la mort du duc Philippe d'Orléans, en 1785, Claude Labouret a quitté ses fonctions ancillaires pour celles de restaurateur. Pourtant, tandis que le général Dumas gravit les marches de la gloire, la famille Labouret descend progressivement l'échelle sociale. Les Labouret, qui auraient pu s'embourgeoiser en s'enrichissant grâce au négoce, n'ont point fait fortune. Leurs affaires semblent avoir périclité dès avant la Révolution, de graves crises économiques ayant noirci les dernières années du règne de Louis XVI.

Dans la famille Labouret, le cousin par alliance de Louise, Jean-Michel Deviolaine, est au contraire un ambitieux qui a réussi, avant même la naissance d'Alexandre Dumas. C'est un personnage digne de figurer dans un roman de Balzac. Deviolaine occupe une fonction essentielle dans le paysage valois, puisqu'il tient la maîtrise des Eaux et Forêts de Villers-Cotterêts. Cet officier royal doit non seulement veiller à l'entretien des forêts, mais le cas échéant assurer la vente d'arpents, de grumes, billes, billons et rondins. Place enviable quand on sait que le Valois fournit en bois toute la région d'Île-de-France, Paris y compris. Conservateur des forêts puis administrateur général des domaines de la maison d'Orléans, Deviolaine s'est mieux adapté à l'histoire économique que ses cousins Labouret. En 1795, l'ancien officier royal profite de la vente des biens nationaux pour racheter le pavillon Henri II et en faire sa résidence. Né en 1766, il sera pour Dumas un second père, s'occupera de la veuve après la mort du général, appuiera les débuts bureaucratiques de Dumas à Paris. Par-delà les aléas économiques d'une famille cotterézienne à la fin du XVIIIe siècle, la sphère dans laquelle Dumas vient au monde est assez orientée idéologiquement. Commandant de la Garde nationale, le grand-père Labouret est un homme respecté qui ne cache pas les convictions républicaines, qu'il transmet à sa fille. Son engagement politique explique aussi l'entente probable entre ce serviteur des princes d'Orléans, plutôt favorable aux idées de la Révolution, et le général Dumas, fervent patriote.

En 1802, l'enfant qui vient au monde ignore tout de cette généalogie qui porte en elle des germes de romanesque. Cette année-là, en avril, un certain François-René de Chateaubriand publie le *Génie du christianisme*, qui comporte un bref récit, *René* : la génération d'Alexandre Dumas verra dans son « héros » l'expression d'un malaise moderne qui porte déjà un nom en littérature : le romantisme.

Sous le signe du Lion

Rien ne tient réellement à la surface de la terre ; tout s'élève pour disparaître : la vie des monuments, des arbres, des hommes, tout cela est une question de durée ; la pierre et le bois ont leur néant, de même que la chair et les os.

Mes Mémoires[1]

Les Anciens croyaient en l'influence des planètes sur les destinées : ils pensaient que les enfants nés sous le signe du Lion étaient dotés d'une énergie remarquable, d'un charisme solaire, influencés par l'astre maître de leur vie. Alexandre Dumas n'aurait pas fait mentir ces superstitions. Il vient au monde doué d'une force vitale et d'une taille supérieures à la moyenne. Son père le constate avec fierté, témoin le billet qu'il adresse au maréchal Brune pour lui demander d'être le parrain de son fils :

Je m'empresse de t'annoncer, mon cher Brune, l'heureux accouchement de mon épouse d'un gros garçon, qui pèse 10,5 livres et a 18 pouces 3 lignes de long. Tu vois, j'espère, si cet enfant n'a pas d'accident, qu'il ne sera pas un pygmée à vingt-cinq ans. Ce n'est pas le tout mon ami ; il faut que tu me prouves être assez mon ami pour en être le parrain avec ma fille. L'affaire ne presse pas puisque l'enfant se porte bien et que ma fille ne sera ici que dans un mois, époque où elle prend ses vacances. J'ai besoin de toi, mon cher Brune : une prompte réponse pour savoir à quoi m'en tenir.

Adieu, mon ami, tu n'en as pas de meilleur que A. Dumas[2].

Le général Brune, promis à une fin tragique, décline cette amicale demande de parrainage. Il affirme que cinq de ses filleuls sont morts et il ne souhaite pas allonger l'obituaire avec le fils de son ami. Superstition ou stratégie d'évitement à l'égard du général disgracié ? Dumas insiste. Brune finit par accepter d'être « parrain d'élection » tandis que l'enfant est porté sur les fonts baptismaux par son grand-père maternel, Claude Labouret.

Alexandre n'est pas, comme François-René de Chateaubriand, un enfant mélancolique qui ressent de l'« aversion pour la vie[3] ». Tout au contraire, ses premiers gestes, ses premiers souvenirs annoncent un dynamisme jamais démenti. Pour mieux en persuader son lecteur, Dumas invente un *post-scriptum* de hussard à la lettre que son père adresse à Brune : « Je rouvre ma lettre pour te dire que le gaillard vient de pisser par-dessus sa tête. C'est de bon augure, hein[4] ! » À rebours, les déportements de l'adulte sont justifiés par cette virile mention apocryphe. Admiré par son père, Alexandre effraie sa mère le jour même de sa naissance. À cause d'une circulaire du cordon ombilical, le poupon a le visage violacé. Quand elle le découvre, Louise s'écrie « Berlick ! », surnom que portera l'enfant pendant ses premières années. Dumas raconte que, durant sa grossesse, sa mère a assisté à un spectacle de Guignol qui l'aurait fort impressionnée : surgissant du rideau, un petit diable tout noir à la langue rouge, prénommé Berlick, aurait tétanisé la jeune femme enceinte ; elle aurait craint dès lors d'accoucher d'un démon ! La sinistre prédiction se serait-elle réalisée ? Une fois débarrassé du fatal cordon, le bébé respire, son visage s'éclaircit et la maman exulte. Jusqu'à l'adolescence, Alexandre Dumas arborera une chevelure léonine, rehaussée d'yeux bleus saphir sur un teint pâle. Berlick sera finalement l'ange blond.

Le petit Alexandre Dumas est aimé et choyé, un enfant désiré, ou plutôt un enfant du désir, ce qui lui facilitera plus tard l'art de se faire aimer et, revers de la médaille, développera son constant besoin de l'être. Malgré l'arriéré de solde qui n'est pas payé, le mépris de Napoléon pour l'ancien général, les Dumas forment une famille unie, entourée d'amis et de parents attentifs. Une cour de femmes veille sur le bambin chéri, voisines et cousines se disputant sa garde. Quelques zones d'ombre planent néanmoins sur cette petite enfance. Pourquoi une mère aimante dépose-t-elle ainsi son fils dans les bras de femmes de son entourage ? Sans doute traverse-t-elle des moments difficiles à cause de la santé du père et des luttes matérielles qu'il faut mener pour obtenir gain de cause. Alexandre est confié à des nourrices ; l'enfant babille avec les quatre filles de l'inspecteur Deviolaine, Cécile, Augustine, Léontine et Éléonore ; la plus grande a quatorze ans, mais ses nounous de prédilection ont cinq et deux ans !

Les premiers souvenirs d'Alexandre Dumas remontent au petit château des Fossés, situé à Haramont et loué par son père vers 1804. Ces réminiscences sont des sensations, fantômes de lieux traversés et de visages croisés, évanescences reconstruites par l'imagination du mémorialiste. Pourtant, ces lieux marquent profondément l'enfant. Fossés est à Dumas ce que Combourg est à Chateaubriand, la matrice d'une imagination déliée. Mais si Combourg est traversé de peurs et d'ombres, les Fossés riment avec nature et découvertes. Le joli château, érigé au XVe siècle, porte encore la trace des chasses royales, malgré l'épisode révolutionnaire. Avant Proust, Dumas tente de recomposer son passé dilué grâce à des signes et des saveurs, des couleurs et des formes :

> Je n'ai pas revu ce château depuis 1805, et cependant je puis dire que l'on descendait dans cette cuisine par une marche, qu'un gros bloc était en face de la porte, que la table de cuisine venait immédiatement après lui, qu'en face de cette table de cuisine, à gauche, était la cheminée, cheminée immense, à l'intérieur de laquelle était presque toujours le fusil favori de mon père ; monté en argent, avec un coussinet de maroquin vert à la crosse, fusil auquel on me défendait, sous les peines les plus sévères, de toucher, et auquel je touchais éternellement, sans que jamais ma bonne mère ait, malgré ses terreurs, réalisé aucune de ses menaces à mon endroit[5].

« On appelait ce petit château les Fossés, sans doute parce qu'il était entouré d'immenses fossés remplis d'eau[6] », écrit-il ailleurs. C'est là, dans ce pays giboyeux, que Dumas fait ses premières armes : cerfs, biches, hérons cendrés et petit gibier à poil y foisonnent. Dans « cette magnifique forêt qui couvre vingt lieues carrées de terrain, ombragées par les plus beaux hêtres et les plus robustes chênes de toute la France, peut-être, s'élève le petit village d'Haramont, véritable nid perdu dans la mousse et le feuillage, et dont la rue principale conduit par une douce déclivité au château des Fossés, où se sont passées deux des premières années de mon enfance. » Ces lignes teintées de nostalgie disent l'attachement de Dumas à sa terre natale. Il redessine aussi l'image idéale du père dans un cadre idyllique. En 1864, lorsqu'il revient sur les traces de cette enfance lointaine, il comprend à quel point l'âge de l'innocence trace les chemins de la vie.

Plus encore qu'un décor estompé par les ans, le château des Fossés évoque la mémoire la plus fidèle qui soit, celle du goût et de l'odorat. La cuisine et ses saveurs forment le futur gourmand, même si le souvenir est « à demi effacé par le temps, comme un daguerréotype mal venu[7] ». Le temps passé au château des Fossés est bref, mais il marque profondément Dumas car il correspond à ses premiers pas et aux rares souvenirs intacts de son père. Là il s'ébat en plein air, goûte le plaisir de la vie libre et découvre sa peur viscérale des serpents. De cette enfance valoise, il conservera toute sa vie l'amour de la nature et de la chasse. Son aire de jeux est digne d'un roman de Walter Scott. Pierres blanches, tour octogonale, vaste étendue d'eau où se reflètent nuages et pierres, et partout le vert cru des arbres. Dans ce décor, il joue au chevalier Bayard avec son gros chien, Truffe, qu'il adore.

Le vers d'Apollinaire, « Les souvenirs sont cors

de chasse », s'applique parfaitement aux premières années du jeune Dumas qui hérite de son père la passion de la chasse. Malgré le mal qui le ronge, le général Dumas ne rêve que cerfs et biches, et sans doute sa frustration de ne pouvoir s'adonner aux plaisirs de la traque a-t-elle influé sur la passion dévorante d'Alexandre pour cette pratique pluriséculaire. L'art cynégétique, qu'il soit celui de l'aristocrate ou du braconnier, traverse l'œuvre du romancier. Dumas aime le son du cor au fond des bois, le regard de l'animal qui se sait perdu, l'hallali qui procure un frisson ; il saura transmettre ces émotions de chasseur à ses personnages, notamment au roi Charles IX dans *La Reine Margot*. Fou de chasse comme son créateur, le roi périt empoisonné par les pages du « plus beau livre de vénerie qui soit jamais sorti de la plume d'un homme[8] ». Il faut dire que l'environnement humain dans lequel Dumas fait ses premiers pas se prête bien à l'épanouissement de ce saint Hubert en culottes courtes ; autour de lui, domestiques, voisins et autochtones lui enseignent l'art de la chasse et de la pêche.

En 1804, la situation matérielle des Dumas n'est pas encore désastreuse, puisque le général a les moyens de louer un petit château et d'entretenir quatre domestiques : Marie la cuisinière, Pierre le jardinier, Mocquet le gardien, et surtout l'inénarrable Hippolyte, un Noir qui exerce de manière bien singulière ses fonctions de premier valet. Dumas raconte ainsi une série d'anecdotes sur ce brave serviteur, qui n'a d'autres défauts que d'appliquer les ordres *à la lettre*. Ainsi, quand Louise lui demande de rentrer les pots de géraniums car elle craint le gel, il entasse les pots dans la cuisine… mais sans les fleurs ! Une autre fois, chargé des soins d'un sansonnet qu'on a offert à Alexandre, il ouvre la cage de l'oiseau pour « l'aérer ». Un autre épisode, moins cocasse, marque le jeune Dumas. Des villageois ayant demandé au général l'autorisation de se baigner dans les douves du château, Hippolyte n'hésite pas à plonger pour sauver les imprudents. Le général plonge à son tour, arborant une musculature impressionnante, malgré sa santé déclinante. La vision vaut transfiguration. Son père lui apparaît « nu, ruisselant d'eau et souriant d'un divin sourire, comme un homme qui vient d'accomplir un acte qui l'égale à Dieu, c'est-à-dire qui vient de sauver un autre homme[9] ». Au-dessus du bétail ahuri des humains, son père n'est plus seulement un général, mais un nouvel « Hercule » ou un autre « Antinoüs ». Ce jour-là, Alexandre reçoit également une leçon de vie : sa mère en profite pour le mettre en garde contre les dangers des douves. Mais Alexandre n'a d'yeux que pour son père et le petit sermon maternel n'a qu'un impact éphémère.

Sans doute le jeune Alexandre Dumas était-il un enfant très curieux qui sollicite les adultes pour comprendre le monde. Pierre, le jardinier, lui apprend des rudiments d'histoire naturelle, enseignement plus empirique que théorique comme en témoigne la scène de la couleuvre, véritable tour de prestidigitation digne d'Houdini :

Un jour que je jouais dans le jardin, Pierre m'appela, je courus à lui. Quand Pierre m'appelait, c'est qu'il avait fait quelque trouvaille digne de mon attention. En effet, il venait de pousser, d'une espèce de pré dans un chemin, une couleuvre qui avait une grosse bosse au ventre. D'un coup de bêche, il coupa la couleuvre en deux, et, de la couleuvre sortit une grenouille, un peu engourdie par le commencement de digestion dont elle était l'objet, mais qui bientôt revint à elle, détira ses pattes l'une après l'autre, bâilla démesurément, et se mit à sauter doucement d'abord, puis plus vivement, puis enfin comme s'il ne lui était absolument rien arrivé. Ce phénomène, que je n'ai jamais eu l'occasion de voir se reproduire depuis, me frappa singulièrement et est resté si présent à mon esprit, qu'en fermant les yeux, je revois, au moment où j'écris ces lignes, les deux tronçons mouvants de la couleuvre, la grenouille encore immobile, et Pierre appuyé sur sa bêche et souriant d'avance à mon étonnement, comme si Pierre, la grenouille et la couleuvre étaient encore là devant moi[10].

Le bonheur aux Fossés est de courte durée. Les requêtes auprès du Premier consul restent lettre morte et la situation matérielle des Dumas se dégrade. En septembre 1803, le général a pourtant adressé cette supplique à l'ogre de Corse :

J'ai perdu la santé et suis voué à l'infortune et au malheur ; la misère et le chagrin dévorent ma vie. Le seul motif qui m'éloigne du désespoir est de penser que j'ai servi sous vos ordres et que souvent vous m'avez donné des marques de bienveillance et d'estime ; tôt ou tard, j'espère que vous daignerez adoucir mon sort... Je vous supplie de me faire payer mes appointements arriérés de ma captivité de Sicile, soit 28 500 francs[11].

L'injustice est patente. Aucune parole, aucune lamentation, aucun souvenir n'émeut Bonaparte. Les Fossés, sans doute trop dispendieux, sont abandonnés à regret pour une demeure plus modeste à Antilly, hameau au sud de Villers-Cotterêts qui compte moins de cent cinquante habitants. Ce trou de verdure est un début d'enterrement. La santé du général décline, au point que son médecin, le docteur Duval, lui conseille vivement de se rendre à Paris pour consulter l'illustre médecin de Napoléon, Nicolas Corvisart. À la fin du mois de septembre 1805, le général et sa famille se rendent à la capitale. Ils visitent leur fille aînée, Aimée, pensionnaire de la maison tenue par Mme de Mauclerc et Mlle Ryan. Ce privilège a été obtenu grâce à un cousin de Marie-Louise, l'abbé Conseil, bien introduit dans la bonne société parisienne. Comme s'il sentait sa fin proche, Dumas présente son fils à ses amis les plus haut placés, Murat et Brune. Il faut lire dans ces présentations un événement symbolique que l'enfant gardera en mémoire. Dumas confie son fils aux hommes en qui il a confiance, des militaires qui, comme lui, subiront une terrible disgrâce. Le premier, l'intrépide roi de Naples, sera condamné à mort en Italie ; Dumas lui rend hommage dans *Murat* ou *La Salle d'armes* en relatant les derniers mois de sa vie errante et romanesque. Le second, victime de la Terreur blanche de 1815, sera assassiné à Avignon par de vils portefaix, non sans avoir été molesté par une populace en délire. Dumas évoque ces scènes dans ses *Impressions de voyage* (*Le Midi de la France*). En attendant ces heures sombres de l'Histoire, Alexandre, lui, joue au héros de la Grande Armée : coiffé du bicorne et chevauchant un sabre, il galope autour de la table et amuse la galerie. Ces joies domestiques n'occultent qu'éphémèrement le plus inquiétant. Corvisart rassure son patient, mais le général se sait condamné.

On lui a diagnostiqué un cancer de l'estomac dont l'issue, à moins d'un miracle, est fatale. Les traitements, quasi inexistants, se limitent à un régime, des boissons émollientes et l'application de sangsues épigastriques ou de pommade stibiée. La morphine qui réduirait ses souffrances vient juste d'être découverte, mais faute de seringues elle ne peut être administrée[12]. Il faut donc que le général endure son mal avec un courage qu'on lui suppose grand. Il lui reste quelques mois à vivre, quelques joies à partager avec son petit garçon.

L'un des derniers moments de bonheur emporte Dumas père et fils au château de Montgobert, près de Villers-Cotterêts. En octobre, le paysage automnal a la beauté mélancolique d'une page de Senancour. La traversée des forêts marque le souvenir de l'enfant, jusqu'à la découverte, au château, d'un tout autre spectacle. Là, c'est la féminité incarnée qui se love dans le luxe d'un boudoir digne de Laclos. La belle Pauline Bonaparte, sœur favorite de l'Empereur, reçoit ses hôtes dans ce château édifié dans les premières années du règne de Louis XVI, une très belle folie aux lignes néoclassiques. Alexandre Dumas lui aussi joue au peintre, frappé par cette gravure d'un autre temps, tableau suave aux contours érotisés par la présence d'un pied nonchalamment posé sur le genou de son père : « Ce pied, cette main, cette délicieuse petite femme blanche et potelée près de cet Hercule mulâtre toujours beau et puissant malgré ses souffrances, faisaient le plus charmant tableau qui se puisse voir[13] », se souviendra-t-il. On croirait, à le lire, que Dumas s'inspire de la *Vénus Victrix* de Canova, œuvre pour laquelle Pauline Borghèse a posé. La même nonchalance, le même érotisme unit l'œuvre du sculpteur italien au souvenir du romancier français. Pourtant, à cette heure de sa vie, la belle Pauline n'est pas heureuse et peut-être partage-t-elle de tristes confidences avec le général Dumas ; elle vient d'enterrer son fils après avoir perdu son mari. Les grandes douleurs coudoient les petites humiliations de la cour impériale. Le sacre de son frère l'a laissée amère. Pauline se plaint d'avoir dû porter la traîne de l'impératrice Joséphine, qu'elle surnomme « la vieille », ce qui dit assez l'affection qu'elle lui porte. Le tableau est moins idyllique que Dumas ne l'a peint : lui, le grand général foudroyé, elle, la princesse endeuillée, la veuve du général Leclerc, qui délaissera bientôt la belle demeure de Montgobert pour d'autres cieux. Entre eux, l'enfant attentif qui observe le monde des adultes sans vraiment deviner qu'il entre dans un hiver funèbre et que cette image est la dernière vision heureuse de son père.

Entre décembre 1805 et février 1806, le général s'affaiblit et souffre. Bientôt, il ne quitte plus la chambre qu'il occupe désormais à l'hôtel de l'Épée, au lieu même où il a rencontré, seize ans plus tôt, sa chère Louise. *O tempora, o mores* ! L'établissement qui aurait pu faire la fortune des Labouret a été vendu à un ami de la famille, Charles Picot, qui accueille sous son toit un homme malade et désargenté. Comme dans un roman de Balzac ou de Zola, on finit locataire après avoir été propriétaire. Le général Dumas tente une dernière sortie à cheval fin février, mais ses forces l'ont définitivement abandonné. Il termine sa vie dans un lit, non sur un champ de bataille, comme il l'aurait rêvé. Lui, le républicain et le patriote, n'est pas un athée ; à défaut d'avoir pu régler ses comptes avec Bonaparte, il se met en règle avec Dieu. Il demande les derniers sacrements, absolution et extrême-onction. Qu'a-t-il à se reprocher ? Il meurt avant que la treizième heure sonne, le 26 février 1806. Une croyance populaire prétend qu'un défunt peut se manifester auprès d'un proche au moment de sa disparition. Dans *Mes Mémoires*, Alexandre Dumas raconte ainsi qu'à minuit quelqu'un a frappé à la porte de la maison où on l'a placé pour lui éviter le spectacle de l'agonie. Sa cousine Marianne qui veille sur lui l'empêche de descendre ; l'enfant se débat comme un forcené. Derrière la porte, il sait qu'il y a « papa, qui vient nous dire adieu[14] ». Prescience ou invention rétrospective ? Cet épisode troublant dit l'attachement viscéral du fils pour son père, jusqu'à sentir par télépathie l'instant de la mort. C'est une expérience décisive. Les morts communiquent-ils avec les vivants ? Dumas se posera maintes fois la question quand ses proches disparaîtront.

Le jeune Dumas comprend qu'un grave événement s'est passé et questionne autour de lui le sens de ce mot, *mort*, qui lui échappe. Aux enfants, on ne dit pas la vérité. On accuse l'invisible pour rendre le présent supportable. On invente des histoires. Il faut pourtant expliquer à Alexandre que ce que les mots *disparition*, *bon Dieu* et *ciel* signifient. C'est Dieu qui a rappelé son père et l'a conduit au ciel. Ces éclaircissements ne satisfont guère l'enfant, qui construit lui-même la signification de cette fin désolante. Il s'échappe de chez l'oncle Fortier, s'empare d'un fusil, bien décidé à venger ce père en tuant Dieu en personne :

— Où vas-tu ? me demanda-t-elle, étonnée de me voir là, quand elle me croyait chez mon oncle.

— Je vais au ciel, répondis-je.

— Comment, tu vas au ciel ?

— Oui, laisse-moi passer.

— Et qu'y vas-tu faire, au ciel, mon pauvre enfant ?

— J'y vais tuer le bon Dieu, qui a tué papa[15].

Horrifiée et bouleversée par ce désir déicide, sa mère le retient sur terre. La mort de son père ne sera vengée que bien plus tard, dans les pages les plus âpres de *Monte-Cristo*, peut-être ?

Après les larmes, la vie reprend son cours. Les Dumas s'installent à l'Hôtel de l'Épée, dans la chambre même où le général a fini ses jours. Louise poursuit le combat en sollicitant les arriérés qui lui sont dus. Mais l'Empereur n'a pas plus de pitié pour la veuve et l'orphelin qu'il n'en a eu pour le général. Il faut compter sur le secours des proches. Trois maisons, trois familles comptent dans l'enfance de Dumas : les Darcourt, les Deviolaine et les Collard. « J'ai presque été élevé par Eléonore », écrira Dumas à propos de la fille de Mme Darcourt, qui « demeurait au rez-de-chaussée de la maison attenante à celle où [s]on père était mort[16] ». Dumas a hérité d'un patrimoine plus affectif que matériel. C'est sans doute pour cette raison qu'en mai 1806 le tutorat du jeune Alexandre est confié à Jacques Collard, châtelain influent dans le paysage cotterézien, dont l'épouse passe pour une bâtarde de Philippe-Égalité et de Mme de Genlis. Collard est donc un proche des Orléans, tout comme son ami intime, Jean-Michel Deviolaine, autre homme important de la contrée. Ils sont deux figures paternelles de substitution, mais qui ne remplaceront jamais vraiment le père parti trop tôt.

« C'est l'homme dont j'avais le plus peur, et que cependant j'ai le plus aimé après mon père[17] », écrit Dumas du cousin Deviolaine. Bourru, peu tendre, jurant comme un charretier, ce parent malcommode est le premier à tendre une main secourable à sa cousine et à ses deux enfants ; il les reçoit souvent dans sa maison, située à quelques encablures de Villers-Cotterêts, demeure qu'affectionne particulièrement Dumas. « Cette maison de monsieur Deviolaine se composait d'abord d'un corps de logis assez considérable, d'écuries et de remises, de basses-cours et d'un charmant jardin, moitié anglais, moitié français, c'est-à-dire moitié pittoresque, moitié fruitier[18]. » La nature et les ruines de l'abbaye de Saint-Rémy que Deviolaine a acquise en 1804, forment un ensemble attrayant. À lire les pages que Dumas consacre à ce site, l'on croirait voir les illustrations des *Voyages pittoresques et romantiques dans l'ancienne France* qui paraîtront à partir de 1820. Dans ce décor idéal pour les jeux d'enfant et les rêveries rétrospectives, Alexandre assiste à plusieurs scènes marquantes dont Deviolaine est souvent le personnage principal.

Bien que très liés — peut-être par la franc-maçonnerie — Deviolaine et Collard n'ont pas le même mode de vie. Le second, chez qui les Dumas se rendent régulièrement, possède le charmant château de Villers-Hellon et y vit comme les aristocrates qu'il fréquente. Les deux derniers enfants Collard ont l'âge d'Alexandre et sont des compagnons de jeux. La vie prépare des surprises à Villers-Hellon : l'une des filles aînées de la famille Collard y mettra au monde Marie Capelle en 1816, mieux connue sous le nom de Marie Lafarge, célèbre empoisonneuse qui défraiera la chronique dans les années 1840 et à qui Dumas consacrera une causerie en 1866. Dumas découvre le plaisir de la lecture chez Jacques Collard. Son tuteur lui prête sa bible et lui ouvre le monde fabuleux des mythes fondateurs. Petite vanité rétrospective, Dumas affirme avoir appris à lire en autodidacte. En vérité, ce sont sa mère et sa sœur aînée qui lui ont enseigné le b.a.-ba de la lecture et de l'écriture. Dumas parfait son talent inné de lecteur dans les pages de l'Ancien Testament ou dans celles de l'*Histoire naturelle* de Buffon, qu'il feuillette, fasciné, chez Mme Darcourt. Ce sont deux ouvrages *a priori* antinomiques, mais en lesquels Dumas engrange son saoul de nourriture romanesque. Dans l'un, l'histoire sacrée, avec ses légendes et ses miracles ; dans l'autre, le miracle de la nature expliquée par la lettre et l'image. Finalement, les deux ouvrages se complètent parfaitement pour cet enfant curieux. Chez le jeune Dumas, la lecture devient une « manie » et tout imprimé à sa portée est dévoré : *Robinson Crusoé*, *Les Mille et Une Nuits*, *Journal de l'Empire*, etc. Sans doute ces miscellanées créent-elles quelque trouble dans l'imagination du garçonnet. Ainsi, après avoir lu dans le *Journal de l'Empire* qu'un prisonnier amiénois avait été dévoré par un serpent, il retarde le moment de se coucher craignant à son tour d'être jeté en pâture à la Bête. L'Apocalypse, les faits divers et les contes d'Aladin se croisent dans ces peurs d'enfant et créent une culture hétéroclite.

Dumas répétera à l'envi qu'il était parfaitement ignorant à vingt ans, ce qui n'est pas tout à fait exact. Louise est soucieuse de donner une bonne éducation à son fils. Mais l'argent manque et il n'est pas question d'envoyer Alexandre dans une institution onéreuse de la capitale. Les écoles militaires, auxquelles il aurait pu accéder en sa qualité de fils de général, ferment leurs portes au jeune Dumas. Louise lui fait toutefois donner des leçons de violon par Hiraux, « un véritable musicien d'Hoffmann », écrira Dumas. Ce Kreisler local, grand pourvoyeur de contes drolatiques, ne découvre pas en Alexandre Dumas un futur Paganini. Après trois ans de lutte, Dumas ne sait toujours pas accorder son instrument. Élève et professeur renoncent, soulagés.

On trouve alors à Alexandre un précepteur local, Oblet, qui lui enseigne quelques rudiments. Mais cela ne suffit pas, et l'on décide de l'envoyer au « petit collège », institution éphémère qui ouvre ses portes entre 1810 et 1813 grâce à l'abbé Grégoire. Sous l'Empire, malgré les grands idéaux révolutionnaires, l'école n'est pas obligatoire et les écoles de petites villes ou de villages sont privées. À Villers-Cotterêts, le « petit collège » de l'abbé accueille les fils des petits bourgeois et des commerçants. C'est là qu'Alexandre fait sa rentrée, en octobre 1812, non sans appréhension. Pour l'occasion, sa mère lui a taillé un petit costume couleur café dans les vieux vêtements de son grand-père, disparu en 1809. Mais le nouveau est accueilli par un bizutage pour le moins humiliant. Juchés sur des tonneaux, les gamins de l'école arrosent copieusement Alexandre qui, trempé d'urine, est retrouvé en larmes par l'abbé. Les coupables sont dénoncés et châtiés. Mais qui dit dénonciation dit représailles. Au sortir de la classe, Alexandre prend son temps, histoire d'éviter la vengeance des pisseurs punis par monsieur l'abbé. Bligny, le fils du drapier, l'attend, manches retroussées, bien décidé à en découdre. Alexandre n'a pas le choix. La peur lui donne du courage et il écrase l'ennemi, non sans lui avoir dérobé un livre chu pendant la lutte, *L'Onanisme* de Tissot. Sa mère intercepte l'ouvrage, qui sera utile à Dumas en des temps ultérieurs.

Qu'apprend-on à l'école de l'abbé Grégoire ? Des rudiments d'algèbre, du calcul, un peu de latin, disciplines dans lesquelles Dumas est loin d'exceller. Alexandre Dumas, contrairement à Hugo et à Musset, n'est pas un premier de la classe. Il est nul en calcul, et ne se départira jamais de son aversion pour les chiffres. Mais il possède une belle écriture qui, plus tard, lui ouvrira la petite porte de ses grandes ambitions. En revanche, il est au tableau d'honneur des activités physiques telles que le lancer de pierre, l'équitation, le tir à l'arc. Il est premier en braconnage. Au seuil de l'adolescence, il sait repérer les oiseaux, poser des marettes et des pipées, veiller dans une cahute une nuit entière s'il le faut pour traquer le gibier à poil et à plume. Sa grande passion, c'est la chasse, aussi accueille-t-il comme le Messie le promis de sa sœur, Victor Letellier, qui, pour complaire à sa belle-famille, offre à son petit beau-frère un joli pistolet. À compter de ce jour, Alexandre adore Victor. La vanité le pousse à épater la galerie avec cette arme de poche. Il tire tous azimuts pour montrer ses talents aux gamins, avant que le garde-champêtre Tournemole ne le désarme sur ordre formel de sa mère. Stanislas Picot, fils d'amis de Louise, vient de mourir des suites d'un terrible accident de fusil. Marie-Louise vit dans l'angoisse ; elle ne cessera de lutter contre ces armes qui fascinent son fils en tentant de le protéger du monde extérieur. Mais n'est-il pas le fils du général Dumas ? Sa paternité lui est d'ailleurs rappelée au printemps 1813 quand le tribunal de Soissons stipule par ordonnance qu'Alexandre Dumas est aussi « Davy de la Pailleterie ». À onze ans, l'aristocratie le rattrape. Ce patronyme officiellement reconnu est un espoir pour Louise qui croit qu'avec ce nom plus glorieux certaines portes s'ouvriront. Vains espoirs. Alexandre préfère s'appeler Dumas. Le petit collège a fermé. Certes l'abbé Grégoire a accepté de donner quelques cours privés, mais tout cela ne tient guère. Que va-t-elle faire de cet enfant, volontiers hâbleur et vaniteux, dont l'éducation est bancale et le savoir lacunaire ?

Ces questions sont laissées en suspens par des événements d'une tout autre ampleur qui bousculent le charme discret de Villers-Cotterêts. En 1813, la geste impériale est sur le point d'être stoppée dans sa course ; les ambitions personnelles de l'Empereur se heurtent à l'Europe coalisée. C'est d'abord la campagne de Russie. Victorieuse durant l'été

1812, la Grande Armée est décimée par l'hiver. Le 25 novembre, la bataille de la Berezina, dont le nom est à tort associé à un échec[19], marque l'une des étapes de cette effroyable retraite : « Hier la Grande Armée, et maintenant troupeau », écrira Hugo dans *Les Châtiments*. Flairant l'agonie du régime impérial, la Prusse puis l'Autriche entrent en guerre contre la France, respectivement en avril et août 1813. Dans les premières semaines de 1814, les populations redoutent l'invasion de l'ennemi. Villers-Cotterêts tremble et craint l'arrivée de ces cosaques, dont on dit qu'ils éventrent les femmes, les enfants, et pis encore ! Louise panique, tremble à l'idée que la guerre lui volera son fils, même s'il n'a que douze ans. Comme dans un mauvais conte de fées, elle imagine calmer l'appétit cannibale de l'ennemi en cuisinant un haricot de mouton qu'elle lui offrira dès son arrivée. Le ragoût sauveur mijote, tandis qu'on guette aux fenêtres la venue des Vandales modernes. Des informations contradictoires circulent et, contre toute attente, c'est le maréchal Mortier qui entre dans Villers-Cotterêts ! Ce sont des soldats français qui dégustent le haricot. Voilà les Dumas quittes pour la peur. La menace ne s'éloigne pas pour autant. À nouveau danger, nouveau haricot. Des coups de canon se font entendre dans la campagne alentour, Villers-Cotterêts est à moitié déserté. Mais les cosaques ne montrent toujours pas la pointe de leur casque, et les Dumas mangent encore du mouton. Que faire face à l'attente ? Louise, prévoyante et inquiète, confectionne un troisième haricot. Cette fois, les cosaques approchent, Louise entraîne Alexandre avec elle dans la carrière où s'est déjà réfugié un grand nombre de villageois. Quelques jours passent. Durant la journée, les Dumas sont accueillis à la ferme de la Noue, chez les Picot, parents du fils mort d'un accident de chasse ; la nuit, les Dumas se terrent dans la carrière. Après une semaine, Louise prend une décision qui peut sembler étrange, celle de fuir vers Paris, en compagnie de Mlle Adélaïde, vieille dame bossue mais riche. Alexandre déterre l'or enfoui dans le jardin et on se met en route. En vérité, l'équipée s'arrête au Mesnil-Amelot. Mlle Adélaïde, que ses amours avec son valet Crétet ont rendue intrépide, souhaite assister à la revue de la Garde nationale. Marie-Louise accepte et, pour la première fois, Alexandre entre dans Paris et voit passer l'Aiglon, enfant de trois ans promis à un destin sans gloire. Dumas est impressionné par la foule et les vivats, même si cette cérémonie enterre l'Empire. En avril 1814, Napoléon abdique et s'embarque pour l'île d'Elbe. L'Histoire s'accélère. L'ennemi est à Paris, le comte d'Artois, frère de Louis XVI, est aux portes de la capitale, les abeilles s'envolent et les lys refleurissent.

La France vire au blanc. Louise regrette-t-elle que, quelques mois plus tôt, Alexandre n'ait pas choisi de s'appeler Davy de la Pailleterie ? S'il avait opté pour la particule, Dumas aurait pu, comme le comte Alfred de Vigny, vivre les servitudes et les grandeurs militaires. Mais Alexandre s'appelle simplement Dumas. Avec le changement de régime, Jacques Collard, proche des Orléans, bénéficie d'appuis désormais officiels. Il obtient pour sa cousine un bureau de tabac ; certes ce négoce est modeste, mais il change le quotidien des Dumas qui emménagent place de la Fontaine. Au rez-de-chaussée, Marie-Louise débite du tabac ; à l'étage, elle chérit son Alexandre qui, à douze ans, dort encore avec sa maman. Dumas est un enfant plein de morgue et très émotif. Devant l'hostie de sa première communion, il s'évanouit comme dans un mélodrame. Cet excès de religiosité ne trompe pas l'abbé Grégoire qui l'accompagne dans cette initiation spirituelle : « Mon cher ami, j'aimerais mieux que ce fût moins vif et que cela durât[20] », aurait dit l'abbé, lucide. À l'automne, un événement va entièrement donner raison au prêtre. L'abbé Conseil, le bien nommé cousin de Louise, dont elle est héritière, disparaît en octobre. Ce prélat, qui n'a pas cultivé le vœu de pauvreté, a acquis, en 1793, le joli domaine de Castellant situé sur la commune de Largny-sur-Automne dont il fut le maire. Son testament est un espoir pour les Dumas qui vivent dans la gêne. Pour dire le vrai, un legs du défunt serait providentiel.

L'abbé Conseil avait eu, sous Louis XV et sous Louis XVI, toutes sortes de bénéfices ; si bien que l'abbé Conseil était riche : il possédait à Largny, village situé à une lieue de Villers-Cotterêts, une charmante maison, un jardin des plus pittoresques au fond d'une vallée. [...] Le cousin Conseil avait, en outre, une maison à Villers-Cotterêts[21].

Les Dumas misent beaucoup sur le testament. Mais à son ouverture, on déchante. Monsieur l'abbé a presque tout donné aux pauvres et ne laisse que quinze cents francs à sa cousine, ainsi qu'une bourse soumise à une condition suspensive : elle paiera les études à l'un de ses parents, à condition que celui-ci entre au séminaire. Le bénéficiaire (ou la victime) de ladite bourse n'est autre qu'Alexandre. Si Louise Dumas se réjouit d'une telle opportunité, Alexandre grogne car il n'est pas prêt, comme Julien Sorel, à passer par le petit séminaire pour réussir en société. À l'instar d'Alfred de Musset, il n'aime guère les curés et préfère les grenouilles des mares à celles des bénitiers. La crise mystique de la transsubstantiation est déjà oubliée. Sa mère déploie un trésor d'arguments pour le convaincre de la chance exceptionnelle que représente cette bourse. Consciente que l'éducation qu'elle lui a donnée est bien incomplète, elle y voit la promesse d'un avenir assuré. Mère et fils se disputent pendant près de trois mois. Alexandre finit par accepter car on lui promet qu'il reviendra au nid si la pension lui est intolérable.

Entrer au séminaire, c'est se couper du vaste domaine naturel dans lequel il a grandi ; c'est quitter sa mère et ses amis. Et puis l'expérience de l'école n'a pas été positive ; individualiste et prétentieux, le jeune Dumas n'a pas toujours de bons rapports avec les gamins de son âge. Même si Soissons n'est pas très loin, c'est une rupture géographique à laquelle il n'est pas prêt. La mort dans l'âme, il prépare pourtant son baluchon et demande à sa mère un nouvel encrier, modeste viatique consolatoire. Ironie du sort, c'est ce symbole de l'écrivain qui va sauver Dumas des Écritures. Il se rend chez l'épicier Devaux qui lui promet un bel encrier en corne pour le soir. Avec douze sous en poche, Dumas revient quérir l'objet à l'épicerie où il croise sa cousine, Cécile Deviolaine. Elle félicite Alexandre de la belle carrière ecclésiastique qui l'attend. Les quolibets fusent, les formules sardoniques blessent le garçon déjà fort contrarié à l'idée d'entrer au séminaire. Enfin, coup de grâce, Cécile promet à son cousin qu'il sera son confesseur. C'est la goutte d'ironie qui fait déborder l'encrier de la colère. Avec ses douze sous, Dumas achète du pain et un saucisson puis il fugue. Il se réfugie dans la cabane de Boudoux, le Quasimodo des marais, un mâche-dru aussi goinfre que gentil. Cette fuite est concrète, mais aussi symptomatique : le jeune Dumas court vers une vie libre « à la Rousseau » pour échapper à l'entrave d'une éducation religieuse. Il savoure d'autant plus cette liberté que Boudoux est un braconnier de haut vol. Certes, pendant trois jours Marie-Louise se morfond dans son échoppe, mais, quand son fils revient, elle comprend que cet oiseau-là ne sera jamais encagé. Elle abdique. Alexandre jubile. Il pourra encore profiter de l'infinie tendresse de sa mère et de la vie aux champs.

Tandis qu'Alexandre évite le séminaire de justesse et grandit à l'air libre, l'aigle impériale ouvre à nouveau ses ailes au-dessus de Golfe-Juan, en mars 1815. Villers-Cotterêts n'est pas mécontent de la monarchie restaurée et accueille mal le retour de l'Empereur. Les Dumas subissent quelques injures car ils sont réputés bonapartistes. Louise va confirmer cette réputation lors de l'affaire Lallemand. Antoine et Henri-Dominique Lallemand, deux fervents bonapartistes, ont conspiré pour rallier les troupes à la cause de l'Empereur. Dénoncés, ils sont arrêtés à la Ferté-Milon et conduits à la prison de Soissons le 12 mars. Saisie d'un héroïsme républicain, Louise réagit de manière étonnante, quand on sait à quel point elle couve Alexandre. Elle charge, en effet, son fils d'une mission digne des meilleurs films d'espionnage. Alexandre est camarade de jeux de Charles Richard, fils du directeur de la prison de Soissons. Louise et le notaire Mennesson, fervent bonapartiste, lui confient un rouleau de louis d'or et deux pistolets qu'il devra remettre aux frères Lallemand, après avoir fait diversion. Alexandre déjoue l'attention de son camarade de jeux et remet les pistolets et l'argent. Mais les frères Lallemand ont déjà été informés que Napoléon est en marche et que leur libération est imminente. Pour le récompenser de sa bravoure, le général Antoine Lallemand offre à Alexandre les pistolets, armes qui font un effet plus durable que l'hostie. À Paris, Louis XVIII fuit et Napoléon reprend la capitale. Commencent les Cent-Jours qui s'achèveront avec Waterloo et l'exil définitif de l'Empereur. Les événements historiques ont saisi Alexandre Dumas, lui permettant de vivre une aventure hors du commun. Sans doute ont-ils ravi le futur romancier, qui enracine l'histoire d'Edmond Dantès dans cette période trouble : « Chacun connaît ce retour de l'île d'Elbe, retour étrange, miraculeux, qui, sans exemple dans le passé, restera probablement sans imitation dans l'avenir[22] », écrira-t-il. L'épopée soissonnaise, associée aux Cent-Jours, signe l'entrée d'Alexandre dans l'âge viril.

Alexandre de Faublas

Un jeune homme... — Traçons son portrait d'un seul trait de plume : — figurez-vous don Quichotte à dix-huit ans, don Quichotte décorcelé, sans haubert et sans cuissard, don Quichotte revêtu d'un pourpoint de laine dont la couleur bleue s'était transformée en une nuance insaisissable de lie-de-vin et d'azur céleste.

Les Trois Mousquetaires, *I*[1]

Qu'on se souvienne ici de D'Artagnan, à peine sorti de l'adolescence, entrant dans la petite ville de Meung. Habile mais mal dégrossi, le jeune mousquetaire s'aguerrit en se mesurant à ses aînés. Comme son héros, Dumas grandit à la lumière de trois amitiés et de découvertes amoureuses. Sa première foucade le pousse vers Auguste Lafarge, un gandin bien mis qui le séduit par sa faconde et sa poésie ; l'adolescent conduit le jeune homme à la chasse et lui montre tous les tours qu'il maîtrise. Alexandre se sent valorisé par la présence à ses côtés de Lafarge, venu faire le joli-cœur à Villers-Cotterêts où il espère séduire une demoiselle bien dotée. Il jette son dévolu sur Éléonore Picot, fille de fermiers bien trop rusés pour se laisser prendre aux circonlocutions du dandy parisien. Alexandre assiste aux tractations et à l'échec de son ami qui, pour se venger d'avoir été éconduit, compose une piquante épigramme contre les Picot père et fille. Il met les rieurs dans sa manche et peut quitter la ville la tête haute. Cet épisode marque l'adolescent. La plume peut être plus efficace que l'épée. C'est dit : il sera poète et pourra, comme Boileau et Lafarge, manier le fouet de la satire. Malgré un prénom qui aurait pu le destiner aux vers classiques, Alexandre rime mal. Décidément, ses domaines d'excellence sont la chasse et les armes. Il stupéfie même l'armurier du village, Montagnon, tant il possède la science des fusils et des pistolets, de leur entretien à leur utilisation. Bon tireur, il exulte quand Montagnon lui offre un fusil-canne et il braconne de plus belle. Mais le garde-chasse le surprend, le course et se blesse. Alexandre est condamné à payer cinquante francs d'amende et doit présenter des excuses. S'il accepte de payer, il refuse de faire amende honorable, trop fier pour cela. Louise est aux cent coups. Où trouver cinquante francs ? Mme Darcourt, amie de toujours, avance la somme. L'affaire est d'ailleurs classée d'elle-même par les Cents-Jours. Après le passage des armées en déroute, des ennemis et même de l'Empereur, Dumas peut à nouveau s'adonner à son unique passion. Sa mère ne l'entend pas de cette oreille. Non seulement elle craint toujours un accident, mais elle se lamente sur le devenir de ce fils qui voue un culte irraisonné à saint Hubert. Villers-Cotterêts est le berceau historique des actes notariés en français : pourquoi Alexandre ne ferait-il pas carrière dans le notariat ? L'un des tabellions local, Me Mennesson, accepte de le prendre comme saute-ruisseau. Alexandre, cette fois, n'a guère le choix. Après tout, être gratte-papier à Villers-Cotterêts, c'est toujours mieux que séminariste à Soissons. Il pourra au moins passer son temps libre à courir les bois et les champs. Comme le Fortunio de Musset, Dumas est troisième clerc, c'est-à-dire au bas de l'échelle. Comme Fortunio, entre deux actes, il rêve à l'amour et aux charmes du bal.

« Un jour, on vit passer dans les rues de Villers-Cotterêts un jeune homme de vingt-six ou vingt-sept ans, portant, avec une rare élégance, l'uniforme d'officier de hussards[2] », écrit Dumas. Ce beau jeune homme, un peu féminin mais véritable hussard, suscite l'admiration d'Alexandre. C'est Amédée de la Ponce, venu à Villers-Cotterêts pour vivre de ses rentes et couler des jours heureux. Dumas ne situe pas précisément la date à laquelle il rencontre Amédée, mais ce dernier va jouer le rôle du grand frère en s'entichant d'Alexandre Dumas, dont il devine le talent et mesure l'étendue de l'inculture. La Ponce, aux dires de Dumas, lui aurait inculqué le sens du travail, le goût de l'effort intellectuel :

> Vous m'avez dit : « Croyez-moi, mon cher enfant, il y a autre chose dans la vie que le plaisir, que l'amour, que la chasse, que la danse et que les folles aspirations de la jeunesse ! Il y a le travail. Apprenez à travailler... c'est apprendre à être heureux[3]. »

Outre quelques leçons d'italien pour lequel Dumas se montre doué, l'ami lui parle des grands auteurs et surtout de théâtre ; cet échange fait croître la graine qui avait déjà germé dans le cœur du jeune Alexandre.

Le premier argent qu'il gagne lui brûle les doigts. À peine a-t-il touché sa première paie qu'il l'investit dans des cours de danse que lui prodigue Brézette, ancien voltigeur. Alexandre Dumas, physiquement habile, progresse aussi vite dans l'apprentissage des pas que dans celui de la poésie italienne, à tel point que l'abbé Grégoire lui propose d'être le cavalier de sa nièce, Laurence, à l'occasion des fêtes de la Pentecôte. Une bouffée d'orgueil envahit Dumas, aussitôt éventée par une montée d'angoisse. Comment va-t-il se vêtir ? La seule tenue correcte dont il dispose, c'est son habit de première communion, pantalon de nankin, gilet piqué et habit bleu tirant sur le gris. Les teintes sont jolies mais la taille un peu juste. Alexandre a grandi, le pantalon est serré, mais il fait contre coupe ajustée bon cœur. Le soir du bal arrive. Surmontant sa timidité, Dumas propose à Laurence, plus âgée que lui, un tour de parc. À la promenade, il croise « un certain Miaud, employé au dépôt de mendicité », qui reconnaît le pantalon du communiant et s'exclame tout haut : « Ah ! Ah ! voilà Dumas qui va refaire sa première communion ; seulement, il a changé de cierge[4] ! » La légèreté du propos et son sous-entendu grivois confondent Dumas, qui ne trouve rien mieux pour faire diversion que de se vanter d'exploits sportifs. Certes Miaud a une jolie mise et une rutilante montre à gousset, mais serait-il capable, ce grassouillet, de sauter un fossé de quatre mètres cinquante de large ? Alexandre le rogue ne se contente pas de paroles, il s'exécute, bondit et... déchire le fond de sa culotte. Défait, il fuit la scène sous le regard interloqué de sa cavalière et de sa cousine Vittoria, qui ne comprennent pas ce départ intempestif. Alexandre court chez sa mère pour réparer du saut l'irréparable outrage. Mais qui va à la chasse perd sa place. Quand il revient, Laurence, sensible au clinquant et aux dorures, danse avec Miaud.

Vexé, Dumas ne s'avoue pas vaincu, emprunte des gants à son ami Fourcade — on danse ganté — et invite Laurence, tandis que Fourcade se charge de sa cousine Vittoria. Le quatuor s'élance et Dumas éblouit les jeunes filles par ses talents, surtout Vittoria qu'il fait tournoyer et rire ; il faut dire qu'il s'entraîne depuis près de deux ans à valser avec une chaise ! Dumas amuse, Dumas séduit, Dumas s'enivre des corps frôlés pendant la danse. *Les Aventures du chevalier de Faublas*, qu'il vient de lire, lui inspirent une conduite extraordinaire. « Revenu de ce premier transport[5] », il veut pousser plus avant ses assauts et persuade sa mère de la nécessité d'une paire de bottes souples et d'un pantalon digne de ce nom. Comme à l'accoutumée, elle cède. Alexandre est fin prêt pour conquérir la citadelle Laurence ; avec son bréviaire de séducteur, appris dans les illustrations de Louvet de Couvray, le Faublas du Valois est certain de triompher.

Il court chez l'abbé Grégoire où il est accueilli par une lettre :

Mon cher enfant,

Depuis quinze jours, je me reproche d'abuser, comme je le fais, de la complaisance que vous croyez devoir à mon oncle, qui vous a fort indiscrètement prié d'être mon cavalier. Quelques efforts que vous fassiez pour cacher l'ennui que vous causent des occupations au-dessus de votre âge, je me suis aperçue des dérangements que je cause dans vos habitudes, et je me les reproche. Retournez donc à vos jeunes camarades, qui vous attendent pour jouer aux barres et au petit palet. Soyez, au reste, sans inquiétude pour moi ; j'ai accepté, pour le peu de temps que j'ai à rester chez mon oncle, le bras de M. Audim*.

Recevez, mon cher enfant, tous mes remerciements pour votre complaisance, et croyez-moi votre bien reconnaissante.

LORENZA[6]

C'est une gifle. La blessure d'amour-propre est vive et mérite une action digne de la déconvenue. Seul un duel peut laver l'affront. Alexandre, traité en enfant, se battra comme un homme. Il provoque Miaud, comme il se doit. En guise de réponse, il reçoit une carte et une volée de bois vert. « Orgueil, le plus fatal des conseillers humains », telle est la morale de l'histoire. Alexandre en est quitte pour une fièvre cérébrale de quelques jours.

La jeunesse offre de rapides consolations. En toute modestie, après son échec, Dumas se compare à l'un des plus grands rois de France : « comme François Ier après la bataille de Pavie, je n'avais pas tout perdu après ma défaite[7] ». Il lui reste, en effet, une belle paire de bottes, un pantalon, la consolation de la chasse et bientôt deux rencontres d'importance. Alexandre a quinze ans, il a changé. Il est déjà grand de taille, mince mais affûté ; son teint de lait se hâle et ses cheveux blonds virent au brun

* Le lecteur aura deviné que Dumas, transcrivant cette lettre, joue avec l'anagramme de Miaud.

bouclé ; il peut se targuer de qualités physiques qui font la beauté suffisante : « J'avais les mains assez belles, les ongles bien faits, les dents fortes mais blanches, les pieds singulièrement petits pour ma taille[8] », précise-t-il. Sans être le Parc-aux-Cerfs, Villers-Cotterêts compte bon nombre de biches aux yeux charmants. La préférence de Dumas va vers « ce groupe de jeunes filles qu'il m'est impossible de classer dans la hiérarchie sociale[9] », entre la petite bourgeoise et l'ouvrière. Celles-ci l'attirent, parce qu'elles n'ont pas les principes des aristocrates guindées ni les préventions des bourgeoises convenues ; l'éveil du printemps qu'inspire leur liberté annonce une sensualité débordante :

> Oh celles-là, c'était une merveille que de les voir, le dimanche, avec leurs robes printanières, leurs ceintures roses ou bleues, leurs petits bonnets chiffonnés par elles-mêmes et posés de cent façons coquettes, car pas une d'elles n'eût osé porter de chapeau ; c'était une joie de les voir libres de toute [contrainte], ignorantes de toute étiquette, jouer, courir, nouer et dénouer la longue chaîne de leurs bras charmants, ronds et nus. Oh ! les belles créatures ! oh ! la ravissante génération que cela faisait[10] !

Entre Arthur Rimbaud et David Hamilton, Dumas fantasme rétrospectivement sur ces visions nimbées d'une gaze érotique. Alexandre est décidément de plus en plus intéressé par le beau sexe. À en croire ses *Mémoires*, il aurait apprécié les charmes féminins dès sa petite enfance. C'est là s'attribuer les exploits d'un don juan en culottes courtes avec les yeux d'un séducteur aguerri. Certes, Dumas a d'abord regardé ce qui se trouvait à portée de regard, à commencer par ses cousines qui, sans être franchement belles, lui offraient l'agrément d'une rêverie possible. Comme le jeune Musset qui s'ennuie en vacances dans la Sarthe et se divertit en rêvant à quelque conquête, Dumas vit à la lettre ce vers d'*À quoi rêvent les jeunes filles* :

> Tout le réel pour moi n'est qu'une fiction[11].

Dumas avoue d'ailleurs qu'avant le passage à l'acte, *L'Onanisme* du docteur Tissot, trophée abandonné par Bligny, lui a servi d'ouvrage de méditation en attendant des actes plus concrets. Pourtant, cet essai médical ressemble davantage à un récit horrifique qu'à une sonate au clair de lune ; il aurait pu refroidir Alexandre, fût-il le plus téméraire des disciples d'Onan :

> Les forces du corps manquent entièrement, note le médecin ; l'accroissement de ceux qui se livrent à ces abominations avant qu'il soit fini, est considérablement dérangé. Les uns ne dorment point du tout, les autres sont dans un assoupissement presque continuel. Presque tous deviennent hypocondriaques ou hystériques, & sont accablés de tous les accidents qui accompagnent ces fâcheuses maladies : tristesse, soupirs, larmes, palpitations, suffocations, défaillances. L'on en a vu cracher des matières calcaires. La toux, la fièvre lente, la consomption font les châtiments que d'autres trouvent dans leurs propres crimes[12].

Pour grandir plus vite, Dumas ment sur son âge et choisit ses amis parmi des garçons un peu plus âgés. Il y a eu Lafarge ; mais il faut aussi évoquer Fourcade, l'instituteur ; Saunier, le fils du serrurier ;

Chollet, l'étudiant en agronomie. Ces grands évoluent sous les yeux d'Alexandre qui observe leur manège érotique avec les filles qu'ils ont choisies. La sexualité est alors un tabou dans les familles, même si le lecteur des *Mémoires* comprend que Dumas a sans doute appris quelques rudiments auprès de ses camarades. Enhardi par le désir, Dumas jette son dévolu sur Aglaé Tellier*, une jeune fille timide, mais qui accepte sans mépris d'être accompagnée par un garçon plus jeune qu'elle. Si ces amours restent d'abord platoniquement tendres, elles n'en laissent pas moins une marque profonde, teintée d'heureuse nostalgie dans la mémoire de Dumas. Comme le héros d'*Adolphe* de Benjamin Constant, qui vient de paraître en 1816, Dumas fait l'expérience décisive du temps suspendu par l'amour :

> L'amour n'est qu'un point lumineux, et néanmoins il semble s'emparer du temps. Il y a peu de jours qu'il n'existait pas, bientôt il n'existera plus ; mais tant qu'il existe, il répand sa clarté sur l'époque qui l'a précédé, comme sur celle qui doit suivre[13].

C'est dans la lumière des premiers émois que Dumas se console de la bégueule Laurence, partageant amour et amitié à la lueur de promenades comme au coin du feu. Les plaisirs tendres n'alimentent qu'un temps l'appétit de Dumas, qui va maintenant sur ses dix-sept ans et recherche des frissons plus ardents. C'est un bel adolescent, élancé, mesurant près d'un mètre quatre-vingts. Il

* Dumas la nomme Adèle Alvin dans *Mes Mémoires*.

a du chic, même s'il ne porte pas les vêtures d'un Beau Brummell, telles qu'on en voit sur les gravures de mode. Le début de l'été est propice aux rencontres ; les vêtements s'allègent avec les cœurs, les barrières tombent au soleil. Aglaé, de quatre ans l'aînée d'Alexandre, finit par accéder au désir de son jeune amant. Alexandre, en découvrant la sexualité, découvre tout un monde. La chair consommée, il court dans la nuit pour rejoindre le logis. Sa mère l'attend depuis onze heures. Elle a compris et se résigne à partager désormais les étreintes de ce fils adoré avec d'autres bras que les siens. La liste sera longue des femmes qui enlaceront Alexandre le très-aimé.

Les retrouvailles nocturnes tiennent davantage du roman d'aventures que d'amourettes provinciales. Pour éviter de passer sous les fenêtres de la mère d'Aglaé, Alexandre fait des détours, se cache dans les fossés, se faufile dans un potager au moindre bruit. Il vit enfin à la mesure de son modèle littéraire, le chevalier de Faublas. Une nuit pourtant, il est surpris et doit se battre. Il assomme son assaillant. Le lendemain, pour détourner les soupçons, Alexandre prétend qu'il se rend nuitamment chez Eléonore Lebaigue, la fille du cousin Deviolaine mariée à l'honnête Lebaigue. La rumeur se répand et la famille Deviolaine, offusquée de tels racontars, ferme ses porte aux Dumas mère et fils. Dumas n'est pas trop mécontent de passer pour l'amant d'une jeune femme « de la haute » ; il laisse dire tout en continuant d'honorer de ses visites nocturnes la jolie Aglaé. Elle lui a donné ce qu'elle a de plus précieux ; il lui offre des nuits romanesques.

Le 27 juin 1819, Dumas a fait une autre rencontre, plus décisive peut-être que celle d'Aglaé Tellier. Point de jolie blonde ni de brune piquante, mais un grand brun aux cheveux en brosse et au visage fin. Le jeune homme se promène avec Caroline Capelle, fille du tuteur des enfants de Louise, qui tient par la main sa petite fille, la future Marie Lafarge. Adolphe — c'est son prénom — se lie d'emblée avec Alexandre, provincial curieux et bavard. Ces deux-là ont le même âge et s'entendent intuitivement ; c'est un coup de foudre amical, « une amitié qu'aucun jour sombre ou heureux n'a altéré depuis », écrira Dumas trente ans plus tard. Alexandre est d'autant plus séduit qu'Adolphe est né Ribbing, comte de Leuven. Or ce nom est fameux dans l'histoire contemporaine pour être associé à un régicide. Adolphe est, en effet, le fils d'un des conjurés qui ont fomenté l'assassinat du roi Gustave III de Suède — épisode qui inspirera à Verdi son opéra *Un bal masqué*. Exilé en France, lui et sa famille ont été *persona non grata* sous la Restauration. Amis des bonapartistes que compte l'élite parisienne, les Leuven se mettent au vert chez Collard, à qui le père d'Adolphe a vendu sa propriété. L'aventure familiale d'Adolphe attire Alexandre. En 1819, ils ignorent l'un et l'autre qu'une amitié indéfectible les liera par-delà la mort. En 1874, Leuven désignera Alexandre Dumas-fils pour être son exécuteur testamentaire.

À seize ans, l'heure est à la découverte mutuelle et aux discussions passionnées. Alexandre tombe littéralement sous le charme de ce jeune homme qui fait des vers, vit à Paris et fréquente le beau monde des lettres et des arts. Émerveillé par toutes les beautés de la capitale qu'Adolphe lui fait entrevoir, Alexandre est entraîné sur sa pente naturelle : le théâtre. Entre ses amours avec Aglaé et le *pensum* des copies d'actes, il attend avec impatience le retour de son ami. Un événement va cependant combler le manque de cette amitié soudaine et faire diversion dans le quotidien d'Alexandre.

Paillet, un des clercs de Me Mennesson, propose à Alexandre d'assister à une représentation d'*Hamlet* que donnent à Soissons les élèves du conservatoire. Ce n'est pas tout à fait Shakespeare qui est au rendez-vous, mais Jean-François Ducis (1733-1816), infatigable adaptateur du dramaturge anglais. Son *Hamlet*, « imité de l'Anglois » et créé en 1769, a souvent été repris à Paris et en province. Les premiers vers donnent le ton néo-racinien de l'ensemble :

Oui, cher Polonius tout mon parti n'aspire,
En détrônant Hamlet, qu'à me livrer l'Empire[14].

En 1820, la version passablement classicisée de Ducis est encore considérée supérieure à l'originale, jugée barbare et indécente. Qu'importe, Alexandre, conquis, demande à Fourcade de lui envoyer la brochure et apprend le rôle-titre par cœur. Bien qu'il n'ait pas d'Ophélie, il se prend pour l'Hamlet du village et décide de mettre en pratique sa rage du théâtre. Associant amis et jeunes filles à son projet, dont Aglaé, Alexandre s'improvise directeur de troupe, acteur, régisseur, décorateur. Les comédiens amateurs investissent un bâtiment à l'abandon et répètent dans un grenier. Alexandre prête même ses talents à une compagnie locale, les Robba, en interprétant un personnage historique, don Ramire dans *Hariadan Barberousse*, un mélodrame en trois actes et à grand spectacle de Lamarque de Saint-Victor, créé à Paris en 1809. Cette brève expérience confirme à Dumas son irrépressible envie de théâtre. Quand Leuven revient de Paris, on tire des plans sur la comète et l'on se met à écrire des pièces, dont ne restent que les titres prometteurs : *Les Abencérages*, *Le Dîner d'amis* ou encore *Le Major de Strasbourg*, œuvre de circonstance qui renseigne sur l'orientation politique et le message qu'elle contient. Leuven et Dumas s'inspirent d'un substrat culturel commun : l'Empire, les exploits militaires. Malgré tous leurs efforts, les méchants théâtres parisiens sont sourds et aveugles face au génie de ces dramaturges de dix-huit ans. Alexandre reçoit des réponses de Paris toujours négatives. Si Dumas est meurtri, sa mère s'inquiète, d'autant plus qu'il a été renvoyé de l'office par le notaire Mennesson. Elle le confie aux bons soins de son gendre, Victor Letellier, et Dumas quitte Villers-Cotterêts quelques mois pour Dreux. L'une des seules traces de son passage en pays drouais, c'est un exploit de chasseur : la traque d'un mythique lièvre à trois pattes, récit qu'enjolive Dumas adulte pour mieux dire la joie de cet épisode.

À son retour à Villers-Cotterêts, à l'automne 1821, Alexandre reçoit une blessure violente. En son absence, Aglaé Tellier a trouvé un époux. Elle qui lui avait tout donné, sa tendresse et sa virginité, se marie à un pâtissier de treize ans son aîné. Alexandre est défait. Blessure d'amour-propre ou véritable fêlure ? Le jeune Dumas ne supporte pas la scène d'une noce qui le fait souffrir et, comme il le fera souvent dans sa vie, il fuit, fût-ce à quelques coudées de sa ville ; il se terre dans une cahute au fond des bois, dernier refuge pour braconnier à l'âme blessée. La chasse fait diversion. Triste ironie du sort pour Dumas, un brouhaha brise le silence de la forêt : c'est la noce animée d'Aglaé qui passe à quelques mètres de lui. De sa cachette, Alexandre regarde le cortège comme un carnaval funèbre, une illusion qui s'éteint. Il fait l'apprentissage de la vie : « Les illusions tombent l'une après l'autre, écrit Nerval, comme les écorces d'un fruit, et le fruit, c'est l'expérience. Sa saveur est amère ; elle a pourtant quelque chose d'âcre qui fortifie[15]. »

Qu'est-ce qui désormais retient Dumas dans le paysage de son village ? Certes, il y a bien Louise Brézette, la fille de son professeur de danse. Mais cela ne suffit pas et c'est sans lutte ni mauvaise grâce qu'il accepte un nouvel emploi de troisième clerc chez maître Lefèvre, à Crépy-en-Valois. Il est logé, nourri, bien traité et s'ennuie à mourir. Il rentre à Villers-Cotterêts chaque dimanche, comme un étudiant mélancolique. Une année va ainsi s'écouler, plutôt morne dans l'épopée romanesque de la vie d'Alexandre. Aussi n'hésite-t-il pas, en novembre 1822, quand Paillet, celui-là même qui l'avait emmené voir *Hamlet*, lui propose d'aller humer l'air de la capitale. Profitant de l'absence de son employeur, il s'éclipse. Les moyens des deux acolytes sont limités, qu'importe ! On braconne en route le gibier qu'on espère échanger contre le gîte. À Paris, l'Hôtel des Vieux-Augustins accepte le produit de leur chasse contre deux nuitées. Ce séjour, si bref soit-il, est décisif. Dumas court chez Leuven, à qui il demande de l'accompagner aux Français. Ce soir-là, on donne le *Sylla* de Jouy avec Talma dans le rôle-titre. Leuven est assez bien introduit dans la bonne société et dans les milieux théâtraux pour obtenir de la main même de Talma un billet de faveur pour le soir. La représentation de *Sylla* a laissé trace dans la mémoire collective, moins pour les talents de versificateur de l'auteur que pour l'audace de Talma. Pour créer le rôle, le comédien s'est, en effet, coiffé comme Napoléon, détail immédiatement identifié par le public et confirmé par l'allusion sans équivoque du dénouement, où tout un chacun remplace « Romains » par « Français » :

J'achève un grand destin, j'achève un grand ouvrage ;
Sur ce monde étonné j'ai marqué mon passage :
Ne m'accusez jamais dans la postérité,
Romains, de vous avoir rendu la liberté[16] !

Leuven a le privilège de pouvoir approcher le grand homme à l'issue de la représentation. Les coulisses fourmillent de notoriétés lettrées et l'illustre inconnu Dumas doit jouer des coudes pour accéder à la loge ; le colosse, harassé par l'exploit scénique qu'il vient de réaliser, y reçoit flatteries et compliments. Le roi Talma, entouré de sa cour, accueille avec bienveillance les deux jeunes admirateurs et échange quelques mots avec eux. Face à l'immense acteur qui les reçoit en négligé, Alexandre Dumas est aussi ému que s'il se trouvait devant le roi. Talma n'est-il pas celui qui a incarné tant de souverains ? Intimidé, Alexandre évoque sa situation de misérable clerc de province. Magnanime, Talma se serait alors adressé au jeune homme en posant sa main sur la tête :

> Alexandre Dumas, je te baptise poète au nom de Shakespeare, de Corneille et de Schiller !... Retourne en province, rentre dans ton étude, et, si tu as véritablement la vocation, l'ange de la Poésie saura bien aller te chercher où tu seras[17].

Alexandre obéit immédiatement à l'ordre sacré. Le lendemain, il retourne à Crépy, non sans avoir fixé en lui le geste de Talma, qui revêt à ses yeux une dimension initiatique. Mais faut-il vraiment attendre qu'un ange gardien ou qu'une muse inspiratrice se pose sur son épaule et lui souffle une tragédie ? Il n'en a pas la patience. Plus pragmatique, Dumas saisit la conjoncture pour s'affranchir. Maître Lefèvre est rentré plus tôt que prévu de son petit voyage et s'est aperçu de l'absence de son clerc, censé tenir l'étude. Bien que les remontrances du conciliant Lefèvre soient légères, Dumas prend des grands airs de prince disgracié, se drape dans un orgueil de circonstance et quitte l'office, moins pour les raisons qu'imagine le notaire que pour caresser un plus grand rêve : conquérir Paris. De retour à Villers-Cotterêts, il fait part de ses projets à sa mère. Mais les tracasseries matérielles le rattrapent, qui retardent son départ. Pour éponger ses dettes et se constituer un minuscule pécule, il vend son chien Pyrame à un Anglais, se sépare de gravures de Piranèse provenant de son père. Il sollicite une recommandation à Danré, ancien ami de ce dernier. Il a tout en main pour se faire une place à Paris, fût-elle modeste. Le samedi 22 mars, Alexandre s'en va et Louise pleure. Tel le « Papillon » que Lamartine publie en cette année 1823 dans ses *Nouvelles Méditations poétiques*, « il ressemble au désir, qui jamais ne se pose[18] ».

Paris pas à pas

Il n'y a que les méchants qui nient l'amitié, parce qu'ils ne la comprennent pas.

Vingt ans après[1]

L'arrivée de Dumas à Paris en mars 1823 est motivée par un désir de conquête, qu'on associe souvent à une ambition « à la Rastignac », celle d'un jeune homme sûr de son talent qui veut gravir toutes les marches de la gloire. Mais des raisons plus obscures, qui échappent à la rationalité des conjectures matérielles, sourdent de ce départ vers la capitale. Dumas veut se confronter à une réalité intérieure, mesurer ses désirs aux aléas d'une capitale en mutation. Ayant laissé à Villers-Cotterêts le costume du fils et du clerc, il revêt celui du jeune homme de province qui s'initie aux révélations du monde, dont il sent l'impérieuse nécessité. Pour le jeune Dumas, au fronton de Paris paraît en lettres d'or le fameux « Connais-toi toi-même » des Anciens.

La lettre de recommandation de Danré en poche, Dumas fait plusieurs visites en quête d'un emploi.

Le général Jean-Antoine Verdier, reconverti dans le barbouillage, ne peut rien pour lui. Sous la Restauration, il est devenu *persona non grata*. En revanche, Dumas place tous ses espoirs dans une entrevue que lui accorde le général Maximilien Foy, le lendemain, juste le temps pour lui de revoir Adolphe et d'applaudir Talma dans le *Régulus* d'Arnault. Si Dumas pense que Foy peut lui tendre la main, c'est que le général a un point commun avec son père. Comme lui, il a su dire *non* à Bonaparte, au risque de freiner sa carrière militaire. Chef du parti libéral depuis le début de la Restauration, Foy porte, en outre, un nom prestigieux, associé à la protection des libertés : « l'homme extraordinaire, si justement regretté de l'humanité, était du petit nombre des défenseurs éclairés des institutions si chèrement achetées[2] », diront de lui les dithyrambes publiés après sa mort. Or, pour des raisons politiques et historiques, Foy touche de près aux Orléans, ce qui arrange bien les affaires d'Alexandre le Cotterézien, qui cherche un poste et de hautes protections. Le général reçoit aimablement le jeune Dumas, mais s'afflige à mesure qu'il égrène la litanie de ses lacunes. Que faire d'un jeune homme qui n'entend rien aux mathématiques et connaît vaguement deux notions de droit ? Foy a besoin d'un temps de réflexion et demande à Dumas de lui laisser son adresse. En observant son hôte la plume à la main, le général constate qu'il a l'art des pleins et des déliés, que ses hampes et ses jambages sont parfaitement lisibles. Dumas possède une belle italique, légèrement arrondie, tracée sans trembler. C'est assez pour faire de lui un expéditionnaire convenable, ce qu'il lui confirme dès le lendemain. Foy a intercédé pour lui auprès du duc d'Orléans : Alexandre Dumas est engagé comme surnuméraire dans les bureaux du duc Louis-Philippe d'Orléans, au Palais-Royal ; il percevra douze cents francs par an. Une première porte s'est ouverte grâce à Foy. Dumas ne l'oubliera pas quand, après la mort du général survenue en 1824, il composera une ode à sa mémoire :

Honneur à la double couronne,
Qui ceint ton front victorieux[3]...

La joie de Dumas est immense, son premier réflexe est de la partager. Il vole vers Villers-Cotterêts pour annoncer la nouvelle à sa mère qu'il réveille en pleine nuit. Le lendemain, le bruit se répand dans les rues du village. Tout sourit à Alexandre, même s'il tire le fatal numéro 9 à la conscription, qu'importe, il ne sera pas soldat puisqu'il est fils de veuve ! Boudoux lui conseille même de narguer l'ironie du sort qui lui a fait choisir le mauvais numéro et de miser sur le 9 à la loterie. Nouvelle victoire ! Dumas empoche cent cinquante francs, qui couvrent les frais du voyage et du déménagement. Décidément, le départ de Villers-Cotterêts se place sous les meilleurs auspices qui soient. Le samedi 5 avril 1823, Dumas quitte définitivement ses terres et son enfance.

Dès le lundi matin, Dumas est présenté au bureau. La hiérarchie qui régit l'administration ducale est strictement simple. Tout en haut de la pyramide domine Louis-Philippe, duc d'Orléans, prince de sang. Vient ensuite le chevalier Manche de Broval, directeur général, supérieur de Jacques-Parfait Oudard, chef de bureau, lui-même supérieur du commis d'ordre Ernest Basset et du sous-chef Espérance Lassagne, secrétaire et dandy qui partage désormais son bureau avec Alexandre Dumas, le petit dernier qui n'est le supérieur de personne. Une fois les présentations faites, Oudard apprend à Dumas, à sa grande stupéfaction, que Jean-Michel Deviolaine, nommé conservateur des forêts ducales à Paris, a appuyé la recommandation du général Foy. Son bureau est à quelques enjambées du Palais-Royal et Dumas se précipite pour le remercier. Il trouve Deviolaine égal à lui-même, bougon : « Si tu t'avises de faire là-haut tes ordures de pièces et tes guenilles de vers comme tu faisais à Villers-Cotterêts, je te réclame, je te prends avec moi, je te claquemure et je te rends la vie dure... rapporte-t-en à moi[4] ! », aurait-il menacé.

Au bureau, l'activité de surface consiste à copier du courrier, à cacheter des lettres et à les envoyer ; l'activité de profondeur consiste à contrarier les conseils de Deviolaine et à imaginer « ordures et guenilles », c'est-à-dire des créations littéraires. Seulement, Dumas doit acquérir quelques rudiments administratifs s'il veut rêver tranquillement à son œuvre future. Il lui faut, par exemple, maîtriser l'art des savants pliages en fonction des destinataires, apprendre à cacheter les lettres avec les bons sceaux et la bonne cire. Il doit surtout observer ses collègues de travail pour sentir quelles sont les oreilles bienveillantes qui entendront ses ambitions littéraires. Les commencements de Dumas à

Paris ne sont pas glorieux, mais ne manquent pas de fantaisie. Il loge dans une modeste chambre, au 1, pâté des Italiens, en face de l'Opéra-Comique. Il vit de peu, mais se nourrit de l'effervescence parisienne qu'il découvre à travers son architecture, son urbanisme, l'animation de ses cafés et, surtout, sa vie théâtrale. Dumas n'est pas tout à fait seul dans la grande ville. Son ami Leuven l'accueille dans l'appartement parental aussi souvent qu'il le souhaite ; Manette Thierry, une jeune fille de Villers-Cotterêts qui a eu la bonne idée de venir exercer son métier de lingère à Paris, partage avec lui quelques colloques sentimentaux. Il oublie ainsi Aglaé et sa nostalgie. Dumas court les théâtres, voit des spectacles le plus souvent possible. Un mois après son installation, il assiste à une représentation du *Vampire*, un mélodrame fantastique de Carmouche, Nodier et du marquis de Jouffroy, donné au Théâtre de la Porte-Saint-Martin, temple du mélodrame. Dumas s'installe à l'orchestre, près d'un homme plongé dans un volume ancien, *Le Patissier françois*, publié en 1655. En bon compagnon de voisinage, Dumas engage la conversation et apprend de la bouche de son aimable compagnon qu'il tient un elzevier dont la valeur dépend, entre autres, de la largeur de la marge.

C'était, comme je l'ai dit, un homme de quarante à quarante-deux ans, d'une figure essentiellement douce, bienveillante et sympathique. Il avait les cheveux noirs, les yeux gris-bleu, le nez légèrement incliné à gauche par un méplat, la bouche fine, railleuse, spirituelle, une véritable bouche de conteur. Je mourais d'envie, moi, malheureux provincial, ignorant de toute chose, mais *désireux de m'instruire*, comme on dit dans les leçons rudimentales [*sic*] de M. Lhomond, je mourais d'envie de lier conversation avec lui. Sa physionomie bienveillante m'encouragea. Je profitai de ce moment, où il avait cessé de lire, pour lui adresser la parole.

— Monsieur, lui dis-je, veuillez excuser ce que ma question peut avoir d'indiscret, mais vous aimez donc bien les œufs ?

Mon voisin secoua la tête, sortit peu à peu de sa rêverie, et, me regardant d'un air distrait :

— Pardon, monsieur, me dit-il avec un accent franc-comtois des plus prononcés, mais je crois que vous me faisiez l'honneur de me parler...

Je répétai ma phrase.

— Pourquoi cela ? me demanda-t-il.

— Ce petit livre que vous lisiez avec tant d'attention, monsieur — excusez mon indiscrétion, mais mes yeux sont tombés involontairement sur le titre —, n'annonce-t-il pas des recettes pour faire cuire les œufs de plus de soixante façons[5] ? [...]

Intrigué par cet échange culinaire avec un inconnu si charmant et étonnamment cultivé, Dumas l'est davantage quand, pendant le spectacle, ce même voisin se transforme en harangueur, malmène les acteurs et vitupère le style des dialogues. Au moment des applaudissements, il siffle et éructe contre la médiocrité de la pièce. Le lendemain, Dumas apprend par la presse que le perturbateur à l'accent franc-comtois est Charles Nodier, auteur de *Jean Sbogar*, roman frénétique qu'il s'empresse de dévorer. Sans le savoir, Dumas vient de faire deux des rencontres qui compteront dans sa carrière et dans sa vie : dans la salle, son insolent et courtois voisin, Nodier, l'un des esprits les plus originaux de son temps, reçoit chez lui, à l'Arsenal, tout le romantisme français. Dumas sera l'un de ses hôtes. Sur la scène, Malvina, l'héroïne du mélodrame, est incarnée par une certaine Marie Dorval, égérie du mélodrame et bientôt reine du « drame moderne ».

Le rôle que Dumas occupe dans les bureaux ne convient pas à son tempérament artiste. Il est à contre-emploi. Faire jouer à un jeune premier fougueux un rôle de « porteur de soupe » n'est guère tenable. Lui-même se sent à l'étroit, veut être écrivain, dramaturge de préférence, mais non gratte-papier dans un bureau sinistre. Pour l'heure, il doit prendre son mal en patience, même si la routine l'ennuie. Entre avril 1823 et janvier 1824, seul un événement semble avoir rompu la monotonie administrative : sa belle graphie lui vaut un privilège insigne, celui de copier un mémoire secret, dicté par Son Altesse princière en personne. Si le duc d'Orléans est satisfait de l'écriture lisible de son employé, il s'étonne de ses fantaisies de ponctuation qu'il corrige lui-même sous les yeux du néophyte impressionné. Dumas ponctue à sa manière, fantaisie de style dont il ne se débarrassera jamais.

Très vite Dumas sent qu'Espérance Lassagne, son collègue de bureau, n'a ni le profil ni l'étroitesse médiocre de l'employé-type. Lassagne, beau brun aux traits fins, est un dandy lettré qui écrivaille dans plusieurs revues et collabore à des pièces.

Mon bureau était adossé à celui de Lassagne, de sorte que nous n'étions séparés l'un de l'autre que par la largeur de nos tables, et par le petit casier de bois noir dans lequel on met d'habitude le travail courant. Ernest était sorti, je ne sais pourquoi. Je demandai à Lassagne des indications sur le travail que j'avais à faire.

Lassagne se leva, vint s'appuyer à mon bureau, et me les

donna. J'avais grand intérêt à étudier les gens qui m'entouraient, et surtout l'homme que sa position bureaucratique faisait mon supérieur immédiat ; car, pour Ernest [...], c'était plutôt, quoiqu'il fût commis d'ordre, et que je fusse destiné à être simple expéditionnaire, c'était plutôt un camarade qu'un supérieur[6].

Lassagne est l'un des premiers mentors du futur écrivain. En 1824, le jeune Alexandre Dumas n'est pas encore un romantique et ignore qu'il le sera. Il admire Talma dans des tragédies néoclassiques et Mlle Mars dans des comédies régulières. Il fait la fine bouche avec les œuvres de Delavigne, dont *Les Vêpres siciliennes*, représentées en 1819, annoncent pourtant la dramaturgie romantique. À la mort de Louis XVIII, en septembre 1824, l'heure n'est pas encore aux bouleversements scéniques, même si des signes avant-coureurs les laissent entrevoir. Dumas fréquente d'ailleurs les dramaturges libéraux, Arnault père et fils, Jouy, Pichat, autant de représentants de l'école néoclassique qui jugent détestables les prétentions du romantisme à investir le théâtre. Certes, ces auteurs admettent bien quelques petites audaces dans leurs pièces, mais de révolution littéraire, il n'est nullement question. Dumas pense que le talent littéraire de la France est là, chez ces écrivains dont il partage les idées politiques — en 1825, il choisit même des vers du *Régulus* d'Arnault comme épigraphe à son élégie au général Foy. Le réseau relationnel qu'il tisse n'est pas favorable aux idées nouvelles. Arnault et Jouy, par exemple, sont des détracteurs de « l'école moderne » et s'obstinent à composer des tragédies régulières. Le dramaturge légitimiste Alexandre Guiraud apporte bien quelques audaces en introduisant une prison dans ses *Macchabées*, mais ces apports restent bien modérés. En 1826, le même Guiraud est préféré à Lamartine par l'Académie, notamment parce qu'il a su préserver dans son œuvre formes et convenances classiques.

À l'exception de Hugo et de Lamartine, dont les *Méditations poétiques*, parues en 1820, ont eu un grand retentissement, Dumas possède un bréviaire poétique assez mince... Il a appris la poésie dans les vers de son compatriote Demoustier, dans les compositions charmantes de Parny ou dans les pièces mélancoliques de Legouvé, modèles surannés que dépasse déjà le balancement lyrique du « Lac » de Lamartine ou du « Cor » de Vigny. À la mort de Louis XVIII, aux yeux de Dumas, Hugo est un jeune poète royaliste. S'est-il d'ailleurs soucié de la crise de valeurs introduite par le romantisme avant que Lassagne ne le décille ?

> Il me faisait aimer le temps que je passais dans mon bureau, parce qu'il était là, toujours prêt à me donner une explication, à m'apprendre quelque chose de nouveau sur la vie, dans laquelle j'entrais à peine, sur le monde, que j'ignorais complètement, enfin sur la littérature étrangère ou nationale, qu'en 1823 je ne connaissais guère mieux l'une que l'autre[7].

Lassagne lui donne une magistrale leçon de littérature contemporaine et l'éclaire sur les réalités artistiques de son temps. Pour ce jeune homme avisé, l'avenir de l'art, c'est le romantisme, non les formules vieillies et empesées d'Arnault et consorts.

S'il veut grandir dans le monde des lettres et miser sur l'avenir, Dumas devra s'affranchir de cette littérature sur le déclin qui, comme l'a magistralement montré Mme de Staël, ne répond plus aux préoccupations du temps. Lassagne dresse à Dumas la liste des lectures indispensables. Avant le *Cromwell* de Hugo et sa préface, son camarade établit la généalogie du romantisme littéraire. Vient d'abord la triade des Grecs, Eschyle, Sophocle, Euripide. Puis Molière, dont on perçoit alors la puissance de subversion et la riche ambivalence des comédies ; viennent ensuite les grands auteurs européens, Shakespeare, Schiller, Byron, et enfin les romantiques français, Chateaubriand, Lamartine, Hugo. Les auteurs républicains qu'admirait jusque-là Dumas n'ont pas saisi le tour que prend l'art. Ils servent une littérature nationale, bien qu'ils mettent en scène des empereurs déchus et des reines mortes, figures qui peupleront bientôt les pièces romantiques. Lassagne encourage Dumas à connaître la littérature venue d'ailleurs et qu'on découvre depuis 1820, grâce à l'éditeur Ladvocat qui lance sa série des « Chefs-d'œuvre de la littérature étrangère », regroupant de grands textes publiés dans de nouvelles traductions. Celle du *Théâtre complet* de Shakespeare, traduite par Amédée Pichot et préfacée par Guizot en 1821, est neuve parce qu'elle établit un lien très fort entre l'œuvre et le public. Une telle conception du génie shakespearien n'a plus rien à voir avec celle de Jean-François Ducis. Outre Shakespeare, c'est Byron qui est dans l'air du temps. Dumas découvre l'auteur de *Manfred* l'année même de sa mort, survenue à Missolonghi, en

Grèce. Byron et ses héros expriment la révolte de l'individu, ironique et désespéré face à l'existence. Des figures fondatrices entrent dans l'imaginaire de Dumas : après René de Chateaubriand et Werther de Goethe, le Giaour et Manfred exhibent l'humeur noire de la société moderne. Tous ces héros en crise ou en rupture inspireront à Dumas l'inquiétude ombrageuse de bien des personnages. Ne dira-t-on pas d'Antony qu'il est l'émanation même de cette vogue ou d'Edmond Dantès qu'il a des noirceurs byroniennes ? Dumas se souvient de la mort de Byron, le 19 avril 1824, comme un fait marquant de sa jeunesse. Il rattache la fin du poète aux légendes, aux mythes, à l'histoire :

> Quant à moi, cette mort inattendue d'un des plus grands poètes de l'époque m'avait profondément frappé ; je sentais instinctivement qu'il y avait dans Byron plus qu'un poète, qu'il y avait un de ces apôtres dont la bouche inspirée jette, dans le silence des nuits et dans l'obscurité de l'art, de ces grands cris qui sont entendus de toutes les nations, de ces puissantes lueurs qui éclairent tout un monde. Ces hommes-là, en général, sont, non seulement des prophètes, mais encore des martyrs ; c'est à leurs propres douleurs qu'ils puisent les profondes inspirations qui frappent les esprits ; c'est au spectacle de leurs propres tortures qu'ils poussent les grandes lamentations qui saisissent le cœur. Supposez Prométhée et Napoléon poètes, et faites-vous une idée des vers que chacun d'eux eût gravés sur son rocher[8] !

Lassagne laisse également entrevoir à Dumas un jardin encore en friche en France, celui du roman historique, parcelle que la fiction nationale n'a pas encore suffisamment cultivée. Les brumes d'Écosse de Walter Scott, avec ses hennins et ses varlets, ont traversé la Manche pour passionner la France. Le barde écossais, traduit, adapté au théâtre, a donné au roman historique ses premiers succès. Dumas lit *Ivanhoé*, puis Fenimore Cooper, qui lui fait découvrir l'espace américain « avec ses grands bois, ses prairies immenses, ses océans infinis[9] ». Mais son camarade de bureau ne s'est pas contenté de conseiller à Dumas la lecture des romans étrangers, il l'a incité à ne pas négliger les grands mémorialistes, ces témoins vifs et subjectifs de l'histoire. Chez Saint-Simon ou le cardinal de Retz, Dumas trouve une manière d'exprimer le sublime et le grotesque des grands de ce monde ; il découvre aussi que raconter une anecdote est un art, qu'à partir d'elle se dévide et se délie l'écheveau des grands faits historiques. Il apprend enfin, grâce aux mémorialistes et aux auteurs de chroniques tels que Froissart, comment se saisir d'un événement pour le faire entrer dans la fiction en lui donnant la teinte de la vérité. Tout laisse accroire que ce cours familier de littérature prodigué par Lassagne a porté ses fruits. Dumas a-t-il lu le pamphlet de Stendhal, *Racine et Shakespeare,* qui paraît d'abord en 1823 puis dans une seconde version en 1825 ? Stendhal y promeut le drame national en prose contre la tragédie en vers qu'il juge obsolète, manquant cruellement d'énergie pour un public post-révolutionnaire. Stendhal est à la fois ironique et sévère avec les pièces des auteurs que Dumas fréquente, Arnault et consorts. Avant de choisir son camp, Dumas absorbe, assimile ce qu'on lui enseigne généreusement. Durant ses premiers mois au bureau, il fait ses humanités et se constitue une culture littéraire en habits neufs.

La passion du théâtre chevillée au corps ne nourrit pas son homme si elle ne se concrétise pas. Bien que, le 1er janvier 1824, Dumas soit titularisé et augmenté de trois cents francs, ses appointements sont tout juste suffisants pour subvenir à des dépenses qui n'ont pourtant rien de somptuaire. Bien des collègues ont d'ailleurs des revenus complémentaires, Lassagne lui-même écrit dans des feuilles, collabore à des pièces à plusieurs mains. Le vaudeville, genre qui mêle dialogues parlés et couplets, peut être d'un bon rapport si l'œuvrette est bien ficelée et la chansonnette amusante. Dumas y voit donc un moyen de s'enrichir mais non une fin artistique. Pour l'heure ses préoccupations sont avant tout pécuniaires. Dans cette entreprise, Dumas peut compter sur l'indéfectible ami Leuven, avec qui il rêve toujours de théâtre. Reçu dans la famille d'Adolphe chaque semaine, Alexandre, avec l'enthousiasme de sa jeunesse, est toutefois lucide. Leuven est bon garçon mais n'a guère plus d'expérience que lui. Conscient qu'il leur sera malaisé de faire fortune seuls, Dumas cherche un collaborateur aguerri, qui a déjà ses entrées au théâtre. Le calcul n'est pas mauvais. Ils jettent leur dévolu sur James Rousseau, polygraphe habitué à la pratique du vaudeville ou de la comédie en un acte. Après avoir accueilli d'un œil grognon le projet, Rousseau se laisse séduire par les nombreuses bouteilles de champagne ouvertes pour l'occasion. Les mannes de Bacchus sont nécessaires à l'inspiration du faiseur. Les bulles pétillent et une histoire de chasse racontée par Dumas amuse l'assemblée. L'idée est trouvée et le titre aussi : *La Chasse et l'Amour*, résumé de toute la vie d'Alexandre. Entre la poire et le fromage, un plan est rapidement dessiné. Le vaudeville comporte vingt et une scènes, les chansons sont confiées à Dumas. Les trois auteurs se partagent la tâche, Dumas se charge de l'exposition et des sept premières scènes. Le ton de cette bluette est donné par le nom des personnages : Canard, Delbeuf, Papillon, et par quelques couplets cocasses aux allures d'autoportrait.

Air : *Vers le temple de l'hymen.*

La terreur de la perdrix
Et l'effroi de la bécasse,
Pour mon adresse à la chasse,
On me cite dans Paris...
Dangereux comme une bombe,
Sous mes coups rien qui ne tombe,
Le cerf comme la colombe...
À ma seule vue enfin
Tout le gibier a la fièvre,
Car pour mettre à bas un lièvre,
Je suis un fameux lapin[10].

Dumas veut plaire sans instruire car le rire paye bien. La pièce est reçue à l'Ambigu où l'on donne mélodrames et vaudevilles, après avoir échoué au Gymnase, réputé d'un meilleur rapport. Cette entrée au théâtre par la petite porte du vaudeville est un signe heureux. Par l'entremise d'un prêteur, un certain Porcher, spécialisé dans l'usure dramatique, Dumas obtient cinquante francs d'avance sur la recette, puis un prêt de trois cents francs. La pièce est créée le 22 septembre 1825. Ce n'est pas un succès, mais ce n'est pas un four, puisque le vaudeville et ses perdrix tiennent l'affiche une quinzaine de jours. Or le prudent Dumas s'est bien gardé de signer cette œuvre de son nom. Deux raisons motivent sa discrétion. Il s'agit de ne pas se faire remarquer au bureau par ces fantaisies littéraires qu'apprécie modérément Oudard. Les écrivains sont mal vus, réputés tire-au-flanc. Mais surtout Dumas tient à préserver son nom pour des pièces plus ambitieuses et plus personnelles. Il ne veut pas être empiégé dans un genre de littérature facile et signera quand il jugera sa production digne de son talent. Pour l'heure, ce que Dumas estime comme de la bonne ouvrage, trois nouvelles qu'il fait paraître à demi-compte d'auteur en mai 1826, ne se vend pas. Mais cette publication lui fait rencontrer un certain Marle, directeur du *Journal grammatical*, connu d'une poignée de *happy few*. Désireux de revendre sa revue moribonde, Marle propose de la céder à Dumas pour trois cents francs. Si pour lui la somme est importante — trois cents francs, c'est ce qu'il vient d'investir pour publier ses nouvelles —, c'est une goutte d'eau pour Adolphe de Leuven, qui avance les fonds. Les deux amis se retrouvent à la tête d'une revue qu'ils rebaptisent modestement *La Psyché*. Le mensuel sera le miroir de leur âme et affiche des ambitions littéraires, notamment poétiques. La poésie est alors le genre roi et l'objet de bien des débats dans les salons littéraires de la Restauration. Les jeunes directeurs sont les principaux fournisseurs de leur revue, moyen le plus sûr d'être publiés. Dumas taquine la muse et produit des vers qu'il juge sublimes mais qui sont juste médiocres. Dans cette affaire, le talent de Dumas brille ailleurs, notamment dans sa capacité à rallier les meilleures plumes du royaume à son projet. Comment l'illustre inconnu, petit employé du Palais-Royal, a-t-il su convaincre Casimir Delavigne, Marceline Desbordes-Valmore, Victor Hugo, Alphonse de Lamartine, Charles Nodier ou Chateaubriand ? Tout ce que le lyrisme français a de meilleur, en vers ou en prose, est imprimé dans *La Psyché* dont la parution durera jusqu'en 1829. La poésie de Dumas passe à peu près inaperçue aux côtés des auteurs qu'il a engagés. Et pour cause : Dumas n'a pas le tempérament d'un poète, mais celle d'un homme de théâtre, qui se nourrit de l'action scénique, des feux de la rampe et du jeu des acteurs. Toutes ses aspirations vont vers cet art.

Le 19 octobre 1826, le plus fervent espoir de Dumas s'envole à jamais vers les cintres. Talma, en qui Dumas voyait l'interprète idéal de son futur théâtre, quitte ce monde. Peu de temps avant la mort du tragédien, Dumas lui avait rendu visite en compagnie de Leuven ; dans son intimité, le grand artiste parlait déjà du rôle de Tibère (dans *Le Dernier Jour de Tibère* d'Arnault) qu'il jouerait bientôt. Ce nouveau coup du sort n'abat pas Dumas, qui n'est désormais plus tout à fait inconnu dans le petit monde des lettres parisiennes. Un second vaudeville, *La Noce et l'Enterrement*, est représenté le 21 novembre 1826 à la Porte-Saint-Martin. Cette fois, Dumas s'est adjoint la collaboration de son collègue Lassagne, ainsi que de Vulpian, fournisseur de vaudevilles. Sous le titre apparaissent les noms de Davy, Lassagne et Gustave. Dumas ne reconnaît pas encore l'enfant. Présent à la première en compagnie de sa mère, Alexandre accueille son premier succès avec fierté. Mais est-ce là l'œuvre dont il rêve ? Une voix anonyme dans la salle lui rappelle la vérité de l'Art. « Allons, allons, ce n'est pas encore là ce qui soutiendra le théâtre », aurait dit un spectateur lucide. Glaner les applaudissements grâce au vaudeville, c'est une moisson dont Dumas ne saurait se contenter. Après tout, ce spectateur n'a pas tort, *La Noce et l'Enterrement* cède à bien des clichés exotiques qui plaisent au public mais n'élèvent pas le vaudeville au rang d'œuvre d'art. Dumas pense à un nouveau projet et sollicite cette fois Frédéric Soulié, habile « dialoguiste » qui a fait fortune grâce à une scierie. Le choix se porte sur une adaptation d'un roman de Walter Scott, *Les Puritains d'Écosse*. Mais entre les deux collaborateurs, le torchon brûle vite, ils ne s'accordent sur rien. Ses différentes expériences de collaboration incitent Alexandre à écrire seul. Une tragédie romaine d'abord, *Les Gracques*, que ses amis lui déconseillent de présenter à un théâtre, tant la pièce est truffée d'allusions républicaines. Il n'est guère dans l'air du temps de donner la parole à un peuple vengeur. Qu'à cela ne tienne, Dumas, dans son laboratoire théâtral, songe à une adaptation en vers de *Fiesque de Lavagna* de Schiller, l'un des modèles dramatiques des romantiques. La pièce est encore fort politisée, puisqu'il s'agit d'une conjuration qui tourne en tyrannie. Mais Dumas la laisse dans les cartons en attendant l'heure propice (qui ne viendra jamais) pour la présenter à la Comédie-Française. En outre, son salaire évolue au bureau :

Dumas passe à dix-huit cents francs, de quoi lui faciliter la vie domestique. N'a-t-il pas charge d'âmes, mères, fils et le chat Mysouff ?

Alexandre est, en effet, papa d'un petit Alexandre. Un enfant de la bohème. La vie d'un jeune provincial qui débarque à Paris réserve parfois d'agréables surprises. Alexandre, le modeste surnuméraire, a pour voisine une modeste modiste, Laure Labay. Ses attraits ne sont pas sans rappeler ceux d'Aglaé Tellier : blonde, rieuse, potelée, Laure est assez jeune pour être désirable, assez mûre pour veiller maternellement sur ce voisin d'étage dont les rêves fous la font rire. L'histoire commence comme dans un roman de Murger où la pauvreté rapproche. On babille, on badine à la promenade, dans les jardins, le dimanche ; puis on s'habitue insensiblement à la présence heureuse de l'autre, jusqu'au jour où l'on décide de faire toit commun, autant par économie que par affection. Il ne s'agit pas d'officialiser cette relation pour Dumas, ni auprès de sa mère, ni auprès de ses amis, elle serait une entrave à ses ambitions littéraires. Laure comprend qu'elle doit sacrifier une part de son amant pour le garder près d'elle. Elle accepte sans conditions celles que lui impose Alexandre, à commencer par le secret aux yeux du monde. Rencontrée peu de temps après son arrivée à Paris, Laure donne naissance à un petit garçon, le 27 juillet 1824, baptisé Alexandre. Son père ne le reconnaîtra que le 17 mars 1831.

La Psyché a permis à Dumas d'étendre son réseau relationnel et de nouer de nouvelles amitiés. Sur le conseil d'un des jeunes collaborateurs du journal, Étienne-Casimir Cordellier-Delanoue,

Dumas se rend salle de l'Athénée, le 3 juin 1827, pour assister à une conférence d'un certain Mathieu-Guillaume Villenave. Passion pour la littérature ou bien opportunisme d'auteur ? Dumas fréquente les lieux où il faut être vu quand on veut appartenir au beau monde des lettres parisiennes. Le conférencier n'est pas le premier venu. Né en 1762, Villenave a abandonné le Code pour la plume depuis des années ; il est surtout connu pour être un savant bibliophile et l'un des collectionneurs d'autographes les plus avisés du royaume. Son existence n'a pas toujours eu le calme des vieux incunables. Condamné à mort sous la Terreur, il a bien failli être l'une des victimes de l'intraitable Carrier. Tout cela, Dumas l'ignore encore et tandis qu'il parcourt l'assemblée, il croise le regard d'une femme brune, dont la beauté est plus ténébreuse qu'éclatante. Introduit chez les Villenave après la conférence, Dumas apprend que la jeune femme en question est la fille du maître des lieux. Mélanie Waldor — c'est son nom — est l'épouse d'un capitaine en garnison à Thionville et mère d'une petite fille. Comme Aglaé, comme Laure, Mélanie est l'aînée d'Alexandre, qui comprend que le mari est trop absent pour satisfaire le tempérament romanesque qu'il devine dans l'œil bistre de Mélanie. Très vite, il devient l'ami de Villenave qui apprécie l'énergie et l'ambition du jeune homme. Celui-ci sait bien séduire le père, sans perdre des yeux sa fille. Il fait même présent à Villenave d'une pépite pour un collectionneur d'autographes : un document portant la signature *Buonaparte*, avant que le Corse ne francise son nom en supprimant le *u*. Une rareté.

Durant l'été 1827, Dumas devient l'hôte régulier du salon de Villenave, rue de Vaugirard. Dumas s'enamoure et devient audacieux. Entre deux portes, à la sauvette, il glisse des billets de plus en plus pressants dans les doigts de Mélanie. Cette passion n'est pas que physique. Avec elle, les échanges sont également intellectuels, ce qui excite d'autant plus le désir de la posséder. Mélanie repousse fébrilement les avances de l'amant pressé. N'est-elle pas l'épouse respectable d'un capitaine ? Mais elle n'a pas la force d'interdire ces billets, véritables baumes pour son tempérament romanesque. Le 13 septembre, un bal réunit Alexandre et Mélanie. La valse vainc toute résistance et :

La valseuse se livre avec plus de langueur
Les yeux sont plus hardis, les lèvres moins avares,
La lassitude enivre et l'amour vient au cœur[11].

La danse a rapproché les corps et le géranium que Mélanie offre à Dumas vaut couronne de laurier. Il symbolisera désormais leur amour. Le 23 septembre 1827, Mélanie Waldor devient la maîtresse d'Alexandre Dumas. Si les lettres d'Alexandre à Mélanie sont moins connues que celles de Musset à Sand ou de Hugo à Juliette Drouet, elles n'en sont pas moins chargées d'une intense ferveur qui dévoile, peut-être, un Dumas intime, porté par le lyrisme du cœur :

Il est minuit moins quelques minutes, je t'écris et tu m'écris, l'année va finir et recommencer sans séparer nos âmes qui s'entendent malgré la distance, cette année qui a commencé sans que nous soupçonnassions même notre existence mutuelle, et voilà maintenant que nous avons paru dans la vie l'un de l'autre et qu'une année, un mois, un jour, une heure ne peut plus se passer sans que nous pensions l'un à l'autre. Inconcevable puissance du cœur sur le cœur... Il me semble que je te connais depuis toute ma vie — Je vais te lire[12]...

Sensualité, désirs impérieux, nécessité d'être ensemble… C'est une période intense qui s'ouvre sur le chemin d'Alexandre Dumas. Est-ce là l'effervescence du bonheur ?

La reine se meurt, vive le roi !

En septembre 1827, le Salon annuel, qui présente les œuvres d'art les plus remarquables, ouvre ses portes. L'ambiance n'est pas tout à fait celle des expositions précédentes. Dumas s'y montre, car il sait que la bataille romantique se livre aussi sur la toile. L'événement a été « médiatisé » dans la presse, la polémique avivée par un scandale attendu autour d'Eugène Delacroix. Curieux de tout, Dumas s'intéresse aux arts plastiques. Or le paysage pictural est alors partagé entre les tenants de la couleur et ceux de la ligne. Géricault, qu'il a rencontré peu avant sa mort, vient d'être emporté avec sa géniale folie ; Delacroix, qui admire le créateur du *Radeau de la Méduse*, représente l'école de la couleur et de la passion. Ingres et Delaroche explorent d'autres voies et incarnent, chacun à sa façon, un courant du romantisme pictural[1]. Au salon de 1827, peinture et sculpture d'histoire sont à l'honneur. Eugène Devéria, ami de Hugo, remporte un immense succès avec *La Naissance d'Henri IV*, tableau animé de teintes chatoyantes, où l'on voit le futur roi brandi comme un messie.

Ce tableau suscite une vague d'admiration car il reflète les préoccupations de la Restauration, qui multiplie les représentations louangeuses de la royauté pour mieux asseoir sa légitimité. La célébration du bon roi Henri, en vers et en peinture, fait ainsi partie de la propagande « ultra ». Mais Dumas admire aussi *La Mort de Sardanapale*, dont la superbe est toutefois éclipsée par le roi à la poule-au-pot.

Ce ne sont pas ces deux œuvres phares du salon qui retiennent son attention, mais un bas-relief de Félicité de Fauveau, une sculptrice de son âge qui s'est illustrée dans le style troubadour en s'inspirant de Walter Scott. L'œuvre s'intitule *Christine reine de Suède, refusant de faire grâce à son grand écuyer Monaldeschi*. En fait d'écuyer, il s'agit de l'amant de la reine. Le bas-relief représente le père Lebel à genoux, suppliant la reine qui, inflexible, enjoint à deux soldats d'emporter Monaldeschi vers la mort. La sculpture est saisissante de vie et de violence : « Pas de grâce », semble dire la reine Christine, qui désigne de l'index le chemin du trépas. Dumas ne s'y trompe pas. Il sent instinctivement que l'épisode sculpté est un creuset d'une grande richesse dramatique ; aussi demande-t-il à Soulié de consulter la *Biographie* de Michaud, véritable encyclopédie des personnages historiques. L'explication qu'il lit l'électrise : le 10 novembre 1657, la reine exilée à Fontainebleau fait exécuter son amant Monaldeschi qui l'a trahie. Une passion commuée en vengeance, voilà qui plaît à Dumas. Dans un compte rendu du Salon, Stendhal s'amusera lui aussi à raconter le sombre dénouement de ces amours royales. L'amour fou, la mort, l'Histoire, trois ingrédients avec lesquels Dumas se sent à l'aise et qu'il mariera bientôt à l'envi dans ses drames. La genèse de *Christine* évoquée dans *Mes Mémoires* éclaire le processus créateur du jeune auteur : Dumas aime les sujets forts, fussent-ils provocateurs. Cette rencontre avec l'œuvre de Félicité de Fauveau tombe à point nommé. Bluettes et vaudevilles, fantaisies à quatre ou six mains ne suffisent pas à combler l'appétit de création de Dumas ni à garnir sa bourse. Il lui faut un sujet ambitieux et un projet d'envergure, à la fois exaltant et rentable. L'instinctif Dumas projette dans ce bas-relief une série de situations dramatiques. Il imagine déjà une fresque théâtrale animée.

L'automne 1827 offre à Dumas une seconde révélation : la découverte des acteurs anglais à Paris, fin septembre 1827. Dès 1822, les acteurs de la troupe Penley avaient tenté de faire applaudir les pièces de Shakespeare, mais s'étaient heurtés à de vives oppositions. Les rapports entre la France et l'Angleterre n'étaient pas au beau fixe. Napoléon, modèle d'une bonne partie des libéraux opposés au régime de Louis XVIII, était retenu prisonnier par l'ennemi ; Hudson Lowe, son geôlier, incarnait à lui seul la détestation des Français. Une poignée d'acteurs téméraires avait cependant osé franchir la Manche pour combattre les idées reçues. De manière assez confidentielle, les comédiens anglais s'étaient installés à Paris dans un petit théâtre de la rue Chantereine. L'accueil avait été lamentable, trognons de choux et autres détritus. Quelques rares voix s'étaient élevées pour défendre les émules de

Shakespeare ; parmi elles, celle de Stendhal qui jette sur le papier les deux versions de *Racine et Shakespeare* (1822 et 1825), véritable brûlot contre la tragédie néoclassique posant les fondements théoriques du romantisme. Dumas aurait-il applaudi en 1822 ou bien aurait-il été de ceux qui, favorables à l'Empereur, eussent conspué le génie de la perfide Albion ?

En septembre 1827, le paysage culturel de la France a changé et l'état d'esprit de Dumas aussi. « Je savais déjà, à cette époque, Shakespeare à peu près par cœur, mais les pièces de théâtre, comme disent les Allemands, sont faites pour être vues et non pour être lues[2] », explique-t-il. L'expérience du spectateur n'est pas celle du lecteur et Dumas prend conscience de la puissance de Shakespeare en le voyant représenté sur la scène de l'Odéon par les plus grands interprètes du temps, Kemble, Kean, Harriet Smithson. Il faut bien se figurer ce que représente Shakespeare pour les dramaturges de sa génération. Shakespeare n'est pas seulement un génie, il incarne la liberté dans l'art. Shakespeare est aussi le rassembleur des foules : c'est ce qu'expose Guizot en 1821 dans sa « préface » des *Œuvres complètes*, traduites par Amédée Pichot. Vertus artistiques et politiques, au sens premier, se combinent chez le dramaturge élisabéthain. Certes, comme le note Dumas, Shakespeare est connu depuis longtemps en France, mais dans des traductions édulcorées qui obèrent le génie anglais. Vingt ans après, Dumas saluera sa rencontre avec l'auteur anglais comme une providence intellectuelle et une prise de conscience personnelle : « À partir de cette heure, seulement, j'avais une idée du théâtre[3] », écrit-il.

La conception du théâtre que Dumas se forge à l'école du spectateur nécessite une mise à l'épreuve par l'écriture. Il tient un sujet avec la reine Christine, mais il doit composer avec les contraintes du bureau. Après un moment de doute, Dumas se sent investi par le feu sacré du théâtre et voit dans la conjonction des rencontres un signe du destin :

> Voyez comme les événements qui doivent influer sur la vie d'un homme s'enchaînent les uns aux autres : le 10, les acteurs anglais clôturèrent la série de leurs représentations, me laissant le cœur tout haletant d'impressions inconnues, l'esprit illuminé de lueurs nouvelles. Le 4, c'est-à-dire six jours plus tôt, le Salon d'exposition venait d'ouvrir[4].

Même si chronologiquement le Salon intervient avant Shakespeare dans la mémoire de Dumas, les deux événements se juxtaposent et se confondent. Dumas pense d'abord à s'allier avec Frédéric Soulié. Mais l'atrabilaire n'accueille pas favorablement le projet. *Christine* sera donc sa première tragédie écrite seule. La pièce sera d'humeur et de tempérament shakespeariens. Sa liaison avec Mélanie incite Dumas à créer ; il la tient informée de l'évolution de son travail et sans doute la jeune femme contribue-t-elle, par ses encouragements, à la réalisation de cette grande œuvre. Pour s'imposer dans le paysage théâtral et obtenir ses entrées à la Comédie-Française, Dumas choisit l'alexandrin, qu'il veut « intense » et « terrible ». La pièce est composée assez rapidement. Dumas y consacre tous ses moments de liberté, au bureau ou chez lui. Au Palais-Royal, il fait cependant l'expérience de l'étroitesse de vues des fonctionnaires qui se gaussent de ses ambitions littéraires. À l'exception de Lassagne et d'Amédée de la Ponce, tous rient des ridicules prétentions du gratte-papier. Déplacé des archives, où il s'était trouvé bien, Dumas œuvre désormais au milieu de collègues sympathiques, mais bavards. Une telle conjoncture ne fait pas l'affaire de sa *Christine*. Pour écrire, Dumas veut être tranquille et sollicite « une espèce de niche séparée » où il pourra plus aisément travailler. Mais sa demande est jugée exorbitante ; Dumas fait les frais des mesquineries administratives ; il s'emporte, s'absente. Ses coups d'éclat remontent aux oreilles de l'intransigeant cousin et Dumas s'attend à de vertes remontrances. Mais qu'importe. Désormais seule *Christine* compte. Deviolaine prononce le sermon attendu mais, à la surprise de Dumas, octroie le bureau convoité, tout en promettant une étroite surveillance à cette « tête de fer ». Éloigné des papelards et des bavards, Dumas peut enfin se remettre sérieusement au travail.

Plus son bureau est exigu, plus Dumas voit grand. La reine de Suède l'obsède. Il n'a que *Christine* en tête et néglige ses devoirs de père, de fils et d'amant. Pourquoi une telle passion ? *Christine*, c'est l'histoire d'une reine qu'une conspiration exile. Trahie par son amant Monaldeschi, elle le fait assassiner. La donne se fonde sur un épisode historique auquel Dumas insuffle un rythme d'épopée. Descartes y prend la parole, plus vrai que nature. Les décors changent comme les humeurs des personnages. Au-delà de l'anecdote historique qu'il amplifie, c'est sa nature d'écrivain qui se révèle dans cette traversée de la création : Dumas est un obsessionnel. Saisi d'une frénésie créatrice, il ne pense qu'à cette tragédie, animé d'un besoin viscéral de donner corps à « cette puissance que l'on prend dans le présent pour le hasard, et qui, lorsqu'on interroge le passé, devient la Providence[5] ». Achevée au début de 1828, *Christine* est son chef-d'œuvre. Elle doit maintenant être présentée au monde.

Les affres de la création ne sont rien face aux obstacles qui se dressent entre un jeune dramaturge et le saint des saints, la Comédie-Française. Car Dumas n'est pas modeste et veut la première scène parisienne pour son triomphe. Il a bien quelques appuis, mais il ne connaît personne rue de Richelieu. Or pour qu'une pièce soit jouée, elle doit passer sous un certain nombre de fourches caudines ; elle doit notamment être lue, reçue par le commissaire royal et par les sociétaires, cette assemblée de comédiens qui, pour la plupart, rivalisent de narcissisme et ne pensent qu'à leur gloire. Dumas doit donc percer une brèche pour entrer, se faire connaître et débusquer le moyen d'être entendu. Il sollicite une recommandation de son chef de bureau, Oudard, qui lui répond par une fin de non-recevoir, jugeant avec mépris les billevesées littéraires de son employé. N'a-t-il pas mieux à faire que de composer des tragédies ! Devant ce refus, Dumas se tourne vers un certain Garnier, le souffleur de la Comédie-Française qui, chaque mois, apporte des billets de faveur à Oudard pour qu'il les distribue. Garnier, à qui Dumas rendra plus tard hommage, lui conseille de se présenter directement chez le commissaire royal, le baron Taylor, un érudit qui a pris depuis peu la tête de la Comédie-Française. Entre autres qualités, le baron est l'ami intime de Nodier, avec qui il a publié la série des *Voyages pittoresques dans l'ancienne France*. Dumas, qui, on l'a vu, a croisé Charles Nodier à une représentation du *Vampire*, espère que l'écrivain fantaisiste se souviendra de lui. Il sollicite une recommandation pour rencontrer le baron Taylor. La missive de Dumas ne reste pas lettre morte : Taylor lui donne rendez-vous dans les premiers jours d'avril 1828.

Alexandre Dumas est convoqué à une heure matinale. Quand on l'introduit, le baron Taylor est au bain et fulmine contre la lecture qu'on lui inflige : une *Hécube* imbuvable. Cinq actes, le temps de refroidir le bain et l'humeur de Taylor. Dumas ne peut pas tomber plus mal. Après avoir congédié le dramaturge parasite, Taylor enjoint à Dumas de lire sa pièce, tout en bougonnant dans sa robe de chambre. À mesure que le jeune homme déclame les vers de sa tragédie, Taylor se réchauffe et le froid cède à l'enthousiasme. La pièce lui plaît, elle est présentée aux sociétaires dans la foulée. Contrairement à ce qu'écrit Dumas, *Christine* n'est pas reçue par acclamation, mais « à corrections », ce qui signifie que l'auteur doit apporter les modifications signalées par les comédiens avant d'être jouée. La victoire de Dumas est immédiatement relayée par la presse et le nouveau talent du jour sort de l'ombre. Dumas exulte, annonce la nouvelle aux deux femmes qui comptent alors dans sa vie, sa mère et Mélanie Waldor. Au bureau, la nouvelle s'est déjà répandue. Dumas n'est plus le petit gratte-papier qu'on méprise, mais un grand dramaturge en puissance. Compliments et jalousies se mêlent dans un concert ambigu.

Avec la Comédie-Française, rien n'est jamais acquis. Les sociétaires exigent qu'une sommité des lettres émette un avis sur la tragédie du jeune Dumas. Picard, jadis auteur de comédies piquantes quelque peu défraîchies, est désigné comme relecteur. Cette fois, Dumas n'a pas de chance : il sait que Picard défend le néoclassicisme, l'allure et les accents shakespeariens de sa pièce vont forcément déplaire à l'auteur de *L'Intrigant maladroit*. Après avoir lu *Christine*, Picard n'a qu'une seule recommandation pour Dumas : qu'il retourne à son administration et ne la quitte plus jamais. Loin d'anéantir Dumas, cet interdit le fait réagir. Il demande à Taylor, favorable à son nouveau poulain, une contre-expertise ; le baron sollicite Charles Nodier, dont les conclusions sont sans équivoques : « *Christine* est une des œuvres les plus remarquables que j'ai lues depuis vingt ans. » Peut-être y a-t-il quelque exagération dans cette affirmation louangeuse, mais l'avis de Nodier ouvre à Dumas les portes de la Comédie-Française. Si la seconde lecture, le 30 avril, est un succès, la censure royale émet quelques réserves. Dirigée par Brifaut, défavorable au romantisme, elle traque les allusions qui pourraient porter atteinte à la personne de Charles X ou à l'image de la famille régnante. Dumas prend les devants, écrit au ministre Martignac dont dépend la censure. La lettre est honnête, Martignac entend la requête et donne son accord. Les répétitions peuvent commencer.

Depuis l'achèvement de *Christine*, Dumas apprend à apprivoiser tous les Cerbère du monde dramatique, du commissaire royal à la censure en passant par les vieux auteurs griffus et conservateurs. Mais c'est oublier le pire de tous : le comédien et la comédienne du Français, types redoutables. Pendant la distribution, Alexandre est courtisé, notamment par Mlle Mars, jeune première de cinquante ans qui veut régner sans partage et admet mal le voisinage de jolis minois. Excellente comédienne dans les rôles de grande coquette, c'est une habile manœuvrière et un caractère retors. Sous ses minauderies de vedette, elle est tyrannique, capable de perfidies. Elle est surtout soucieuse de sa gloire et exige de Dumas qu'il modifie certains vers qui pourraient la desservir. Mais Dumas n'a pas affronté censeurs et ministres pour céder aux caprices d'une actrice : il refuse de retoucher sa pièce. Mlle Mars devient souffrante, s'absente des répétitions. La pièce traîne en longueur et se languit ; l'enthousiasme de la troupe s'essouffle, à tel point que la *Christine* de Dumas est abandonnée au profit d'une autre *Christine*, celle de Brault qui, au seuil de la tombe, voudrait être joué une dernière fois. Dumas pourrait intenter un procès à la Comédie-Française et exiger que sa pièce soit représentée, mais il cède son tour face aux dernières volontés d'un mourant — non sans avoir obtenu la promesse qu'on reprendrait sa pièce. Pour l'heure, *Christine* joue les reines mortes.

Est-ce un échec ? Oui, parce qu'une pièce qui n'est pas jouée n'existe pas ; oui, parce que le manque à gagner est conséquent et Dumas compte sur sa tragédie pour améliorer l'ordinaire des siens. Mais sur un autre plan, *Christine* lui a offert une rapide formation dans le monde théâtral, dont il connaît mieux les rouages et les arcanes. Il a appris les ficelles du métier et réalise qu'il ne suffit pas d'avoir du talent ; il faut composer, non seulement avec la censure, les directeurs de théâtre, mais aussi avec les acteurs et les actrices. *Christine* pose aussi le premier jalon d'une série de tragédies dont les héroïnes seront des reines ; de Marguerite de Bourgogne à Marguerite de Navarre, elles hanteront désormais son œuvre, figures hypnagogiques dont *Christine* est le point de départ et l'emblème.

Dumas raconte dans *Mes Mémoires* que c'est par hasard, en posant machinalement son regard sur le bureau d'Amédée de la Ponce qu'il découvre un volume d'Anquetil, ouvert à la page 95. Le chroniqueur y évoque les amours contrariées de Saint-Mégrin, l'un des mignons d'Henri III, et de Catherine de Guise, épouse du chef de la Ligue. La curiosité du jeune dramaturge est piquée. Il consulte la *Biographie universelle* de Michaud qui le conduit vers les *Mémoires* de Pierre de L'Estoile, témoin du règne des derniers Valois. Il y découvre des histoires d'assassinats où se mêlent passion et politique. L'inspiration littéraire aidant (Shakespeare, Walter Scott, Schiller), Dumas compose rapidement une nouvelle pièce au cours de l'été 1828 : *Henri III et sa cour*. Encouragé par Mélanie Waldor, il donne une première lecture chez Villenave :

l'assemblée est étonnée et même gênée par la violence de la pièce. Puis Dumas lit à nouveau chez Nestor Roqueplan qui a rassemblé une poignée d'artistes, parmi lesquels des comédiens du Français, Mlle Leverd, Mlle Mars, Firmin, Michelot. Séduits par cet ouvrage de facture audacieuse, ces derniers font recevoir la pièce, le 17 septembre. La pièce est acceptée par la censure royale.

Dumas ne veut pas renouveler la douloureuse expérience de *Christine*. Elle lui a cependant appris qu'il faut être souple avec les acteurs, tout en restant ferme sur les intentions artistiques. Or la distribution fait l'objet de débats. Dumas ne veut pas d'Armand dans le rôle d'Henri III : trop proche par ses mœurs du souverain, l'acteur pourrait être victime de quolibets en jouant *trop bien* son rôle. Mlle Mars, qui défend Armand, est d'autant moins satisfaite que Dumas lui impose la jeune Louise Despréaux dans le rôle du Page. La comédienne chevronnée tente de persuader Dumas que Mlle Despréaux n'a pas les qualités requises et va même jusqu'à prétendre qu'elle est cagneuse. Mauvais argument : Dumas a déjà vérifié par lui-même que Mlle Despréaux a de jolies jambes. Finalement, l'auteur obtient la distribution qu'il désire et les répétitions commencent à la fin du mois d'octobre. Dumas va alors déployer son sens de la mise en scène et de la direction d'acteur : il assiste à toutes les répétitions, « essaie » les répliques avec les comédiens, retouche son manuscrit en fonction des propositions de jeu. Il est particulièrement attentif à la jolie Virginie Bourbier qui joue une utilité et à qui il prodigue des conseils particuliers... Les répétitions donnent forme au drame, mais les costumes et les décors se font attendre. Dumas s'impatiente quand, à la fin du mois de janvier, une quinzaine de jours avant la première, Ciceri le décorateur et Duponchel le costumier dévoilent le résultat de leur création. Les costumes sont majestueux ; d'anciens éléments ont été repeints, magnifiés par Ciceri et le jeune Charles Séchan. Des frais ont été engagés pour que la « couleur locale » du drame soit respectée, même si certains décors ont été réemployés.

Depuis octobre, la presse s'est fait l'écho des répétitions la nouvelle pièce. Après quelques démêlés avec Charles Maurice, directeur du *Courrier des théâtres*, Dumas obtient de lui qu'il présente favorablement sa pièce. Les colonnes des journaux insistent sur le succès de scandale qui se prépare, créant ainsi un véritable suspens. Au soir du 10 février, la Comédie-Française affiche complet. Dumas a demandé au comité environ trois cents places, qu'il a distribuées au cercle proche et élargi de ses amis. Hugo et Vigny seront là pour le défendre. Dumas joue gros. Trop souvent absent du bureau, il a été reçu par Manche de Broval pour un sermon. Fier et confiant en son étoile, Dumas a tenu tête à son supérieur et a choisi la liberté. Sans appointements, il mise désormais sur son talent de plume. D'autant plus qu'un malheur le frappe : trois jours avant la première, alors qu'il assiste à la dernière répétition, sa mère est victime d'une attaque. Ce mauvais coup du sort l'abat. Pendant vingt-quatre heures, le diagnostic des médecins sera réservé, avant qu'on la déclare hors de danger. Cet épisode a bouleversé

Dumas au point que plus rien ne l'effraie : la veille de la représentation, il sollicite une audience auprès du duc d'Orléans, son employeur. Dumas est venu le supplier d'assister à la première d'*Henri III et sa cour*, il est prêt à retarder le lever de rideau pour que le prince soit dans la salle. Louis-Philippe accepte. Dumas exulte.

Au soir du 10 février 1829, quand la toile se lève, Dumas sait qu'il joue sa vie. La première scène fait apparaître Catherine de Médicis. En compagnie de son nécromancien, elle fomente un plan : rendre jaloux le duc de Guise en favorisant la liaison de Saint-Mégrin et de la duchesse. Or Saint-Mégrin vient justement consulter l'astrologue sur son avenir. Grâce à un procédé de cloison dissimulée, il découvre sa bien-aimée endormie par un breuvage soporifique que lui a fait boire la reine mère. La duchesse se réveille près de Saint-Mégrin : ils s'avouent leur amour. Surgit alors le duc. Son épouse fuit mais laisse échapper un mouchoir, preuve de sa présence dans les lieux… La machine infernale est enclenchée. Lors d'une scène, où Dumas restitue admirablement la cour du roi et de ses mignons, Saint-Mégrin décoche une dragée au duc de Guise. Un tel affront ne se répare qu'en duel. Pour se venger, le duc contraint sa femme à écrire à Saint-Mégrin pour lui fixer un rendez-vous. Face au refus de la duchesse, il lui enserre le bras avec un gant de fer.

LE DUC DE GUISE : Oui, malheur ! car il est plus facile à une femme d'expirer que de souffrir. (*Lui saisissant le bras avec son gant de fer.*) Écrivez.

Le sacre d'Alexandre

Et puis, malheur... bonheur... désespoir, ne sont-ce pas de vains mots, un assemblage de lettres qui représente une idée dans notre imagination, et pas ailleurs... que le temps détruit et recompose pour en former d'autres... Qui donc, en me regardant, en me voyant vous sourire comme je vous souris en ce moment, oserait dire : « Antony n'est pas heureux !... »

Antony, *acte I, scène 6*[1]

À l'aube de 1830, Alexandre Dumas est au cœur de l'arène. Inconnu ou presque avant *Henri III et sa cour*, il rayonne maintenant dans le monde des lettres. Il est de ceux qui font les modes et défont les préjugés. Sa gloire naissante lui attire haines et jalousies mais renforce aussi les amitiés. Il est désormais l'hôte des deux principaux salons romantiques, le Cénacle de Hugo et l'Arsenal de Nodier. La révolution littéraire introduite par son drame dans l'édifice de la Comédie-Française n'est qu'un des éléments qui constituent la grande bataille que mène le romantisme. Mais c'est un épisode fondateur. Après lui, en octobre 1829, Vigny donne son *More de Venise* à la Comédie-Française, inspiré de l'*Othello* de Shakespeare. Dumas est dans la salle, il soutient son ami. De son côté, Hugo prépare un nouveau drame qui le vengera de la censure d'*Un duel sous Richelieu* (premier titre de *Marion Delorme*) interdit par le gouvernement de Charles X : *Hernani*, composé en quelques semaines, est mis en répétition à l'automne. Dumas se tient informé de la création, encourage Hugo qu'il admire à tenir tête aux comédiens du Français, notamment à Mlle Mars, dont il a lui-même éprouvé les foucades. Il n'a d'ailleurs pas renoncé à faire représenter sa *Christine*, qu'il a remaniée durant un voyage dans l'Ouest, à l'automne 1829. Un autre drame, *Édith aux longs cheveux*, écrit pendant le même périple, est refusé. Il le garde dans ses tiroirs. Pour Dumas, rien ne se perd, tout se transforme.

En février 1830, *Hernani* triomphe aux Français et confirme la vogue du drame romantique d'inspiration historique. Outre une versification aussi puissante que somptueuse, la pièce de Hugo témoigne d'une stratégie artistique efficace. À la suite de l'interdiction de *Marion Delorme*, à cause d'une représentation très défavorable de Louis XIII, Hugo déplace l'interrogation politique dans l'Espagne du XVIe siècle, au moment où le roi don Carlos devient empereur. Le 25 février 1830, Dumas soutient Hugo, applaudit aux avant-postes avec la cohorte des chevelus romantiques conduite par le jeune Théophile Gautier. Il pleure au dénouement sublime du drame, aux dernières répliques d'un lyrisme fiévreux. Sans doute Dumas mesure-t-il la distance qui sépare son talent de celui de Hugo. Bien que tous deux soient inspirés par l'Histoire passée, ils diffèrent dans leur traitement théâtral des épisodes. Chez Dumas, le romanesque rivalise avec un art consommé des péripéties, fussent-elles teintées d'invraisemblance. Le rythme emporte le spectateur, les émotions violentes dominent l'écriture scénique. Chez Hugo, la poésie, la langue se font spectacle, la nuit envahit l'histoire et étend ses tentacules jusqu'au pire, à l'image du dénouement d'*Hernani*, noces funèbres achevées en triple suicide. Pour Dumas, Hugo est d'abord un immense poète. Il applaudit à tout rompre.

Dumas tient *Christine* en réserve. Mais les comédiens du Français ne voient pas favorablement le retour de la reine de Suède après les sarbacanes d'Henri III. La solution va venir de l'Odéon, l'une des plus grandes scènes de Paris, grâce à son directeur, Charles-Jean Harel, compagnon de la talentueuse Mlle George. Pour Dumas, c'est un lot de consolation comparé à une représentation à la Comédie-Française. Le pari est d'autant plus osé que *Christine à Fontainebleau* de Soulié, drame en cinq actes et en vers, vient de tomber sur la même scène, le 13 octobre 1829. Mais Harel a investi dans des décors et des costumes et sa bonne amie, Mlle George, se trouve inemployée. La pièce de Dumas intéresse le directeur qui cherche à renflouer ses caisses et à offrir un beau rôle à sa compagne.

Mon cher Dumas,

Que dites-vous de cette idée de Mlle George :

Jouer immédiatement votre *Christine* sur le même théâtre et avec les mêmes acteurs qui ont joué la *Christine* de Soulié ?

Quant aux conditions, c'est vous qui les ferez.

Ne vous préoccupez pas de cette idée que vous étranglez la pièce d'un ami ; elle est morte hier de sa belle mort[2].

Dumas accepte à contrecœur et les tractations qui s'ensuivent témoignent de sa mauvaise volonté à faire jouer sa tragédie à l'Odéon. Harel, qui n'a guère de scrupules, suggère des modifications et lui propose même de réécrire son drame en prose ! Dumas s'indigne et tient tête. Harel ploie. Dumas n'est pas homme à profiter d'un cadavre pour faire fortune et s'empresse d'écrire à Soulié, avec qui pourtant il n'est pas en très bons termes. Loin de l'éconduire, celui-ci l'encourage à faire représenter sa *Christine*. Mieux, il lui promet son soutien. Les précautions de Soulié ne sont pas vaines car le 30 mars 1830, la première est houleuse : les détracteurs sont venus nombreux pour en découdre avec ce romantisme des nerfs qu'incarne déjà Dumas. À l'issue de la représentation, Dumas ignore si sa pièce est un succès ou un échec, tant les avis divergent. Une centaine de vers a été « empoignée », c'est-à-dire conspuée par le public. Des coupes s'imposent donc avant la seconde représentation. Or Dumas, grand seigneur, a prévu un banquet amical d'une vingtaine de convives. Impossible pour lui de se dérober à ses obligations d'hôte pour amender son texte. Une nouvelle fois, c'est l'amitié qui vient au secours des obstacles :

Hugo et de Vigny prirent le manuscrit, m'invitèrent à ne m'inquiéter de rien, s'enfermèrent dans un cabinet, et, tandis que nous autres, nous mangions, buvions, chantions, ils travaillèrent... Ils travaillèrent quatre heures de suite avec la même conscience qu'ils eussent mise à travailler pour eux, et, quand ils sortirent au jour, nous trouvant tous couchés et endormis, ils laissèrent le manuscrit, prêt à la représentation, sur la cheminée, et, sans réveiller personne, ils s'en allèrent, ces deux rivaux, bras dessus, bras dessous, comme deux frères[3] !

Sauvée par les plus talentueux, *Christine* se relève, sans emporter toutefois le triomphe d'*Henri III et sa cour*. Des critiques de premier ordre, tel Sainte-Beuve, la jugent assez sévèrement : « il y a du talent dans les deux premiers actes ; mais c'est de second ordre, et autant au-dessous d'*Hernani* que l'hysope est au-dessous du cèdre, quoique avec assez de prétention de l'égaler[4] », écrit-il le 11 avril 1830. Les représentations suivantes réussissent, superbement servies par la plus grande tragédienne de son temps, Mlle George. Certains critiques se déchaînent pourtant, soit contre le « chaos » de la pièce, soit contre son interprète. Mlle George est la cible de Charles Maurice, le venimeux directeur du *Courrier des théâtres* qui raille régulièrement son embonpoint : « En entendant dire qu'on venait de livrer à la vue du public l'éléphant colossal de la Bastille, Mlle George est devenue toute rouge. Rivalité », écrit-il le 14 juillet 1830. Les critiques formulées contre elle dans le rôle de la reine sont de la même trempe. *Christine* est cependant une bonne affaire : elle rapporte à Dumas la rondelette somme de douze mille francs, généreusement octroyée par le principal éditeur de théâtre, le libraire Barba. La pièce paraît sous le titre à rallonge, *Stockholm, Fontainebleau et Rome, trilogie dramatique sur la vie de Christine, cinq actes et en vers, avec prologue et épilogue par Alex. Dumas*. Dumas la dédie à son premier protecteur, Son Altesse royale le duc d'Orléans. À tout seigneur tout honneur.

L'argent et la célébrité ouvrent à Dumas les portes d'un nouvel appartement, à l'angle de la rue du Bac et de la rue de l'Université. Il y emménage seul, laissant sa mère rue de l'Ouest en attendant de l'installer plus confortablement rue Madame. Bien conscient que l'apparence est signe d'élection, sociale et intellectuelle, Dumas soigne sa mise, se fait tailler de beaux habits et engage un groom. Le dandy Dumas virevolte en société, séduit par son caractère naturellement jovial, sa faconde et son physique atypique. Grand, athlétique, l'œil bleu et rond, le cheveu crépu, il ne laisse pas indifférent. Surtout les dames. La comtesse Dash, qui sera l'une de ses amies et futures collaboratrices, le décrit « sentimental, passionné, habitant les régions de la rêverie et de l'illusion, le monde dont les femmes rêvaient au sortir du théâtre où l'on avait joué *Henri III*[5] ». Ce portrait ne manque pas de justesse. À vingt-huit ans, Dumas a conservé des airs d'adolescent. Faublas, à qui il s'identifiait jadis, n'est pas tout à fait mort en lui ; il pose désormais en *fashionable* sous le crayon d'Achille Devéria, assis avec nonchalance dans un canapé, odalisque au masculin qui ne doute pas de ses charmes. La tête soutenue par la main droite, le jeune homme arbore une main fine et une ostensible chaîne d'or. Dumas a grandi, s'est adapté à la capitale, a transformé ses faiblesses en atouts. Il règne.

Avec le succès d'*Henri III et sa cour*, le réseau

relationnel de Dumas évolue considérablement. Les Arnault, chez qui il déjeunait tous les dimanches, se sentent trahis par ses prises de positions artistiques et ferment leur porte. Dumas fréquente moins souvent les Leuven. Ses nouveaux amis se nomment Hugo, Vigny, Achille Devéria ; il côtoie aussi Roger de Beauvoir et croise le jeune Jules Janin, qui vient de se signaler par un petit scandale littéraire en publiant *L'Âne mort et la femme guillotinée* en mai 1829, roman frénétique qui tourne en dérision les excès du romantisme. Dumas s'est surtout rapproché de l'Arsenal et de ses dimanches, orchestrés par le maître des lieux, Charles Nodier. L'érudit fantaisiste est un modèle d'amitié et d'intelligence ; l'humeur de son salon convient bien à Dumas. Certes, il y est question de littérature, mais aussi d'amusements et de plaisirs. On y fait de la musique, on y valse. Dumas y croise les plumes romantiques, celle du jeune Musset, qui lit ses premiers vers à l'automne 1829, charme et scandalise l'assemblée avec sa licencieuse « Ballade à la lune ».

C'était, dans la nuit brune,
Sur le clocher jauni,
    La lune
Comme un point sur un i[6].

Dumas rendra plus tard un bel hommage à Musset dans *Les morts vont vite*, même s'il ne se liera jamais d'amitié avec l'auteur de *Lorenzaccio*. À l'Arsenal, Alexandre découvre la « fraternité des arts », que Latouche vient de dénoncer en octobre 1829 sous le nom de « camaraderie littéraire », formule ironique qui stigmatise les réseaux d'influence des milieux cénaculaires. Peinture, sculpture, littérature, musique font bon ménage sur les bords de la Seine. C'est vers cette époque que Dumas se rapproche de Delacroix, à qui il restera fidèle, mais aussi de Devéria et des frères Johannot, talentueux illustrateurs, ou encore du dessinateur Boulanger, qui l'accompagnera en voyage. Sa passion pour la peinture se confirme dans cet univers où dialoguent les arts et les artistes.

Si Dumas s'épanouit dans la société des lettrés, il est déchiré entre les différentes femmes qui l'entourent. Œdipe et Priape combattent en lui. Sa mère, convenablement logée rue Madame mais toujours souffrante, se plaint d'être délaissée. Laure Labay est abandonnée, mise à l'écart avec le petit Alexandre à Passy. La jeune comédienne Virginie Bourbier, qui a participé au triomphe d'*Henri III*, exige que son amant lui écrive un rôle dans *Christine* ; Dumas s'exécute en rajoutant le joli personnage de Paula. Mais Virginie part sous d'autres cieux, vers de meilleurs cachets. Mélanie Waldor enfin, de plus en plus jalouse, presse Dumas et le menace. Leur liaison est orageuse, d'autant plus que le capitaine Waldor, qui s'ennuie ferme à Thionville, menace à son tour de venir à Paris reconquérir sa femme. Or Dumas ne supporte pas l'idée que ce rival serre sa légitime épouse dans ses bras. Si lui-même s'accorde bien des libertés sexuelles, il est plus jaloux qu'Othello, multiplie les scènes violentes qui effraient Mélanie. Rien ne l'arrête. Puisque la fin justifie les moyens, il se rend dans les bureaux du ministère de la Guerre, et grâce à un ami complaisant, il fait en sorte que Waldor n'obtienne pas de permission. Ces crises à répétition, sa jalousie maladive sont à l'origine d'*Antony*, à quoi il faut ajouter son admiration pour *Marion Delorme*. A-t-il vu en Didier, le héros du drame de Hugo, l'image de ses propres déchirements, entre passion et haine, désespoir et amour fou ?

Il se précipite vers Marion, haletant et fondant en larmes.

Hé bien non ! non ! mon cœur se brise ! c'est horrible !
Non, je l'ai trop aimée ! il est bien impossible
De la quitter ainsi ! — Non ! c'est trop malaisé
De garder un front dur quand le cœur est brisé !
Viens ! oh ! viens dans mes bras !

Il la serre convulsivement dans ses bras.

Je vais mourir ; je t'aime !
Et te le dire ici, c'est le bonheur suprême[7] !

Une autre rencontre trouble beaucoup Dumas. Peu après la première de *Christine*, il a croisé près de l'Odéon une autre reine de théâtre, Marie Dorval :

Le lendemain de la première représentation, ou plutôt le soir de la seconde, à une heure du matin, je traversais la place de l'Odéon, passant de la lumière de la salle à l'obscurité de la rue, du bruit des applaudissements d'une salle comble au silence d'un carrefour vide, de l'enivrement à la réflexion, de la réalité au rêve, lorsqu'une tête de femme sortit de la portière d'un fiacre en criant mon nom.

Je me retournai ; le fiacre s'arrêta ; j'ouvris la portière.

— C'est vous qui êtes M. Dumas ? me dit la personne qui était dans le fiacre.

— Oui, madame.

— Eh bien, montez ici, et embrassez-moi... Ah ! vous avez un fier talent, et vous faites un peu bien les femmes[8] !

En 1830, Marie Dorval, maîtresse officielle de Vigny et épouse légitime de Jean-Toussaint Merle, est avant tout une célébrité du Boulevard. Son succès, construit depuis le début des années 1820, a littéralement explosé en 1827 avec son interprétation d'Amélie dans le mélodrame de Dinaux, *Trente ans, ou la Vie d'un joueur*. Dumas est séduit. Mieux, il tente de conquérir Marie, qui lui résiste, ce qui accroît son désir. Songe-t-il alors à elle pour un rôle ? Une autre rencontre plus concrète va le détourner un temps des espiègleries de Dorval. Par l'entremise de Firmin, acteur du Français, Dumas fait la connaissance de Mélanie Serre en juin 1830. Comédienne de second rang, en devenant la maîtresse du baron Taylor elle a obtenu un engagement temporaire à la Comédie-Française. Mélanie Serre, de son vrai nom Belle Krelsamer, fascine littéralement Dumas avec « des yeux d'un noir de jais, des yeux azurés profonds, un nez droit comme celui de la Vénus de Milo et des perles au lieu des dents[9] ». Son charisme, Belle le doit à ses origines juives et alsaciennes mêlées. Mais son talent est moindre que sa beauté, et malgré ses débuts dans les emplois de « grande coquette », Belle n'est pas engagée, doit se contenter de tournées en province où elle joue la doublure de Mlle Mars. En juillet 1829, elle a tenu le rôle de la duchesse de Guise à Marseille, lors d'une reprise d'*Henri III et sa cour*. Dumas intercède en vain pour elle et choisit finalement de l'établir à portée de main, rue de l'Université.

Pendant qu'il entretient Belle, un autre événement se produit qui vient compliquer sa vie sentimentale, ajoutant un surcroît de romanesque à une situation déjà vaudevillesque. En juin 1830, Mélanie Waldor, enceinte de Dumas, se réfugie à La Jarrie pour accoucher discrètement. Son amant lui promet de la rejoindre dès qu'il aura mis au jour un nouveau projet, *Antony*. Le ton des lettres qu'il adresse à Mélanie en 1829 et 1830 est parfois proche de celui du drame. La même révolte byronienne, une semblable démesure des sentiments se font jour entre la vérité de la vie et celle de la fiction. *Antony* est à coup sûr l'une des œuvres les plus personnelles de Dumas. Composée avant la révolution de Juillet, la pièce est achevée le 9 juin, annoncée le 13 à Mélanie :

> Tu retrouveras bien des choses de notre vie dans *Antony*, mon ange, mais de ces choses que nous seuls connaissons. Ainsi peu nous importe. Le public n'y verra rien, nous y verrons nous, d'éternels souvenirs. Quant à Antony, je crois que personnellement on le reconnaîtra car c'est un fou qui me ressemble beaucoup[10].

Le drame a ses secrets que le cœur n'ignore pas. Mais Dumas sent que sa pièce est « un ouvrage à faire bien plus d'effet à la représentation qu'à la lecture ». Aussi presse-t-il la Comédie-Française pour obtenir un tour de faveur et être joué rapidement. *Christine* ne lui rapporte pas assez et l'impatience le gagne. Le 21 juin 1830, un contrat est signé, le début des répétitions est fixé au 15 octobre. Fin juin, Dumas pourrait rejoindre Mélanie, mais Belle le retient à Paris et il projette avec elle un voyage à Alger. Bientôt des événements d'une autre envergure vont se charger d'éloigner un peu plus Mélanie d'Alexandre.

« Dès 1827 et 1828, tout s'accomplissait pour qu'en 1830, les esprits fussent préparés à cette grande catastrophe[11] », écrit Dumas. Depuis 1827 en effet, le gouvernement de Charles X multiplie les maladresses et les décisions impopulaires, dont certaines vont à l'encontre de la charte promulguée en 1814, qui garantit des libertés individuelles et collectives. La chambre des Députés, majoritairement composée de libéraux, est méprisée par le roi, qui affiche ostensiblement une politique *ultra* — très conservatrice, soutenue par la chambre des Pairs, composée d'aristocrates nommés à vie. En 1829, loin d'apaiser les tensions, le souverain les avive en nommant le duc de Polignac président du Conseil. Fils de la très impopulaire Gabrielle de Polastron, duchesse de Polignac et favorite de Marie-Antoinette, il incarne à lui seul l'Ancien Régime et ses travers. Une partie de l'opinion est excédée par cette nomination, qui s'accompagne de celles de La Bourdonnaye à l'Intérieur et de Bourmont à la Guerre. Le *Journal des débats* trouve la formule qui fait mouche pour désigner le nouveau gouvernement, qui fait également appel à Marmont, traître à l'Empereur : « Coblentz, Waterloo, 1815 : voilà les trois principes, voilà les trois personnages du ministère. Tournez-le de quelque côté que vous voudrez, de tous les côtés il effraie, de tous les côtés il irrite. Pressez, tordez ce ministère, il ne dégoutte qu'humiliations, malheurs et chagrins[12] ». Face aux passages en force de Charles X et de son ministre détesté, les parlementaires, sous la houlette de Royer-Collard, soumettent au roi « l'Adresse des 221 », discours qui le met en garde contre les décisions malvenues de Polignac. Mais Charles X s'entête et dissout le Parlement, pensant que l'expédition d'Alger, engagée en mai 1830, soutiendra sa popularité et les élections prévues en juillet. Or la nouvelle de la prise d'Alger arrive en France un peu tard. Aux élections de juillet, les libéraux gagnent encore des sièges. La situation est instable. Soit Charles X admet sa défaite, révoque Polignac et accepte une monarchie de type parlementaire avec un ministre libéral, soit il choisit le bras de fer. Le 25 juillet, Charles X promulgue les ordonnances de Saint-Cloud, qui paraissent dans *Le Moniteur* le 26. Charles X a choisi de bafouer les libertés acquises en 1789 et 1814. Il vient de signer sa chute.

Les ordonnances frappent en quatre temps : la censure de la presse est rétablie, la chambre est dissoute avant même d'avoir pu siéger, le calcul de l'impôt est modifié de manière à réduire le nombre d'électeurs ; enfin, de nouvelles élections sont prévues pour septembre. C'est tout l'esprit de la charte de 1814 qui est désavoué d'un trait de plume. Le sang républicain de Dumas ne fait qu'un tour. Il se rend au Palais-Royal, où la nouvelle se répand comme une traînée de poudre. Dumas y croise François Arago, le frère de l'astronome Étienne Arago qui doit prononcer un discours sous la coupole le jour même. L'atmosphère est tendue, mais le brillant scientifique fait montre de courage et dénonce les ordonnances. Au *Courrier de Paris*, organe de presse qui appartient aux Leuven, on hésite. Faut-il préparer le numéro du lendemain ou appliquer immédiatement la censure imposée ? On choisit de résister. Après une nuit avec Belle, le 27 au matin, Dumas constate que la physionomie de Paris change. Des barricades se dressent, l'opposition s'organise. Dumas passe chez sa mère, puis rejoint Armand Carrel, le belliqueux directeur du *National* et l'entraîne avec lui dans Paris qui s'insurge. Dumas est trop attiré par l'aventure pour imiter Carrel qui, avec des idées de gauche, est un homme d'ordre qui fuit les déportements de la foule. Dumas, lui, aime l'odeur de la poudre et poursuit son expédition parisienne. Il assiste à des scènes de révolte, des échauffourées, dont l'une se termine par la mort d'une femme. Au soir du 27, le drapeau noir flotte sur Paris, signe annonciateur d'une aube rouge. Une atmosphère obscure enveloppe la ville et Dumas traverse ce décor dont il a su restituer l'inquiétante étrangeté :

Je pris la rue Vivienne, puis, le passage du Perron étant fermé, la rue Neuve-des-Petits-Champs et la rue de Richelieu.

Dans la rue de l'Échelle, des espèces d'ombres s'agitaient au milieu de l'obscurité. Je m'approchai ; on me cria : « Qui vive ? » Je répondis : « Ami ! » et je continuai de marcher en avant.

C'était une barricade qui s'élevait silencieusement, et comme si elle eût été bâtie par les esprits de la nuit. J'échangeai des poignées de main avec les ouvriers nocturnes et je gagnai le Carrousel.

Derrière la grille du château, on apercevait deux ou trois

cents hommes campés dans la cour des Tuileries. Je pensai que cela devait être à peu près ainsi pendant la nuit du 9 au 10 août 1792. Je voulus regarder à travers la grille ; une sentinelle me cria :

— Au large !

Je poursuivis mon chemin.

Sur les quais, tout reprenait sa physionomie ordinaire. J'atteignis la rue de l'Université sans avoir rencontré une seule personne, ni sur le pont Royal, ni dans la rue du Bac.

Rentré chez moi, j'ouvris ma fenêtre et j'écoutai : Paris semblait solitaire et silencieux, mais cette tranquillité n'avait rien de réel ; on sentait que cette solitude était habitée, que ce silence était vivant[13].

Le lendemain, Dumas apprend de la bouche d'Achille Comte que les barricades se sont multipliées pendant la nuit. Entre-temps, Marmont, fait duc de Raguse par Bonaparte en 1808, vient d'être nommé gouverneur général de Paris par le roi, afin de mater la révolution. On ne pouvait choisir meilleur combustible pour enflammer les esprits. Marmont est détesté, lui qui a trahi l'Empereur au moment des Cent-Jours et fait allégeance aux Bourbons. Ne dit-on pas « raguser » pour trahir ? Face à de telles nouvelles, un cœur plus républicain que jamais bat dans la poitrine de Dumas. Comme le Fantasio de Musset, il endosse son costume de chasse et prend son fusil pour s'en aller en guerre. Très vite, il prend en main l'érection d'une barricade, rue de l'Université puis rue du Bac. Il dépave, donne de sa personne avant de quitter le chantier pour humer l'air du Palais-Royal. Il y croise Oudard, affolé de le trouver « en tenue », brandissant une arme. Puis c'est une autre traversée de Paris, durant laquelle il lève un petit escadron d'étudiants et d'ouvriers dont il prend la tête. Il mène son bataillon contre les tirs de canons, mais doit battre en retraite. Les insurgés perdent-ils du terrain face aux troupes de Marmont ? Alexandre n'est pas rassuré. Si les renforts venus de province soutenir le roi mataient la révolution, qu'adviendrait-il de lui ? Prudent comme un Normand, il demande au fils du peintre Lethière de courir chez lui, de prendre papiers et argent, au cas où il devrait fuir à la hâte à l'étranger. À son retour, le commissionnaire lui apprend que la victoire penche du côté de la révolution. Dumas, qui trépigne en attendant d'agir, se rend auprès du général Lafayette, dont il espère obtenir une mission. Pour l'heure, il s'agit de former un gouvernement provisoire, et Dumas encourage Lafayette à se porter garant. Le 29 juillet, Dumas doit entrer à nouveau dans l'action, non pour lutter contre les royalistes, mais pour protéger le musée de l'Artillerie de saccages. Il sauve quelques pièces rares, les met en sûreté chez lui puis se rend aux Tuileries. Là, Dumas assiste à la dévastation du palais par la populace. Les meubles sont brisés, la bibliothèque de la duchesse de Berry est un champ de ruines. Le règne de Charles X a fait long feu et s'achève dans les lambeaux d'un carnaval destructeur.

De poudre et de feu, il est justement question. « Si Charles X revenait, nous n'aurions pas quatre mille coups de fusil à tirer[14] », aurait dit Lafayette. Qu'à cela ne tienne, Dumas sait où se procurer ce qu'il faut. À Soissons, l'artillerie regorge de poudre : qu'on le dépêche officiellement et il se rendra en personne sur place quérir le butin. Lafayette est sceptique. Octroie-t-il un laisser-passer pour se défaire de cet écrivain exalté ou bien a-t-il réellement confiance en Dumas ? Dans *Mes Mémoires*, Dumas se présente en sauveur ; mais les motivations de Lafayette furent peut-être moins héroïques. Dumas falsifie le laisser-passer que Lafayette lui confie, ajoutant que le porteur se verrait remettre le plus de poudre possible et, pour améliorer ce faux, le fait contresigner par le général Gérard. Fier comme Artaban, Dumas se rend à la malle-poste. Devant la résistance des cochers qui refusent de pousser leurs bêtes, Dumas sort les pistolets, malmène l'un deux et prend lui-même les rênes. Le peintre Joseph Bard qui l'accompagne manque tomber tant il rit de ces exploits picaresques (les pistolets n'étaient pas chargés). C'est hors d'haleine qu'on arrive à Villers-Cotterêts, où, comme le Messie, Dumas annonce la bonne nouvelle : la République a vaincu la Restauration ! Mais l'objectif n'est pas encore atteint, et Soissons, aux dires des Cotteréziens, est un bastion royaliste difficile à prendre. Billevesées ! Rien n'arrête Dumas qui enrôle quelques républicains du cru et vole vers Soissons. Sur place, la chevauchée fantastique est stoppée net par le chevalier de Liniers qui, fine mouche, doute de la véridicité de l'ordre tenu par Dumas. C'est alors que se produit l'un des épisodes les plus incongrus de l'épopée soissonnaise. Face à la défiance du commandant qui refuse de donner la poudre, Dumas sort une nouvelle fois ses pistolets. Surgit alors Mme de Liniers qui hurle d'épouvante en découvrant la scène :

Mon ami, continuait de crier madame de Liniers, cède ! cède, je t'en supplie ! fais ce qu'on te demande, au nom du ciel !... Souviens-toi de mon père et de ma mère, massacrés à Saint-Domingue !

Je compris seulement alors ce que madame de Liniers avait entendu par ces mots : « C'est une seconde révolte des nègres ! »

À mes cheveux crépus, à mon teint bruni par trois jours de soleil, à mon accent légèrement créole — si toutefois, au milieu de l'enrouement dont j'étais atteint, il me restait un accent quelconque, elle m'avait pris pour un nègre, et s'était laissée aller à une indicible terreur[15].

Le traumatisme des colonies venait d'être réveillé par Dumas, noirci par la poussière, plus proche du nègre guérillero que de l'écrivain dandy. Liniers cède. La poudre est chargée en toute hâte. Il s'agit maintenant de revenir à Paris où Dumas présente ses hommages à Lafayette puis au duc d'Orléans, qui lui aurait dit : « Monsieur Dumas, vous venez de faire votre plus beau drame ! » Compliment sincère ou ironie détournée ? Dumas espérait mieux que des mots même si, dans une lettre qu'il adresse à Mélanie Waldor, il justifie son absence prolongée par le fait qu'il est devenu indispensable au nouveau régime : « Je crois que tu peux espérer beaucoup pour ton Alex[16] », note-t-il modestement. En attendant que se réalisent ces rêves illusoires, la couronne de Charles X roule dans le fossé ; les orléanistes poussent Louis-Philippe vers un trône d'un genre nouveau : une monarchie parlementaire, avec à sa tête non plus le *roi de France*, mais le *roi des Français*. Pour Dumas, la révolution de Juillet ne s'arrête pas avec la fuite de Charles X vers l'Angleterre. Le 10 août, il est invité aux Tuileries, lors d'un fastueux dîner donné par le nouveau souverain. Dumas en est certain, sa fortune (politique) est faite.

Dans l'éclat de ce nouveau prestige, les femmes de sa vie le réclament à cor et à cri, ou plutôt fulminent contre lui. Mélanie, qui est informée de sa liaison avec Belle, se lamente et menace. Belle, de son côté, a vent que Dumas courtise Marie Dorval et entretient peut-être une liaison avec elle. *Tres para uno !* Dumas est pris au piège de ses désordres amoureux à l'heure même où il pourrait entrer dans la carrière. À cela s'ajoute un détail encombrant : Belle est également enceinte. Le scandale n'est pas loin. Dumas trouve la parade pour rejoindre dignement Mélanie et, peut-être, la rassurer. Il s'imagine une mission en Vendée, durant laquelle il pourra lever des troupes républicaines contre les légitimistes encore nombreux en territoire chouan. Dumas convainc Lafayette qui le nomme émissaire extraordinaire.

M. Alexandre Dumas est autorisé à parcourir, comme envoyé spécial, les départements de la Vendée, de la Loire-Inférieure, du Morbihan et de Maine-et-Loire, et à s'entendre, dans ces différents départements, avec les autorités locales pour la formation d'une garde nationale.

Nous recommandons M. Alexandre Dumas, excellent patriote de Paris, à nos frères les patriotes de l'Ouest. Salut et fraternité.

LAFAYETTE. Ce 6 août 1830[17].

En moins de quinze jours, Dumas a pris goût aux missions secrètes qu'on lui confie et qui flattent son naturel romanesque. Or un rôle n'est rien sans le costume qui lui donne sa vérité et sa prestance. Aussi Dumas cherche-t-il la vêture idoine pour son escapade vendéenne. Une fois n'est pas coutume, il ne fait pas dans la discrétion et prend modèle sur l'accoutrement de son ami Léon Pillet : « Shako à flots de plumes multicolores, épaulettes d'argent, ceinture d'argent, habit bleu de roi, pantalon *idem*. Il y avait là, on en conviendra, de quoi tirer l'œil d'un homme qui cherchait un costume pour faire la campagne de Vendée[18]. » Dumas tel qu'en lui-même, tout en sobriété. Inconscient ou bravache, Dumas traverse l'Ouest dans cette tenue qui suscite la défiance, sinon la haine. Ridicule dans sa mise mais philanthrope dans l'âme, Dumas sauve des travaux forcés un pauvre Angevin qui avait volé « pour acheter du pain à ses enfants ». Un peu plus loin sur la route, le pauvre hère retrouve Dumas et se met à son service — ne lui doit-il pas la liberté, la vie ? C'est escorté de son éclaireur qu'il arrive à La Jarrie autour du 20 août.

Les retrouvailles se passent mal. Mélanie est trop pleine de rancœur et de déceptions pour se satisfaire des explications brouillonnes de son compagnon infidèle. Las de se justifier, Dumas se sent contraint et ne songe qu'à fuir l'aigreur de Mélanie. La situation devient dramatique le 18 septembre quand la jeune femme fait une fausse couche et perd le petit Antony, fruit de ses amours avec Alexandre. Face à sa souffrance, Dumas se veut consolateur, mais dans son for intérieur, cet épisode douloureux le délie un peu plus d'elle et d'une responsabilité paternelle qu'il ne souhaite pas assumer. Bien avant cet événement, Dumas conspire pour qu'on le rappelle à Paris : « Quel pays que cette Vendée », écrit-il à Eugène Jamot le 4 septembre ; « allez trouver Firmin, mon cher Eugène, et dites-lui de me faire écrire à l'instant même par Masson, le secrétaire de la Comédie-Française, que ma présence est nécessaire pour *Antony*. Ne parlez à personne qu'à lui de cela, vous devinez pourquoi j'ai besoin d'avoir l'air forcé de partir[19]. » S'il promet à Mélanie fidélité et amour, il ment effrontément car *Antony* ayant été censuré avant la révolution de Juillet, Dumas croit sa création compromise. Il obtient cependant la lettre libératrice et quitte La Jarrie le 22 septembre.

De retour à Paris, il remet au nouveau pouvoir un mémoire sur la Vendée, à peine consulté par Louis-Philippe. Se serait-il leurré sur les intentions du nouveau roi envers lui ? Dumas espère beaucoup de ses exploits mais n'obtient que la « croix de Juillet », décoration créée pour la circonstance. Cette reconnaissance mineure blesse Dumas qui espérait au moins la rosette. Quel a été le rôle exact de Dumas pendant les Trois Glorieuses ? A-t-il été le héros qu'il décrit, non sans humour, dans ses *Mémoires* ? Dumas consacre de nombreuses pages à cet épisode de sa vie avec un incontestable talent de plume, mais la fiction domine la vérité des faits et certains événements qu'il relate ont été ensuite démentis par des témoins fiables. Ce qui est certain, c'est que Dumas a fait partie des révolutionnaires et a payé de sa personne, contrairement à bien des écrivains romantiques, restés prudemment au logis. L'action politique ne lui a pas rapporté les lauriers qu'il espérait ; de surcroît, les femmes de sa vie le tourmentent — comment cacher à Mélanie que Belle attend un enfant, dès lors qu'elle vient de perdre le sien ? La parenthèse de Juillet a éloigné Dumas de son chemin : celui du théâtre.

Harel, lui, a très vite repris les affaires après les événements de Juillet, d'autant plus que l'abolition de la censure préalable, votée en septembre 1830, libère les plumes et autorise certaines représentations jusque-là interdites. À l'automne, surgissent Jésuites et Napoléon sur toutes les scènes et dans tous les genres, tragédie, drame, vaudeville et même spectacles muets. Pourquoi une telle éclosion ? Sous la Restauration, « le Jésuite incarne l'ultracisme nostalgique de l'Ancien Régime, et sa manifestation la plus obscure, fantasmée sous la forme d'une société secrète[20] ». Charles X, qui les protégeait, avait été surnommé le Roi-jésuite. Avec la chute du régime, leurs détracteurs se déchaînent et dénoncent leur influence pernicieuse à travers de cinglantes satires. Les Jésuites prennent des allures de diables, de vampires, de goules ! Quant à l'Empereur, la scène lui était interdite depuis 1815. La censure abolie, les panégyriques se déploient, multipliant apothéoses et tableaux sidérants à la gloire de « l'homme au petit chapeau ». Harel flaire là un bon coup. Il rappelle donc à Dumas ce qu'il lui avait suggéré dès juillet : composer à son tour un *Napoléon* pour l'Odéon. Mais Alexandre a jusque-là contourné le projet ; l'argument qu'il fournit dans *Mes Mémoires* semble assez honnête pour qu'on lui donne créance : « L'affaire, tout en paraissant magnifique comme spéculation, me souriait peu comme art. Le mal que Bonaparte a fait à ma famille me rend peut-être injuste pour Napoléon ; d'ailleurs, il me paraissait impossible d'écrire un pareil drame sans soulever les passions mauvaises. Je refusai donc[21]. » Dumas songe surtout à *Antony*, autorisé maintenant que la censure est abolie. Les répétitions vont commencer à la Comédie-Française, avec Firmin dans le rôle-titre et l'indétrônable Mlle Mars dans celui d'Adèle d'Hervey. Aux dires de Dumas, Harel aurait alors inventé un stratagème digne d'un roman. Il l'aurait convié chez lui, en compagnie de Mlle George. À l'issue de la soirée, Harel lui aurait barré le chemin de la sortie et l'aurait retenu prisonnier pour l'obliger à écrire dans une geôle dorée. Dumas aurait été surpris mais amusé par ce complot. En vérité, il est plus probable que Dumas ait relevé le défi en imposant à Harel ses conditions : s'adjoindre l'aide de Cordellier-Delanoue pour la charpente et la documentation ; ne pas faire figurer son nom à l'affiche, mais empocher une somme rondelette. Dumas, qui ne croit guère en cette pièce, n'y voit qu'une rentrée financière. L'affaire est rapidement expédiée. La pièce, créée le 10 janvier 1831, est une énorme machine, qui laisse le public plutôt indifférent. Il est vrai qu'elle arrive un peu après la vogue pour les Napoléon de théâtre, mais son succès est bien plus honnête que *La Nuit vénitienne*, première pièce de Musset, lamentablement tombée quelques semaines plus tôt sur la même scène.

Napoléon Bonaparte, ou Trente ans de l'histoire de France n'est qu'une parenthèse dans l'aventure théâtrale de Dumas. La fresque épique est une miniature auprès d'*Antony*, pièce toute de noirceur et de révolte cousues, qui renouvelle la formule du drame en y ajoutant une teinte autobiographique. Mais sa réalisation traîne. À la fin de l'automne et au début de l'hiver 1830, la pièce n'a pas encore été mise en répétition. Quand enfin la pièce est répétée, les comédiens mettent toute la mauvaise volonté dont ils sont capables pour abîmer l'œuvre ; celle-ci, qui n'a pourtant rien de drôle, provoque leur hilarité : ils se moquent de ce drame en prose qu'ils jugent grandiloquent et mélodramatique. La première est prévue fin février, mais c'est un échec annoncé.

Que se passe-t-il précisément en cette fin février 1831 ? Dumas a-t-il retiré sa pièce sur un coup de tête ? La pièce a-t-elle été interrompue à cause des *desiderata* de Mlle Mars, souffrante (encore) et désireuse de prendre sa retraite ? Ou bien faut-il croire Dumas quand il raconte que Mlle Mars a demandé que la première soit reportée au 20 mai, le temps que soit installé l'éclairage au gaz ? La Comédie-Française traverse alors une période de trouble. On parle de dissoudre le comité des sociétaires et de nommer un directeur. Hugo et Dumas se mettent sur les rangs, mais le projet achoppe et *Antony* reste orphelin d'une scène. La solution de secours va venir de Marie Dorval, à qui Dumas lit sa pièce. Séduite par cette œuvre en laquelle elle voit un rôle magnifique pour son talent, elle encourage Dumas à apporter quelques transformations et lui suggère l'acteur Bocage pour incarner Antony. Bocage est un beau ténébreux de trente-deux ans ; Marie et lui ont le physique et l'âge des rôles.

Contrairement aux acteurs du Français qui font la fine bouche, ces deux artistes, habitués aux émotions fortes du mélodrame, découvrent une perle noire dans la pièce de Dumas. La Porte-Saint-Martin, qui cherche à renouveler son répertoire, pourrait recevoir le drame. Bocage et Dorval y ont leurs entrées et incitent Dumas à négocier avec Crosnier, le directeur, qui accueille *Antony* et le met très vite en répétition. Autant Dumas avait souffert dans son amour-propre en assistant au gâchis des comédiens du Français, autant il éprouve une vive satisfaction à voir les personnages de sa pièce prendre forme sous les traits de Dorval et de Bocage. Auteur, il est aussi metteur en scène, travaille en empathie avec les acteurs, leur montre comment il jouerait certaines scènes — n'a-t-il pas fait l'acteur jadis ? Dumas est au cœur de sa passion, dans l'orfèvrerie du dialogue et du jeu, dans la matière littéraire et scénique qui fonde cet art. Son sens du théâtre fait qu'il accepte de modifier son texte s'il s'agit de servir l'action et la vérité de l'instant. Au cours des répétitions, Dumas sollicite Vigny, dont le jugement est sûr. Le poète adore le drame, si superbement servi par Dorval, mais juge Antony trop athée. Pourquoi Dumas n'a-t-il semé aucun grain d'espoir dans ce sombre personnage ? En 1831, Dumas a insufflé à *Antony* ses doutes métaphysiques et n'ajoutera pas la touche de religiosité que lui suggère Vigny. Noir, c'est noir.

La première est fixée au 3 mai et s'annonce déjà comme l'événement théâtral de l'année. Dans la mémoire du romantisme, la création d'*Antony* est une victoire éclatante, menée tambour battant par

Dumas. Théophile Gautier, longtemps après, se souviendra des chatoiements baroques du public se pressant aux portes du théâtre :

Nous songions au spectacle que présentaient les abords de la porte Saint-Martin le soir de la première représentation d'*Antony*, en 1831. C'était une agitation, un tumulte, une effervescence dont on se ferait difficilement une idée aujourd'hui. Il y avait là des mines étranges et farouches, des moustaches en croc, des royales pointues, des cheveux mérovingiens ou taillés en brosse, des pourpoints extravagants, des habits à revers de velours rejetés sur les épaules comme on en voit encore dans les lithographies de Devéria, des chapeaux de toutes les formes, excepté, bien entendu, de la forme usuelle. Les femmes, un peu effarées, descendaient de voiture, parées à la mode du temps, avec leurs coiffures à la girafe, leur haut peigne d'écaille, leurs manches à gigot et leurs jupes courtes laissant voir des souliers à cothurne[22].

Avant même le lever de rideau, la salle est surchauffée. À chaque acte, la tension croît, soutenue par un jeu dont on devine qu'il fut d'une grande expressivité. Pourtant Dumas est inquiet : Crosnier n'a fait aucune dépense pour les décors, élément fondamental pour la réussite d'une pièce à cette époque. Il mise sur d'autres aspects du spectacle. Ayant compris que la réussite d'*Antony* repose sur son souffle et son rythme, Dumas s'agite en coulisses, demande, contre toute habitude, que les pauses entre les actes soient les plus courtes possibles, de manière à ce que le ressort dramatique ne se détende pas. Le public n'a pas le temps de respirer ou de sécher ses larmes ; il est saisi, ravi par la précipitation des événements, fasciné par la proximité entre les acteurs et leur rôle. Au premier acte, le rideau se lève sur l'élégant salon de la baronne Adèle d'Hervey, dont l'époux est en garnison à Strasbourg. Mais un fantôme du passé resurgit sous la forme d'une lettre : c'est Antony, qu'Adèle a aimé avant son mariage et qui annonce sa venue. Trop consciente des dangereuses suites de ce retour, Adèle se sait « perdue » et tente de fuir. Mais Antony se jette en travers de sa voiture ; Adèle est contrainte d'accueillir l'accidenté et de le faire soigner. Remis de ses blessures, Antony se fait pressant et exige une conversation en tête à tête, durant laquelle il lui apprend qu'il est un bâtard, qu'il n'aurait donc jamais pu l'épouser, n'ayant aucun nom digne à lui offrir. Adèle est bouleversée ; sa sœur, Clara, pressentant la menace, l'encourage à quitter Paris pour rejoindre son époux, en garnison à Strasbourg. Antony l'apprend, qui devance la jeune femme, réquisitionne chambres et chevaux de l'auberge d'Ittenheim, où elle doit descendre. Il retient deux chambres contiguës, reliées par un balcon.

ADÈLE. Il ne ferme pas, ce cabinet.

L'HÔTESSE. Les deux portes de cette chambre ferment en dedans.

ADÈLE. C'est juste. Je puis être sans crainte ici... n'est-ce pas ?

L'HÔTESSE, *portant le flambeau dans le cabinet.* Que pourrait craindre madame ?

ADÈLE. Rien... Je suis folle. (*L'hôtesse sort du cabinet.*) Venez, au nom du ciel ! me prévenir... aussitôt que les chevaux seront de retour.

L'HÔTESSE. Aussitôt, madame.

ADÈLE, *entrant dans le cabinet.* Jamais il n'est arrivé d'accident dans cet hôtel ?

L'HÔTESSE. Jamais... Si madame veut, je ferai veiller quelqu'un ?

ADÈLE, *à l'entrée du cabinet.* Non, non... au fait... pardon... laissez-moi... (*Elle rentre dans le cabinet et ferme la porte.*)

Antony paraît sur le balcon, derrière la fenêtre, casse un carreau, passe son bras, ouvre l'espagnolette, entre vivement et va mettre le verrou à la porte par laquelle est sortie l'hôtesse.

ADÈLE, *sortant du cabinet.* Du bruit... un homme... ah !...

ANTONY. Silence !... (*La prenant dans ses bras et lui mettant un mouchoir sur la bouche.*) C'est moi... moi, Antony...

Il l'entraîne dans le cabinet[23].

Le public, qui comprend très bien ce qui se passe dans le cabinet, est médusé. Une ellipse temporelle d'environ trois mois sépare cette scène du quatrième acte ; mais loin d'amoindrir le suspens dramatique, elle l'augmente. Après les violences érotiques, Adèle doit affronter les humiliations sociales, la mesquinerie des femmes en particulier, qui raillent cet adultère et secrètement le jalousent. Quel cœur un peu romanesque ne rêverait pas du viril et ténébreux Antony ! L'amant défend Adèle aux yeux du monde, mais il ne fait qu'aggraver la situation en s'affichant comme son protecteur. Une solution s'impose. Adèle doit fuir, une fois encore, d'autant plus que l'acte IV se referme sur l'annonce du retour du colonel d'Hervey. Le scandale est sur le point de ruiner sa vie et celle de sa petite fille. À ce moment précis, racontera Dumas, la salle était dans un état d'excitation indescriptible : les femmes priaient, les hommes pleuraient. Pour ne pas perdre le bénéfice de cette commotion, Dumas ordonne aux machinistes de relever presque immédiatement le rideau. Les spectateurs sont encore sous le coup de la nouvelle quand ils retrouvent Adèle, qui refuse l'offre généreuse d'Antony et choisit une solution désespérée. Le cinquième acte se tord, en effet, autour de ce dilemme : vivre dans l'opprobre ou mourir.

ANTONY, *fermant la porte.* Eh bien, je ne veux pas fuir, moi... Écoute... tu disais tout à l'heure que tu ne craignais pas la mort.

ADÈLE. Non, non... Oh ! tue-moi, par pitié !

ANTONY. Une mort qui sauverait ta réputation, celle de ta fille ?

ADÈLE. Je la demanderais à genoux.

UNE VOIX, *au-dehors.* Ouvrez... ouvrez... Enfoncez cette porte...

ANTONY. Et à ton dernier soupir tu ne haïrais pas ton assassin ?

ADÈLE. Je le bénirais... mais hâte-toi... cette porte...

ANTONY. Ne crains rien la mort sera ici avant lui... Mais songes-y, la mort !

ADÈLE. Je la demande, je la veux, je l'implore. (*Se jetant dans ses bras.*) Je viens la chercher.

ANTONY *lui donne un baiser.* Eh bien meurs !

(*Il la poignarde.*)

ADÈLE, *tombant dans un fauteuil.* Ah !...

(*Au même moment la porte du fond s'enfonce ; le colonel d'Hervey se précipite sur le théâtre.*)

SCÈNE IV

Le colonel d'HERVEY, ANTONY, ADÈLE,
Plusieurs domestiques.

LE COLONEL. Infâme !... que vois-je !... Adèle !... morte !...

ANTONY. Oui ! morte ! Elle me résistait, je l'ai assassinée !...

(*Il jette son poignard au pied du colonel*[24].)

Au tomber du rideau, « la salle était vraiment en délire », écrira Gautier ; « la passion harcelante avait incendié tous les cœurs ». Dumas, nommé par les comédiens, parvient non sans mal à se frayer un chemin parmi la foule, rejoint la scène sous un tonnerre d'acclamations. C'est la consécration. Les jours suivants, la presse réagit tout aussi excessivement, louant l'audace de ce drame si terrible et si vrai, soulignant aussi sa puissante immoralité. Dumas vient d'inventer « le drame en habits noirs », théâtre-miroir où le spectateur peut lire les préoccupations de la société à travers un tragique adultère. Mais d'où vient cette inspiration jugée neuve, de quelles amours blessées est-elle née ? Dumas s'en explique *a posteriori*, renvoyant le lecteur à sa propre vie, non sans dramatiser les affects.

Quand je fis *Antony*, j'étais amoureux d'une femme qui était loin d'être belle, mais dont j'étais horriblement jaloux : jaloux parce qu'elle se trouvait dans la position d'Adèle, qu'elle avait son mari officier dans l'armée, et que la jalousie la plus féroce que l'on puisse éprouver est celle qu'inspire un mari, attendu qu'il n'y a pas de querelle à chercher à une femme en puissance de mari, si jaloux que l'on soit de ce mari.

Un jour, elle reçut du sien une lettre qui annonçait son retour. Je faillis devenir fou [...] Mais lisez *Antony* : ce que j'ai souffert, c'est *Antony* qui vous le racontera.

Antony n'est point un drame, *Antony* n'est point une tragédie, *Antony* n'est point une pièce de théâtre. *Antony* est une scène d'amour, de jalousie, de colère en cinq actes[25].

Avec cette pièce, Dumas excède les codes du drame, du mélodrame et de la comédie bourgeoise. Les ingrédients de ces trois genres sont disséminés dans l'intrigue et sont à la fois atomisés par la violence qui menace sans cesse et finit par triompher. La pulsion mortifère enlacée à la pulsion érotique malmène les bienséances morales et esthétiques. *Antony* est un point d'orgue du romantisme et fait des émules parmi la jeunesse dorée. Les dandys du Boulevard prennent comme lui des airs ténébreux ; dans les salons, on adopte la contenance d'un byronisme à la française. Les parodies de la pièce disent son succès et son influence sur les esprits. *Bâtardi, ou le Désagrément de n'avoir ni père ni mère, existence d'homme en cinq portions*, d'Henri Dupin, est représenté sur la scène des Variétés le 30 mai. Tous les clichés sur la pièce ont déjà circulé dans la presse et se sont figés dans l'imaginaire collectif, à commencer par la dernière réplique, détournée avec humour dans la parodie :

GROSLAI. Comment ! Tu n'es pas morte ?
ADÈLE. Pas si bête... l'Eustache a glissé sur mon busc. Vous m'avez soupçonnée, je vous pardonne ce coup de tête. Et vous, Bâtardi, je vous pardonne le coup de couteau en faveur du coup de théâtre[26].

Antony procure à Dumas une notoriété immense, qui dépasse les frontières de la capitale. Pourtant la réussite de la pièce n'est pas seulement liée à son écriture maîtrisée et tendue, ni même au talent des deux principaux interprètes. Avec cette pièce, Dumas touche un point sensible de la société de 1830 : l'inquiétude. *Antony* est à Dumas ce qu'*On ne badine pas avec l'amour* (1834) est à Musset : un drame personnel et générationnel, l'expression théâtrale d'une rencontre entre le mal du siècle et une douleur intime. Mais c'est aussi le « Mal du Ciel[27] » qu'exhibe *Antony*, ce qu'avait bien remarqué Vigny pendant les répétitions du drame. Les héros de Dumas scrutent désespérément vers le Très-Haut, d'où aucun signe ne vient. « Le monde n'est qu'un égout sans fond », écrit Musset dans *On ne badine pas avec l'amour*, comme un écho poétique aux paroles d'Antony :

> Béni soit Dieu qui m'a fait une vie isolée que je puis quitter sans coûter une larme à des yeux aimés ! béni soit Dieu qui a permis qu'à l'âge de l'espoir j'eusse tout épuisé et fusse fatigué de tout !... Un seul lien m'attachait à ce monde... il se brise. Et moi aussi je veux mourir mais avec toi ; je veux que les derniers battements de nos cœurs se répondent... que nos derniers soupirs se confondent... Comprends-tu ?... une mort douce comme un sommeil, un mort plus heureuse que toute notre vie... Puis, qui sait ? par pitié peut-être jettera-t-on nos corps dans le même tombeau[28].

Alexandre Dumas aurait pu graver dans le marbre : « Antony, c'est moi ! » À vingt-neuf ans, le dramaturge est en pleine possession de ses moyens. Pour lui, il n'est point question de mort ou de désespérance. Le succès et l'argent coulent à flots. Sacré au printemps 1831 grâce à son drame, il règne en majesté sur le théâtre.

Désenchantement et ravissement

Le théâtre est à un régime de guillotine et de sang qui fait plaisir à voir.

Gazette littéraire, *2 juin 1831*

Le 9 janvier 1831, Balzac trouve une formule éloquente pour décrire l'inspiration de la littérature contemporaine et l'état de délitement moral de la société au lendemain de la révolution de Juillet : « l'école du désenchantement[1] ». En mai 1831, *Antony* exprime magistralement cette inquiétude des temps et rejoint la bibliothèque noire du romantisme. Frénétique, sombre et d'une mâle énergie, le drame n'est pas isolé dans le paysage et constitue même l'un des baromètres du malaise ambiant. C'est ce dont témoigne aussi Hugo, qui s'apprête à faire enfin jouer *Marion Delorme* à la Porte-Saint-Martin et vient de publier l'un de ses chefs-d'œuvre, *Notre-Dame de Paris*. Décidément, la capitale, que ce soit celle de Louis XI ou de Louis-Philippe, inspire des histoires d'amour et de mort. Lecteurs et spectateurs ont-ils besoin de humer « la senteur cadavéreuse d'une époque qui s'éteint[2] » ?

Dumas s'apprête à fêter ses vingt-neuf ans et sa situation personnelle a sensiblement évolué. Mélanie lui a dit un adieu définitif ; la jeune femme se dit meurtrie — n'a-t-elle pas été bouleversée en voyant se déployer sur scène sa propre histoire ? Puis elle passe par toutes les phases du détachement sublime. Les lettres n'en finissent pas, mêlant regrets, chantage affectif et vains espoirs. Le 15 mai, sans doute mortifiée par la prise de conscience que constitue *Antony*, elle met fin à sa relation avec Dumas. Dumas peut désormais consacrer toute son attention à Belle, avec qui il partage son triomphe et qui lui a donné une petite fille le 5 mars 1831, Marie-Alexandrine. Un autre événement marquant vient s'ajouter à ce printemps 1831. Dumas reconnaît le fils que Laure Labay lui a donné, Alexandre, qui a maintenant sept ans. Est-ce l'obsession de la bâtardise, atavisme familial, qui l'a enfin décidé à donner une place officielle à son fils dans sa vie ? Dumas craint surtout que l'éducation dispensée par sa mère soit insuffisante : il fait enlever son fils par la police pour le placer à la pension Vauthier à Paris. Il y restera jusqu'en 1834, même si Belle se sent prête à prendre sous son aile le frère aîné de Marie. Sur le plan strictement légal, Laure, prise de cours, reconnaît à son tour Alexandre, mais ne peut rien contre les lois qui font de la femme une mineure irresponsable aux yeux de la société. Elle parvient cependant, par d'autres détours, à rester proche de ce fils qu'elle aime en se faisant engager comme lingère à la pension.

Sur le plan idéologique, les lendemains d'*Antony*

déchantent. Dumas est déçu par la politique du nouveau gouvernement. Invité à un banquet des héros de Juillet aux Vendanges de Bourgogne, le 9 mai, il est sollicité pour prendre la parole et porter un toast à l'épopée de Juillet et à l'avenir :

> À *l'art* ! Puissent la plume et le pinceau concourir aussi efficacement que le fusil et l'épée à cette régénération sociale à laquelle nous avons voué notre vie, et pour laquelle nous sommes prêts à mourir[3] !

Ce propos déçoit les républicains radicaux qui attendaient moins un discours de poète que celui d'un patriote engagé. Dumas ne salue ni le nouveau souverain, qui fut longtemps son employeur et même son protecteur, ni les « héros de Juillet », décorés pour la circonstance. Il assume la voix d'auteur par laquelle il s'exprimera désormais. Mais ce banquet unificateur tourne mal, reflétant les dissensions qui clivent les partis. Les esprits s'emportent, échauffés par l'alcool et les polémiques. Un jeune homme, particulièrement exalté, brandit un poignard et voue aux gémonies le roi des Français, ce « Roi-Poire » qui prête à la caricature fruitière. Dumas préfère prendre la fuite par la fenêtre, tandis que le jeune forcené est conduit derrière les barreaux. Pendant un an, il fera plusieurs séjours à Sainte-Pélagie et mourra en duel le 31 mai 1832, un mois après sa libération. Son nom : Évariste Galois, mathématicien prodige.

L'immense succès d'*Antony* a dépassé toutes les espérances de Dumas, tout en créant l'inquiétude diffuse des lendemains de fêtes. Comment renouer avec le triomphe ? Quel filon creuser pour extraire de son cerveau une pépite aussi belle que ce drame de la passion ? La réponse n'est pas dans les rues de Paris, ni dans les salons, ni même dans la première représentation de *La Maréchale d'Ancre* de Vigny, à laquelle Dumas assiste le 25 juin 1831. Malgré la magistrale interprétation de Mlle George dans le rôle de Léonora Galigaï, Dumas est sévère pour son confrère et peut-être même injuste. « *La Maréchale d'Ancre* est plutôt un roman qu'une pièce de théâtre, écrit-il ; l'intrigue est trop compliquée dans les coins, si l'on peut dire cela, et trop simple dans le milieu. La maréchale tombe — sans lutte, sans péripétie, sans se retenir à rien : elle glisse, et elle est à terre ; du moment où elle est arrêtée, elle est morte[4]. » Au vrai, l'étoffe qui intéresse Dumas au théâtre n'est pas celle que Vigny déploie dans sa pièce. Ce dernier, observateur des drames intérieurs, n'a pas, comme Dumas, le goût de la précipitation, de la violence et des coups ostentatoires du sort. Dumas note aussi dans la pièce de son ami des rémanences royalistes et déplore qu'on « y cherche vainement Louis XIII. — [il] en eu[t] fait [s]on personnage principal[5] ». Sur ce point, il est plus proche de Hugo que de Vigny.

Au début de l'été 1831, Dumas éprouve le besoin de fuir la capitale et son tumulte. Le 6 juillet, Alexandre et Belle prennent la diligence pour Rouen ; de là le bateau pour Le Havre. Ils finissent leur périple sur une barque qui les mène jusqu'à un village perdu, presque inconnu sur la carte : « Trouville, comme latitude, était alors à peu près aussi ignoré que l'île de Robinson Crusoé[6] », écrit-il. Si

Dumas a choisi de poser ses bagages dans ce hameau, c'est qu'il veut écrire entre le vert de la campagne et le bleu-gris de la Manche. Il songe à un nouveau drame en vers qui se déroulerait au Moyen Âge, *Charles VII chez ses grands vassaux*. L'entêtement de Dumas à écrire en vers, alors même que ce n'est pas une forme où il excelle, mérite attention. Il vient de triompher avec une pièce dont la prose ciselée et réaliste peut le rassurer sur ses talents de dramaturge. Mais le vers le hante, en quoi il voit un signe d'élection et de supériorité ; sur ce point, Dumas est tout ensemble homme de son temps et héritier d'une certaine tradition théâtrale, qui veut que le théâtre d'élite soit en alexandrins. Enfin, le modèle de Hugo, mais aussi de Vigny, lui rappelle sans cesse que les meilleurs auteurs de théâtre sont d'abord des poètes. De très grands poètes. Lui qui admire tant la versification de *Marion Delorme* rêve de trimètres tonitruants et de césures dramatiques.

Dumas a pris ses aises à l'auberge en agençant lui-même son séjour. Il choisit deux chambres contiguës, dont une lui sert de bureau. Afin d'aider à la concentration, il prend la vue sur la campagne et non sur la mer, qui happerait son attention dans l'immensité viride. Dumas se lève tôt et travaille consciencieusement. En fin de matinée, il chasse, puis travaille à nouveau dans l'après-midi. Si cette villégiature est placée sous le signe de la création, elle doit aussi combler l'épicurien. Belle est aux fourneaux et lui prépare les plats qu'il aime, cuisine le gibier qu'il rapporte. L'écriture, l'amour et la chasse, tout est réuni pour qu'un nouveau drame avance correctement pendant les six semaines qu'il s'est octroyées. Peu avant son anniversaire, le havre de paix est cependant troublé par l'arrivée inopinée de deux convives, Goubaux et Beudin, deux auteurs que Dumas connaît bien sous le nom de *Dinaux*, formé des dernières syllabes de leurs patronymes respectifs. Ces deux Parisiens-là ont connu leur heure de gloire après le succès de *Trente ans, ou la Vie d'une femme*, cosigné avec le grand Victor Ducange, qui vit le triomphe de Dorval et Lemaître. Ils peinent à terminer un mélodrame politique et entament des pourparlers avec Dumas afin qu'il collabore à l'ouvrage. Pour lui, il n'est pas question que son nom soit associé à des auteurs de seconde zone en mal d'idées, mais il ne refuse pas une aide anonyme si une coquette somme tombe dans son escarcelle. Dumas impose ses conditions : il termine *Charles VII* avant d'apporter sa main au drame de *Richard Darlington*.

Entre terre et mer, la pièce en vers nage, elle aussi, entre deux eaux. Dumas écrit régulièrement mais sans être pleinement satisfait du résultat. Il expliquera plus tard que « *Charles VII* est surtout une étude, une étude laborieusement faite, et non pas une œuvre primesautière ; un travail d'assimilation, et non un drame original, qui m'a coûté infiniment plus de labeur qu'*Antony*[7] ». Il a puisé dans *Les Marrons du feu* de Musset et *Goetz von Berlichingen* de Goethe, ainsi que dans la *Chronique du roi Charles VII* de Jean Chartier. Le choix de Dumas ne s'est pas porté sur l'épisode le plus connu du règne (la reconnaissance du roi par Jeanne d'Arc à Chinon), mais l'action se situe dans les années

1445-1450. Une intrigue d'ailleurs assez complexe qui juxtapose l'histoire de trois personnages, celle du comte de Savoisy, de Bérengère et de Yaqoub, un esclave ramené des croisades. Dumas achève le manuscrit le 10 août. Il l'a promis à Harel pour l'Odéon : il faut quitter Trouville et ses plaisirs.

En chemin, Dumas est contrarié par les propos d'un chroniqueur du *Journal des débats* qui partage sa voiture. *Marion Delorme*, qu'il admire tant, vient d'essuyer un échec à la Porte-Saint-Martin, malgré l'interprétation de Marie Dorval et de Bocage. Arrivé à Paris, Dumas se précipite au théâtre pour soutenir son ami Hugo. Mais le résultat est, en effet, décevant : la mise en scène et les rôles secondaires alourdissent les vers, brouillent la beauté de situations déchirantes. Dumas, qui a déjà connu des revers, partage la déconvenue de son camarade. Abattu par cet échec, il entre à son tour dans le doute, songe un moment à transposer son *Charles VII* en prose, pressentant dans la chute de *Marion* le rejet possible de son nouveau drame en vers. Mais il se ravise et soumet finalement son texte à une assemblée d'amis. La réaction est polie, mais il n'est pas dupe. Son drame n'a pas l'énergie d'*Antony* et Dumas préfère retirer sa pièce, même si Harel lui a déjà versé mille francs d'avance. Or ce dernier est convaincu que si Dumas abandonne *Charles VII*, c'est pour le vendre à plus offrant, en l'occurrence à la Comédie-Française. Harel renchérit donc et met cinq mille francs en billets dans la main de Dumas. Comment résister à de telles sirènes ? Après tout, son drame est peut-être meilleur qu'il ne le croit, d'autant plus que Mlle George, pressentie pour le rôle de Bérengère, apprécie les couleurs tragiques de la pièce. Dumas ravale son orgueil, empoche l'argent et le drame est mis en répétition.

Après *Antony*, le public espère un second événement, un autre scandale. Or la soirée du 20 octobre 1831 n'est pas à la hauteur de ses attentes. *Charles VII chez ses grands vassaux* suscite au mieux un modeste intérêt, au pire le fou-rire, provoqué par les aléas des accessoires : la visière du heaume de Delafosse s'est coincée pendant l'une de ses tirades. Impossible de la dérouiller. L'acteur doit hurler pour faire entendre des vers inaudibles ; il ne sort de ce mauvais pas que grâce à la dague d'un camarade de jeu, qui parvient à le délivrer en faisant levier. Quand la pièce est un peu ennuyeuse, ce genre d'accident est fatal — d'autant plus que Delafosse occupe un emploi noble, celui du roi Charles VII. Le public est hilare face à ce grotesque involontaire. Dumas, lui, est consterné. Certes Yaqoub a de beaux moments de bravoure, des vers d'un exotisme farouche que Dumas tient en haute estime, mais la trame complexe et le lyrisme grandiloquent lassent. Dumas éprouve une humiliation d'autant plus vive que la famélique Mélanie Waldor est dans la salle et que, pour la première fois, il a tenu à ce que son fils assiste à la représentation. L'accueil est mitigé, mais ce n'est pas un « four », comme le prétendra Alexandre Dumas-fils. La presse est partagée, qui fait l'éloge de la part historico-politique et critique vertement la conduite biscornue de l'intrigue. Au vrai, ce qui déroute les journalistes, c'est que Dumas n'a pas franchement choisi entre romantisme et classicisme ; à la manière d'un Casimir Delavigne, il a risqué le « juste-milieu ». Aurait-il fait un pas en arrière après les audaces d'*Antony* ? Le public attend de lui des émotions fortes et *Charles VII* « ne vaut pas les pièces habituelles de Dumas[8] », conclut Fontaney.

Pendant que le drame en vers suit ses destinées, Dumas honore le contrat passé à Trouville avec Goubaux et Beudin. *Richard Darlington*, dont l'intrigue est empruntée à Walter Scott, est mis en répétition en novembre à la Porte-Saint-Martin. L'histoire a pu séduire Dumas, celle d'un jeune ambitieux découvrant sa bâtardise et qui, pour franchir cet obstacle, ne recule devant aucune action cynique. L'épisode se déroule dans l'Angleterre du début du XIXe siècle, mais les problèmes que soulève la pièce reflètent le climat politique contemporain : corruptions, ambitions, adaptabilité aux différents régimes politiques, compromissions diverses. À bien des égards, *Richard Darlington* est une pièce « à allusions », vouée à créer la polémique. Pourtant Dumas n'y croit guère, malgré une intrigue à rebondissements et le choix du génial Lemaître pour incarner Richard. L'intrigue est terrible. Après avoir épousé Jenny à l'acte I, les ambitions de Richard grandissent à l'acte II ; le roi lui fait même espérer les plus hauts honneurs, à condition qu'il épouse une aristocrate ; bien que déjà marié, il convoite mademoiselle Da Silva. Jenny devient gênante et Richard doit s'en débarrasser s'il veut gravir tous les degrés de l'échelle sociale. À cette étape de l'intrigue, Beudin et Goubaux avaient hésité en écrivant leur pièce : comment éliminer l'encombrante épouse ? Ils avaient songé au poison ou au poignard, mais Dumas les avait jugés d'une affligeante banalité et suggéré une solution plus radicale : « Il la fout par la fenêtre. » L'idée est efficace mais sa réalisation scénique périlleuse. Dumas, en homme de scène, se souvient peut-être du balcon d'*Antony* quand il propose que Jenny soit défenestrée par Richard : celui-ci entraînerait la victime sur le fatal balcon, fermerait les volets et pourrait ainsi la précipiter dans le vide en dérobant cette atrocité au public. L'effet produit est double : Dumas respecte les bienséances qui imposent qu'on ne montre pas d'actions aussi violentes sur scène, mais il accroît par ailleurs le caractère sordide de l'assassinat. On est loin du balcon lyrique de *Roméo et Juliette* ! Goubaux et Beudin se félicitent décidément d'avoir choisi ce collaborateur à l'imagination fertile. Le soir de la première, ce passage est du plus grand effet sur le public. Dumas qui ne croyait guère en ce mélodrame est surpris par l'accueil enthousiaste que lui réserve le public. Les nombreuses allusions politiques ont fait réagir la salle qui applaudit frénétiquement le dénouement extraordinaire.

Le clou du spectacle repose sur la révélation finale de l'identité du père de Richard Darlington, qui n'est autre que l'exécuteur des hautes œuvres :

MAWBRAY. Moi-même... (*montrant Richard.*) Voilà mon fils !
DA SILVA. Donc, vous êtes ?...
MAWBRAY. Le bourreau.

(*Richard tombe anéanti*[9].)

Rien de pire qu'être fils du bourreau : une telle situation exclut à jamais de la société. Ce drame de l'échec politique et de l'hérédité fatale dit tout ensemble la malédiction sociale et la malédiction du sang. Comme Antony, Richard est un maudit et la salle est embarquée par cette fatalité moderne. Dans les couloirs de l'Odéon, la foule des grands soirs se presse ; Dumas croise Musset qui lui dit simplement : « J'étouffe[10] ». Non sans raison. L'intrigue enserre, en effet, Richard dans un terrible étau, jusqu'à le broyer, jusqu'à rendre oppressante l'atmosphère du mélodrame. Harel, lui, respire à pleins poumons et se frotte les mains. La violence fait recette, au point qu'il supplie Dumas de sortir de son anonymat, billets en main. Si Dumas avoue être l'un des auteurs, la publicité n'en sera que plus grande. Mais Dumas se drape dans une vertu que nul crissement de billet ne vrille : il n'a pas eu l'idée originale de la pièce, il ne la reconnaîtra pas.

À la fin de l'année 1831, Dumas éprouve des sentiments contradictoires. Il vient de triompher avec une pièce dont il n'est pas l'auteur, alors que *Charles VII*, fruit de son travail et de sa pensée, n'a pas eu le succès escompté. Le salut et la fortune viendraient-ils de l'écriture en collaboration ? Sur le plan personnel, le fantôme de Mélanie Waldor hante les premières de ses pièces et son esprit. Telle une vision culpabilisante, elle le poursuit et il ne parvient pas tout à fait à s'en détacher. Installé avec Belle et sa mère square d'Orléans depuis l'automne, il s'afflige de la politique de la monarchie de Juillet. Le mois de novembre 1831 confirme sa désillusion.

À Lyon, la révolte des canuts est réprimée par Louis-Philippe, qui abhorre les « rouges » et autres saint-simoniens, accusés de tous les maux. Il fait envoyer des troupes, maîtrise les ouvriers révoltés et l'ordre règne à Lyon. À l'extérieur, le tableau n'est guère plus réjouissant. L'insurrection polonaise est matée par les Russes, Varsovie tombe. Sébastiani, ministre des Affaires étrangères, annonce au Conseil des ministres que « la tranquillité » règne à Varsovie. C'est, en effet, le silence de la mort et l'ordre des cadavres qui planent sur la capitale polonaise. Des milliers de Polonais fuient leur pays ; beaucoup trouvent refuge en France, tel Frédéric Chopin, qui arrive à Paris en novembre 1831. Lyon, Varsovie... Dumas l'idéaliste voit douloureusement se déliter les petites espérances qu'il avait placées dans le nouveau gouvernement. Elle est loin la ferveur de juillet 1830. L'inquiétude est partout, jusque dans les colonnes des journaux qui annoncent l'arrivée imminente de la comète de Biela.

Dumas songe moins à l'astéroïde qu'à la manière d'orienter sa carrière d'homme de lettres. Le 15 décembre 1831, il a publié dans la jeune *Revue des Deux Mondes* trois *Scènes historiques*, dont le titre théâtral est trompeur, puisqu'il s'agit de récits. Les scènes historiques, narratives et dialoguées, connaissent un réel engouement depuis la Restauration et cette publication témoigne de l'attention de Dumas aux différentes formes de représentation de l'Histoire qui fleurissent à son époque, sur scène et dans la presse. Avant même les grands cycles romanesques des années 1840, Dumas pose un premier jalon de ce qui fera sa gloire, le roman historique. C'est une nouvelle expérience littéaire pour lui. Le théâtre reste néanmoins sa grande préoccupation. Bocage, qui est las de jouer le jeune premier, ténébreux et inconsolé, voudrait créer un vieillard, autrement dit un rôle de composition. Anicet-Bourgeois a tracé le canevas d'un drame, *Térésa*, que Dumas emporte à Villers-Cotterêts. Entre deux chasses, il le recompose à sa guise. Après tout, *Richard Darlington* lui a réussi, pourquoi ne pas tenter cette nouvelle collaboration ?

Le 6 février 1832, Dumas remporte un vif succès avec *Térésa*, créée dans la salle Ventadour de l'Opéra-Comique. C'est encore une sordide histoire d'adultère, rehaussée d'une éruption volcanique qui fait écho à celle du Vésuve, le 23 décembre 1831. Ce ressort dit bien tout ce qui rattache la pièce au mélodrame. Ceux qui estiment que le théâtre de Dumas n'est pas de très haute qualité font la fine bouche. Dumas puise trop dans les effets éculés du mélo pour avoir la dignité d'un poète dramatique. L'auteur est conscient de sa posture. Flatté d'avoir obtenu les suffrages du public, il reste lucide face aux « insuffisances » artistiques de *Térésa* et refuse de la transformer en trois actes pour qu'elle entre au répertoire de la Comédie-Française. D'autres préoccupations interfèrent dans son esprit. Au cours de répétitions, il a repéré Mlle Ida, qui incarne la jeune Amélie. Blonde, pulpeuse, rieuse, elle est de la lignée d'Aglaé et de Laure. Pendant les répétitions, elle minaude, badine et finit par se livrer aux plaisirs qu'engendrent les succès de scène. Une nouvelle femme entre dans la vie d'Alexandre et bientôt Belle ne sera plus qu'un souvenir. Sollicité par

Mlle Dupont de la Comédie-Française, Dumas compose une comédie en un acte, *Le Mari de la veuve*, manière discrète de revenir vers ce théâtre avec qui ses rapports ont été bien conflictuels. Ce retour vers la première scène française s'accompagne d'une conciliation avec Mlle Mars, qui accepte de jouer l'Adèle d'*Antony*, moyennant quelques ajustements. Cette fois Dumas accepte et les échanges avec la sociétaire sont du meilleur ton. La première est fixée au 4 avril. Mais le printemps 1832 est fatal. Depuis plusieurs mois, un mal qui répand la terreur avance inexorablement vers la France, une épidémie de choléra partie des bords du Gange qui poursuit sa course vers l'Occident. Pendant les dernières répétitions du *Mari de la veuve*, titre devenu de circonstance, le choléra fait son entrée dans Paris et déjà des victimes. Dès les premiers jours d'avril, l'épidémie s'étend et les salles se vident. Les Parisiens restent chez eux, baignés de camphre et de chlore, emmitouflés dans la flanelle qui, dit-on, prémunit du mal. En temps de crise, rumeurs urbaines et charlatanisme rivalisent dans la surenchère macabre. Quelqu'un aurait vu des émissaires du gouvernement empoisonner les fontaines, en représailles contre ce peuple aux velléités révolutionnaires. D'autres inventent des potions magiques à prix d'or qui, loin de guérir les malades, les expédient un peu plus vite dans l'autre monde. Comme beaucoup de Parisiens, Alexandre fuit d'abord le choléra, mais le mal le suit jusqu'à Nogent-le-Rotrou où il a trouvé refuge. Il revient donc à Paris, au moment le plus fort du pic de létalité. En ce début d'avril, après une visite de Liszt et de Louis Boulanger, Dumas ne se sent pas bien, frissonne, titube et tombe. Il a contracté ce mal terrible qui noircit les visages, vide les corps et vient de foudroyer Musset-Pathay, le père d'Alfred. Mais Alexandre est robuste, on le fait transpirer pour lutter contre la fièvre ; quelques heures plus tard, il est hors de danger, sans doute sauvé par sa solide corpulence. Il subira encore des accès de fièvre pendant plusieurs semaines.

Paris offre un tableau de désolation. Les corbillards se suivent en interminables cordons, superbement décrits par Chateaubriand :

> Dans la rue de Sèvres, les corbillards allaient et venaient de porte en porte. Ils ne pouvaient suffire aux demandes. On leur criait par les fenêtres : « corbillard par ici ». Le cocher répondait qu'il était chargé et ne pouvait servir tout le monde. Un de mes amis qui venait dîner chez moi le jour de Pâques, arrivé au boulevard du Montparnasse, fut arrêté par une succession de bières presque toutes à portée de bras.
>
> Il aperçut dans cette procession le cercueil d'une jeune fille sur lequel était déposé une couronne de roses blanches. Une odeur de chlore formait une atmosphère empestée à la suite de cette ambulance fleurie[11].

Le commerce et la vie culturelle sont suspendus à la mort qui égrène ses tombereaux de cadavres. Voilà qui ne fait pas du tout les affaires d'Harel qui, malgré le choléra, talonne Dumas pour qu'il écrive une nouvelle pièce. Les caisses de la Porte-Saint-Martin sont vides, il lui faut urgemment un succès. Harel a suggéré à Dumas de reprendre un mélodrame historique assez maladroitement ficelé par un certain Frédéric Gaillardet et dont l'action se situe à Paris sous le règne de Louis X le Hutin. Un drame bien sanglant et bien noir, remède cathartique tout trouvé pour ces temps désolés ! Dumas, ébranlé par l'atteinte cholérique, repousse d'abord l'offre avant de se laisser convaincre. *La Tour de Nesle* (c'est son titre) est une chronique du Paris disparu cher aux romantiques. Du fond de son lit, Dumas essaie de faire diversion à la maladie en lisant le manuscrit. Une intuition forte le traverse, il sent qu'il tient un sujet. Les cruels agissements de Marguerite de Bourgogne n'auront d'intérêt que si un retour offensif du passé s'incarne en une figure sortie de l'ombre ! Ce sera Buridan, personnage brodé à partir d'une figure ayant réellement existé. Dumas vient d'inventer les diaboliques : Marguerite et Buridan, parents criminels de deux jeunes chevaliers, Philippe et Gaultier d'Aulnay. Dumas décide de tout refondre, à la condition expresse qu'Harel dépossède Gaillardet de son manuscrit (par contrat), tout en laissant l'anonymat à Dumas. Pourquoi renoncer à reconnaître une œuvre ? Les désirs élitaires de Dumas se heurtent une nouvelle fois aux nécessités matérielles. Il ne veut pas d'une demi-gloire théâtrale, ni même d'un succès de mélodrame. Par ailleurs, l'écriture en collaboration ou la récriture d'une œuvre déjà composée ne satisfont pas l'exigence personnelle de l'auteur. Mais il a besoin d'argent, et il réédifie entièrement *La Tour de Nesle*, dont la première est fixée au 2 mai 1832. La pièce suscite triomphe et commotion. Les Labdacides sont revenus à l'époque de Louis-Philippe traîner leurs fatales destinées sur les planches. Marguerite de Bourgogne, dévoreuse d'hommes, fait égorger au petit matin tous les amants qu'elle consomme la nuit dans la lugubre tour de Nesle. La rumeur de ces horreurs court dans Paris. Comble de l'épouvante, Marguerite a convié deux jeunes et beaux damoiseaux, Philippe et Gaultier d'Aulnay, dont chacun sait qu'ils sont le fruit de ses amours avec le cynique Buridan. Aux crimes s'ajoute l'inceste. Mlle George est somptueusement féroce dans ce rôle de mère-amante-criminelle. Minuit se tait, la salle est suspendue aux monstrueux quiproquos d'un drame aussi dérangeant que fascinant. Tonnerre d'applaudissements. Après l'adultère sous toutes les coutures, voici l'inceste à tous les étages de la tour. Dumas n'a plus de limites. La *Gazette des théâtres* donne le ton :

> C'est l'horrible vie d'une autre Jocaste développée avec des tableaux de mœurs féodales, d'habitudes du Moyen Âge. Voilà cette longue suite de crimes, de monstruosités dont des reines, des princesses, des seigneurs sont les acteurs, pour ainsi dire privilégiés. Y trouve-t-on de la vérité historique, des caractères tracés avec énergie, de la suite, de la vraisemblance dans les incidents ? Non, mais de l'intérêt, un puissant intérêt de la terreur, et de tous ces grands effets de scène qui ne manquent jamais de saisir la multitude, d'exciter sa curiosité. *La Tour de Nesle* est un mélodrame comme on en faisait il y a vingt ans, mais mieux écrit, monté avec soin[12].

Le succès du drame signe pour Dumas l'entrée dans une période de procès et de déconvenues. Gaillardet s'avère un auteur chicaneur, vaniteux et très soucieux de sa propriété littéraire. Après plusieurs tractations avec Harel, on décide que la pièce aura deux auteurs mais que n'apparaîtra sur l'affiche que le nom de Gaillardet. Ces stratégies ne sont rien comparées aux filouteries d'Harel qui, le lendemain de la première, fait précéder le nom de Gaillardet de la mention « MM. *** ». Le mystère des trois étoiles est un secret de polichinelle, puisque le nom de Dumas circule déjà. Qui, sinon Dumas, pourrait oser de telles audaces ? Dépossédé de sa gloire, le jeune Gaillardet attaque tous azimuts, pleure et se plaint dans la presse, exige réparation. Jusqu'alors conciliant, Dumas sort de son calme.

> Maintenant, si M. Gaillardet trouve que le public n'est pas encore assez au courant de cette pauvre affaire, qu'il convoque l'arbitrage de deux ou trois hommes de lettres, à son choix ; qu'il arrive devant eux avec son manuscrit et moi avec le mien ; ils jugeront alors de quel côté est la délicatesse et de quel côté est l'ingratitude[13].

Dumas est las de ces querelles, pas tout à fait remis du choléra, à peine consolé par le succès conflictuel de sa *Tour de Nesle*. En ce printemps 1832, Paris est décidément capitale de la douleur : le 1er juin meurt le général Lamarque, héros républicain, un peu encombrant pour Louis-Philippe. Le 5 juin, le cortège funèbre du général rassemble tous les malcontents, notamment les républicains les plus engagés à gauche. Alexandre est parmi eux qui, en la circonstance, a été désigné commissaire de l'artillerie. La foule se presse et se densifie à mesure que le cortège avance. Dumas, encore faible, doit abandonner la procession pour se restaurer, se reposer. Dans l'après-midi, les obsèques tournent mal, le gouvernement serre les dents, prêt à faire feu sur les plus radicaux. L'émeute se répand dans la capitale et Dumas, démuni d'armes, se rend à la Porte-Saint-Martin, exigeant de Harel les pistolets utilisés pour *Richard Darlington*. Bientôt, c'est tout un groupe d'insurgés qui assiège le théâtre, réclamant des armes. Dumas joue les médiateurs et calme les ardeurs des uns et les craintes du directeur. Le lendemain, 6 juin, Dumas apprend que les plus récalcitrants se font massacrer à Saint-Merri. Varsovie, Lyon, et maintenant Paris disent adieu au rêve d'une monarchie éclairée. Épuisé par la maladie, les aléas de *La Tour de Nesle* et la désillusion politique, Alexandre Dumas ne songe qu'à fuir l'air trop lourd de la capitale. Mais le pourrait-il, lui qui vient de mourir au cours de l'insurrection ? Quelques jours après les événements en effet, Dumas apprend dans la presse qu'il est mort en héros, « jugé militairement pendant la nuit et fusillé à trois heures du matin[14] ». En lisant cet obituaire, Dumas se sent ragaillardi et l'humour de Charles Nodier ajoute un soupçon de drôlerie macabre à la situation :

> Mon cher Dumas,
> Le bruit court que vous avez été saisi parmi les rangs des émeutiers et passé par les armes.
> Si vous n'avez pas été fusillé, venez dîner ce soir avec nous, et si vous avez été fusillé, venez tout de même[15].

Rien de tel qu'un voyage pour renaître. Mais les fonds manquent. Dumas sollicite le baron Taylor, afin que ses pièces soient jouées souvent et qu'il obtienne des rentrées substantielles. Un nouvel engagement le lie à Harel : *Le Fils de l'émigré* fait tomber quelque argent dans sa bourse. Dumas a également signé un contrat avec Buloz, l'influent directeur de la *Revue des Deux Mondes*, à qui il promet un récit de son voyage sous forme d'impressions subjectives. Une nouvelle expérience littéraire où Dumas excellera. Comme Perrette, il compte ce que lui rapporteront ses manuscrits, multiplie les contrats, dit « oui » à tout et se met les fers aux pieds et aux mains. Désormais, Dumas est un auteur aux abois, harcelé par les libraires, les éditeurs, les directeurs de théâtre, les patrons de presse qui réclament leur dû.

La Suisse est tout indiquée pour un convalescent qui ressent encore les atteintes cholériques. Depuis la fin du XVIIIe siècle, après Senancour, Benjamin Constant et Mme de Staël, la patrie de Rousseau est considérée comme l'un des berceaux du romantisme, rendue plus populaire encore grâce au *Wilhem Tell* (1804) de Schiller et à son adaptation opératique par Rossini en 1829. Bol d'air ou pèlerinage littéraire ? Plus que d'un retour aux sources du romantisme, Dumas a besoin de respirer loin de l'agitation qui, un an plus tôt, l'avait conduit à Trouville. Cette fois, le voyage sera plus long, inaugurant une série de périples qui marqueront sa vie et son écriture. À la fin de juillet 1832, Dumas quitte Paris, laisse femmes et enfants, n'emportant avec lui que Belle, toujours fidèle, malgré la présence récente d'Ida dans sa vie. Dumas suit l'itinéraire habituel des voyageurs qui se rendent en Suisse ou en Italie : Chalon-sur-Saône, Lyon. De là, une voiture les conduit à Genève, où ils arrivent le 31 juillet. Dumas sacrifie aux pèlerinages littéraires, salue la mémoire de Voltaire à Ferney. À Coppet, il se désole que les lieux attachés au nom de la reine de l'esprit, Mme de Staël, soient vides de tout souvenir. Des activités plus sportives sont au rendez-vous, chasses, promenades, excursions pédestres. Dumas recouvre ses forces en découvrant des paysages qui l'enchantent. L'écriture personnelle, loin de sommeiller dans les alpages, affleure, libérant une sève nouvelle. Les pages qu'il tire de ce voyage sont belles, variées dans leur ton, associant un souffle lyrique à une méditation sur sa condition de voyageur. Dumas a une perception essentiellement sensuelle des décors qu'il traverse.

> C'est vraiment une merveille que les lacs de Suisse et de Savoie, avec leurs eaux bleues et transparentes qui laissent voir le fond à quatre-vingts pieds de profondeur. Il faut être arrivé sur leurs bords, encore tout pollués comme nous l'étions des bains de notre Seine bourbeuse, pour se faire une idée de la volupté avec laquelle nous nous y précipitâmes[16].

Dumas, qui admire Lamartine, a un rapport plus charnel que lui avec les éléments. Il s'imprègne aussi d'une foule d'anecdotes amusantes, toutes vivantes, toutes animées du plaisir des rencontres. Une réelle joie de plume se devine dans ses impressions, auxquelles Dumas ajoute un art de la causerie avec son lecteur. Trois mois dans les Alpes suisses, françaises et italiennes et Alexandre Dumas retrouve un souffle neuf, celui d'un créateur nourri d'un été pérégrin.

De retour à Paris fin septembre, Dumas ramasse les débris du *Fils de l'émigré*, tombé en son absence le 28 août 1832. La pièce n'a pas tenu dix représentations, malgré le contre-emploi de Mlle George en femme du peuple. Politiquement incorrect, le drame a été censuré par le public et la critique. Dumas, éreinté dans les journaux, est accusé du pire mauvais goût : « des horreurs accumulées sans intérêt, un style archistupide[17] », affirme un journaliste. Son talent serait usé, fini. « La curée avait été complète ; il ne me restait plus un lambeau de chair sur les os[18] », note-t-il. Le monde du théâtre lui bat froid, à commencer par Hugo, qui prend ses distances. « Des amis communs nous avaient à peu près brouillés[19] », explique sommairement Dumas. Le 22 novembre 1832, Dumas n'assiste pas à la première du *Roi s'amuse*. La pièce, interdite le lendemain sur l'ordre de Thiers, montre François Ier en soudard et en violeur. C'est décidément une mauvaise passe pour les romantiques. Échec au théâtre, échec à l'amitié. Le cœur se reploie et Dumas renonce, un temps du moins, aux fastes de la scène.

À ces déceptions s'ajoutent des soucis matériels et existentiels. Le marcheur, le temps d'un été, a oublié qu'être auteur de théâtre est une lutte, que mener plusieurs liaisons de front implique mensonges et conflits, *a fortiori* quand des enfants grandissent et qu'il faut les éduquer. Dumas doute ; pense-t-il sérieusement arrêter d'écrire des pièces ? La « ménagerie » — directeurs, critiques, acteurs et maintenant censeurs — a, pour l'instant, raison de son enthousiasme. Mais toujours poussé vers de nouveaux rivages, en cette fin d'année 1832, il songe à un grand livre d'histoire, *Gaule et France*, commencé au printemps 1832. Sans doute veut-il faire une œuvre sérieuse, afin de faire taire les méchantes langues qui le considèrent comme un faiseur, non comme l'écrivain rigoureux et érudit qu'il prétend être. Grâce à cet ambitieux ouvrage, il apprendra aux lecteurs les origines de la nation, non sans projeter une vision idéaliste de la France. Alexandre Dumas lit les historiens, les pille aussi, collectant toutes les informations nécessaires à l'élaboration d'une épopée nationale et populaire. Ce travail, qui le passionne, annonce sa manière romanesque, les fondements d'une « technique » promise à faire florès : fournir au lecteur des éléments historiquement exacts, leur donner un souffle et des visages, embellis ou enlaidis par la fiction. L'ouvrage, qui paraît en 1833, connaît un beau succès de librairie et prouve à Dumas qu'il peut parfaitement réussir seul, sans s'adjoindre l'aide de collaborateurs.

Durant les premières semaines de l'année 1833, les yeux des Parisiens sont tournés vers la citadelle de Blaye, où l'inénarrable duchesse de Berry a été emprisonnée après une tentative de soulèvement de la Vendée, en novembre. Une polémique s'enfle dans la presse, les carlistes défendant leur idole, tandis que les organes de gauche se gaussent des prétentions de la duchesse et de sa soi-disant « fatigue », qu'ils imputent à une grossesse dissimulée. Cette polémique entraîne une série de duels ; Dumas, dont les opinions républicaines sont connues, est prêt à tirer l'épée ou le pistolet pour se ranger aux côtés d'Armand Carrel, qui représente les républicains contre les carlistes. Carrel se bat, est blessé. Dumas, qui ne veut pas être en reste, cherche un royaliste à défier. Il jette son dévolu sur Hyacinthe du Bois de Beauchêne, gentilhomme campagnard qu'il connaît bien. L'éloignement des deux bretteurs les arrange bien l'un et l'autre. On lance la provocation, mais le duel n'aura pas lieu, et c'est tant mieux car personne n'y tient vraiment. Un autre conflit, plus insidieux peut-être, l'oppose à Victor Hugo, qui fait jouer en février 1833 sa *Lucrèce Borgia* à la Porte-Saint-Martin, avec Mlle George dans le rôle-titre. Est-ce jalousie ou jugement objectif, mais Dumas critique vertement la pièce, portée au pinacle par la critique, adorée des spectateurs. Hugo aurait emprunté à Dumas les ressorts de *La Tour de Nesle* et sa terrible Lucrèce Borgia ne serait que le décalque de Marguerite de Bourgogne. Dumas, qui juge la pièce « exécrable », exagère. Les intrigues n'ont en commun que le climat nocturne qui les nimbe et le quiproquo incestueux qui les noue. Style et enjeux esthétiques divergent. Hugo invente des métaphores superbes — « c'est un ducat d'or à l'effigie de Satan[20] », dit l'un des personnages à propos de Lucrèce. Là où Dumas crée des situations d'une violence inouïe, Hugo ajoute une langue aussi noire, aussi brillante que le jais. Marguerite est une goule assoiffée de sexe, Lucrèce est une âme sombre, déchirée par la nécessité du repentir (motif très hugolien). Le succès de Hugo agace Dumas, qui se tourne vers la rédaction d'un nouvel opus, *Vendée et Madame*, inspiré par la chevauchée de Marie-Caroline de

Berry. Dumas oscille entre besoin de fuir et mondanités.

Le 18 mars, Louis-Philippe donne une fête aux Tuileries, Dumas n'est pas sur la liste des invités. Ses amitiés républicaines, son engagement lors des funérailles du général Lamarque ne sont sans doute pas étrangers à son absence. Qu'à cela ne tienne, on donne un bal au palais, il donnera une fête rue Saint-Lazare ! Fête pour fête. Dumas voit grand, il compte sur trois cents convives. Tout ce que Paris compte de notoriétés littéraires, politiques et plus généralement artistiques, sera au rendez-vous. On pousse les murs ; un appartement vacant sur le même palier est réquisitionné. Les fastes sont dignes de Sardanapale. Alexandre, qui a ses entrées dans les ateliers, fait décorer les lieux comme un théâtre. Les plus talentueux pinceaux répondent présents. Ciceri, célèbre décorateur, peint stucs et trompe-l'œil. Delacroix, les frères Johannot et le jeune Célestin Nanteuil ornent portes, fenêtres et panneaux entiers. L'appartement se transforme en un palais éphémère qui n'aurait pas déplu à Visconti, tout de démesure baroque. Le plaisir des yeux satisfait, il faut penser aux plaisirs de la bouche. Des venaisons s'imposent. Dumas chasse lui-même chevreuils et lièvres qu'il négocie contre des victuailles ou fait accommoder. Le soir du 30 mars, c'est un véritable carnaval schumannien qui défile chez Dumas, masques et bergamasques, loups et bergères, rois et Figaro. La présence de célébrités témoigne de sa notoriété et du large réseau relationnel que l'écrivain s'est tissé depuis dix ans qu'il vit à Paris. Alexandre porte beau en seigneur de la

Renaissance, à la manière d'un portrait de Titien. Mlle George est vêtue d'un costume champêtre tandis que Musset serait apparu en Paillasse. Aux dires de Dumas, on aurait atteint les sept cents convives — le chiffre paraît exorbitant. Ce bal, aussi démesuré que celui de la *Symphonie fantastique* de Berlioz, marque l'apogée d'Alexandre le romantique. Mais sous les dominos et derrière les masques, un seul ami vous manque, et tout est dépeuplé. Point de Victor Hugo. Il ne s'est pas déplacé.

Depuis la création de *Térésa*, Ida Ferrier réclame un rôle à Alexandre. Elle l'incite à renouer avec les planches. Dumas écrit *Angèle* à partir d'un canevas d'Anicet-Bourgeois. Ce nouveau drame « en habits noirs » combine habilement les thèmes de prédilection d'Alexandre Dumas : un jeune arriviste, Almivar, séduit et engrosse une riche héritière, Angèle, pour parvenir socialement à une belle position. Une intrigue toute balzacienne qui se corse quand Almivar courtise sa belle-mère, encore désirable et surtout plus influente que sa fille. Fort heureusement, le docteur Muller, très amoureux d'Angèle, sauve l'honneur en tuant le parvenu en duel et en épousant la jeune femme. Malgré une fin morale, le drame a de quoi choquer et donc émoustiller le public. Dumas veut qu'il soit rapidement mis en répétition ; il croit en cette pièce dont il veut être le seul auteur sur l'affiche. Mais Harel a promis à Hugo qu'on jouerait sa *Marie Tudor* à l'automne 1833, avec Mlle George dans le rôle-titre. Entre les tractations et la représentation de la pièce, plusieurs polémiques personnelles vont interférer dans la vie publique de Dumas. C'est d'abord « l'affaire »

George Sand. En juin 1833 (probablement le 17), Buloz convie les auteurs de la *Revue des Deux Mondes* à un dîner ; Dumas, Sand, Musset, le critique Gustave Planche sont attablés ensemble. Maladresse ou provocation volontaire, Dumas fait une allusion quelque peu balourde à ce que chacun sait mais tait, les câlineries entre Sand et Marie Dorval. Or Sand est piquée au vif, se dit insultée devant Planche, l'amant du moment. Quelques jours plus tard, elle vient en personne provoquer Dumas en duel. Hors de question de se battre avec ce bas-bleu en pantalon ; Dumas se dit prêt à répondre à l'offense, mais à un homme. Témoin de l'affront, le critique Planche est tout désigné. Planche ne se dérobe pas, mais souffrant d'ophtalmie, il sursoit le rendez-vous. Finalement, Dumas obtient de Planche qu'il se dédise par écrit en affirmant qu'il n'est pas l'amant de Sand. L'affaire est ainsi classée grâce à un faux. Entre-temps, Sand a d'ailleurs capturé une nouvelle proie en la personne d'Alfred de Musset. Vient ensuite l'affaire Hugo. Dumas fait paraître *Gaule et France* au début de l'automne ; il est violemment étrillé par Granier de Cassagnac, séide de Hugo, qui vient de le faire entrer au *Journal des débats*. En guise d'allégeance, Granier tend à Hugo un article qui fait son éloge en détruisant la réputation de Dumas. La stratégie est connue : on démolit l'un pour édifier l'autre. Hugo hésite, l'article est d'une telle mauvaise foi que sa parution pourrait se retourner contre lui. Plus stratège que mauvais, Hugo juge sage de se concentrer sur la première de *Marie Tudor* qui s'annonce difficile, la pièce ayant essuyé une campagne de presse plutôt défavorable.

Ida trépigne d'impatience de jouer *Angèle*, mais le drame de Hugo a la primeur. Or Harel, fin limier, comprend vite que *Marie Tudor* n'aura pas le succès escompté tant la pièce a été éreintée avant même d'être jouée. Aussi prend-il une initiative on ne peut plus blessante pour Hugo : « Incessamment, *Marie Tudor*. Prochainement, *Angèle.* » Tout est dans le « prochainement », qui dit clairement que la pièce de Hugo ne tiendra pas longtemps l'affiche. Hugo est excédé, nourri dans sa colère par la jalousie de Juliette Drouet, dont la principale rivale est Ida Ferrier. Décidément, le torchon brûle par tous les bouts entre les auteurs et maintenant leurs compagnes illégitimes. Hugo n'a plus aucune raison de ménager Dumas et laisse paraître l'article de Granier de Cassagnac, dont il aurait même corrigé les épreuves :

Monsieur Dumas, nous allons vous le dire : Parce que Racine imitait et ne copiait pas ; parce que Racine refondait au feu de son génie les textes d'Euripide et de Sophocle, et que vous avez cousu à vos drames la prose des traductions de M. Ladvocat ; parce que Racine avait un style à lui, et que vous avez fait des centons avec le style des autres ; parce que Racine, en s'appropriant les beautés des littératures antiques, restait toujours Racine, et qu'on ne vous trouve nulle part que sous le masque de Schiller, ou de Goethe ; ou de Lope de Vega, ou de Walter Scott, ou de M. Victor Hugo ; et encore j'ai cité ceux-là, parce que leurs noms sont illustres, et leurs ouvrages connus comme les grands chemins ; mais est-ce que je sais, moi, dans quels livres vous êtes allé fouiller ? Est-ce que je sais s'il n'y a pas, dans vos drames, du turc, du chinois, du malabare ou du samoyede ? Pourquoi pas ? Parce que Buffon a dit que le style, c'est l'homme ; parce que d'autres, dont les noms ne viennent pas à ma mémoire, ont dit aussi que l'œuvre, c'était l'homme ; et qu'à ce compte, celui qui n'a pas de style, celui qui n'a pas d'œuvre, n'existe pas. Voilà pourquoi M. Dumas.

G[21].

Dumas est atterré. Selon son propre témoignage et les échanges qui suivent l'épisode, il aurait été moins en colère que profondément attristé. La belle fraternité qui l'unissait à Hugo n'était donc qu'un leurre ? Dumas, naïf à bien des égards, n'a sans doute pas suffisamment perçu les rivalités souterraines du théâtre, où les conflits de coulisses sont parfois plus violents que ceux de la scène. Pour l'heure, il écrit à Hugo pour lui dire qu'il sait tout des dessous de ce jeu bien misérable. Lui, en de telles circonstances, n'eût pas agi de même. Hugo répond par une lettre courte, se dédouane de manière paradoxale et propose d'éclaircir les choses de vive voix. Pour Dumas, c'est une affaire privée ; pour Hugo, c'est une histoire publique. Il livre à la presse la lettre de Dumas et sa propre réponse. Dumas n'en est que plus meurtri.

La polémique ne sert pas Hugo. *Marie Tudor* est désavouée par le public et Juliette Drouet, qui incarne Jane Talbot, est copieusement sifflée au dernier acte. Même Hugo, porté aux nues avec *Lucrèce Borgia*, est conspué. La jeune actrice est tant affectée par cette gifle qu'elle tombe malade. Ironie du sort, Harel n'a qu'Ida Ferrier en réserve pour reprendre le rôle de Jane. Dumas est doublement vengé sans avoir voulu l'être. D'un naturel peu rancunier, il sait toutefois qu'un échec romantique au théâtre n'est bon pour personne. Et puis, il admire trop Hugo pour ne pas souffrir que son talent soit dénigré, quelle que soit son amertume après l'affaire Granier de Cassagnac. L'heure est à la guerre froide.

Les élans sensuels consolent des déceptions fraternelles. Depuis leur rencontre en avril 1830 au lendemain de *Christine*, Dorval et Dumas sont attirés l'un vers l'autre. Une dilection fondée sur l'amour du théâtre et le goût du jeu. Il éprouve une admiration amusée pour l'actrice qui a élevé *Antony* au rang de chef-d'œuvre. Au début de l'année 1834, on parle d'ailleurs de reprendre le drame à la Comédie-Française avec son égérie dans le rôle d'Adèle ; l'affaire s'arrange et rapproche les deux complices. Dorval est une femme d'expérience sur les planches comme en amour ; tendrement fidèle à Vigny, qui l'aime d'un amour sincère, elle n'a pas fait la mijaurée face aux élans de Sand. Mais elle apprécie aussi la fougue du séduisant Dumas, qui ne se contente pas de parler d'amour en vers et en prose, mais pratique ardemment cet art. Alfred est son « ange », Alexandre sera sa bête et son « bon chien », comme elle aime à le nommer dans ses lettres. Pendant qu'Ida fait de son mieux en répétant *Angèle*, Dumas joue une tout autre scène à Dorval, qu'il rejoint à Rouen, accompagne à Bordeaux. Une liaison plutôt tendre pour réchauffer un décembre glacial.

Rappelé à Paris pour la première d'*Angèle*, Dumas recueille les lauriers du succès. La critique considère la pièce comme l'une des meilleures, qui concilie la violence morale, une fin qui punit le méchant et cautérise les plaies. Il faut dire que l'écriture d'*Angèle* est séduisante. Tout en conservant la tonicité du dialogue, déjà à l'œuvre dans *Antony*, Dumas a introduit des nuances, limité les hyperboles et les exclamations. Les lamentos d'Angèle, femme bafouée, sont touchants de vérité. Si le drame présente bien quelques « ficelles » un peu visibles, la conduite du dialogue et de l'intrigue sont maîtrisées, efficaces. La presse dramatique, qui le plus souvent résume la pièce et commente le jeu des acteurs, s'intéresse cette fois à l'auteur. Le 15 janvier 1834, la *Revue des Deux Mondes* consacre un long article à *Angèle*, mais surtout à Dumas. Le profil psychologique du créateur est établi pour mieux comprendre la puissance de son œuvre.

M. Dumas est une des plus curieuses expressions de l'époque actuelle. Passionné par tempérament, rusé par instinct, courageux par vanité, bon de cœur, faible de raison, imprévoyant de caractère, c'est tout Antony pour l'amour, c'est presque Richard pour l'ambition ; ce ne sera jamais Sentinelli pour la vengeance. Superstitieux quand il pense, religieux quand il écrit, sceptique quand il parle, Nègre d'origine et Français de naissance, il est léger même dans ses plus fougueuses ardeurs ; son sang est une lave, sa pensée une étincelle : l'être le moins logicien qui soit, le plus anti-musical que je connaisse, menteur en sa qualité de poëte, avide en sa qualité d'artiste, généreux parce qu'il est artiste et poëte : trop libéral en amitié, trop despote en amour ; vain comme femme, ferme comme homme, égoïste comme Dieu ! franc avec indiscrétion, obligeant sans discernement, oublieux jusqu'à l'insouciance, vagabond de corps et d'âme, cosmopolite par goût, patriote d'opinion, riche en illusion et en caprice, pauvre de sagesse et d'expérience ; gai d'esprit, médisant de langage, spirituel d'à-propos ; Don Juan la nuit, Alcibiade le jour ; véritable Protée échappant à tous et à lui-même ; aussi aimable par ses défauts que par ses qualités ; plus séduisant par ses vices que par ses vertus : voilà Dumas tel qu'on l'aime, tel qu'il est, où du moins tel qu'il me paraît en ce moment : car, obligé de l'évoquer pour le peindre, je n'ose affirmer qu'en face du fantôme qui pose devant moi je ne sois pas sous quelque charme magique ou sous quelque magnétique influence[22].

En ce début d'année 1834, Dumas a essayé presque tous les genres dramatiques. Certaines pièces ont déplu, d'autres ont transporté la salle. Telles les montagnes russes, les gloires du théâtre montent et descendent. Pour *La Vénitienne* et *Catherine Howard*, pièce écrite à partir d'*Édith aux longs cheveux*, c'est le creux de la vague. *Catherine Howard* est un drame éblouissant d'invraisemblances et de situations plus extrêmes les unes que les autres. Tout le monde connaît l'histoire sanglante du règne d'Henri VIII, dont Catherine fut l'une des épouses. En la circonstance, la vérité historique importe peu à Dumas qui noue une intrigue autour d'une bague et d'un emprisonnement, le tout se terminant par une scène sidérante : la décollation de la reine par son amant déguisé en bourreau ! En 1834, ces horreurs commencent à lasser et Dumas est accusé du pire mauvais goût. Si l'esthétique du drame peut être discutée, la préface qu'il rédige au printemps 1834 ne manque pas d'intérêt. Justifiant tout un parcours d'auteur, Dumas y expose sa conception de l'Histoire mise en fiction et éclaire ses choix.

Catherine Howard est un drame extra-historique, une œuvre d'imagination procréée par ma fantaisie ; Henri VIII n'a été pour moi qu'un clou auquel j'ai attaché mon tableau.

Je me suis décidé à agir ainsi, parce qu'il m'a semblé qu'il était permis à l'homme qui avait fait du drame d'exception avec *Antony*, du drame de généralité avec *Térésa*, du drame politique avec *Richard Darlington*, du drame d'imagination avec *La Tour de Nesle*, du drame de circonstance avec *Napoléon*, du drame de mœurs avec *Angèle*, enfin du drame historique avec *Henri III*, *Christine* et *Charles VII*, de faire du drame extra-historique avec *Catherine Howard*. C'est un nouveau sentier que j'ai percé : voilà tout. À l'heure qu'il est, je suis déjà revenu au centre du carrefour où je loge, prêt à faire une trouée nouvelle... Où ? Qui le sait ! dans la tragédie antique peut-être[23].

Rares sont les textes théoriques de Dumas. Sa poétique est à glaner dans son œuvre, disséminée dans les dialogues ou les commentaires des personnages. Contrairement à Hugo qui accompagne toutes ses œuvres de passionnantes préfaces, Dumas n'a pas encore le goût d'éclairer ce qu'il écrit. Ou quand il le fait, l'analyse est rapide, conjoncturelle. Pourtant, dans la préface de *Catherine Howard* se dessine en creux une vision de la fiction historique selon les genres, prolégomènes qui nourriront l'imaginaire romanesque des grandes fresques des années 1840.

Au printemps 1834, la grande affaire est de faire jouer *Antony* aux Français ; la reprise est fixée le 28 avril. Dumas craint que les émeutes du 13 avril qui éclatent dans Paris ne la remettent à plus tard. Même si les événements politiques influent sur la programmation des théâtres, ce n'est pas dans la rue que va se dresser une barricade contre *Antony*, mais dans la presse. Quelques jours avant la reprise, l'académicien Antoine Jay s'indigne que le gouvernement de Thiers subventionne la Comédie-Française pour une œuvre aussi immorale qu'*Antony*. La polémique est lancée que rien n'arrête.

Depuis sa création en mai 1831, *Antony* a été souvent stigmatisé par les détracteurs de « l'école moderne » (le romantisme), au nom des bonnes mœurs et des convenances sociales : la pièce de Dumas magnifie, en effet, l'adultère et le bonheur dans le crime, sans compter les nombreux sous-entendus sexuels qu'elle expose. En somme, *Antony* accuse la société d'être criminogène : c'est elle qui est responsable de la mort d'Adèle. Au moment d'être joué sur la première scène française, le drame s'attire donc toute la vindicte des aristarques du goût et autres moralisateurs. Qu'une telle pièce soit jouée à la Porte-Saint-Martin, temple du mélodrame, cela peut s'entendre, mais dans la maison de Racine, c'est une outrecuidance intolérable ! Jay n'est d'ailleurs pas seulement académicien, il est aussi l'auteur de la *Conversion d'un romantique*, pamphlet publié en 1830 et dans lequel il attaquait déjà Dumas : « M. Dumas est-il original lorsqu'il met sur la scène le roman entier de Vander-Velde, *Christine de Suède ?* Je ne vois là qu'une servile imitation[24] », écrivait-il. Jay est un ennemi esthétique de Dumas. Mais les ramifications de haine ne se limitent pas aux débats artistiques. Jay est aussi rapporteur auprès du Parlement pour le budget alloué aux théâtres, position stratégique qui lui permet de barrer le chemin de Dumas. La plainte de Jay est entendue par Thiers, qui n'a pas la réputation d'être un gai luron et veut conserver la faveur du Parlement. La représentation d'*Antony* est suspendue.

Dumas fulmine. Il se rend en personne au ministère où il obtient une audience. Thiers ne décille pas et Dumas s'empourpre, claque les portes ; il attaquera le directeur du Français, Jouslin de La Salle, obtiendra réparation ! Au vrai, ce n'est pas tant l'argent qui motive sa colère que l'interdiction injuste de sa pièce. C'est une censure qui s'insinue et Dumas ne la tolère pas. Marie Dorval est affligée autant que son ami-amant. Elle répond à Jay à sa manière, adressant à l'académicien une couronne de roses blanches et un billet entouré d'une faveur :

Monsieur Étienne,
Voici une couronne jetée à mes pieds dans *Antony*, permettez-moi de la déposer sur votre tête. Je vous devais bien cet hommage ;

Personne ne sait davantage,
Combien vous l'avez méritée.

(*Joconde*, paroles d'Étienne, musique de *Nicolo*)
Marie DORVAL[25]

Symboliquement coiffé de cette couronne fanée, Jay devient une rosière grotesque, à moins que l'ironie de Dorval aille jusqu'à assimiler l'ornement floral à une couronne mortuaire... C'est cependant la seule vengeance qu'obtiendront Dumas et Dorval. Certes, Dumas gagne son procès contre la Comédie-Française, mais qu'importe le dédommagement si son chef-d'œuvre n'est pas joué ?

Une mauvaise passe appelle une autre déconvenue. C'est maintenant au tour de l'éditeur Barba de se mettre en travers de la route d'Alexandre. Ayant appris que Dumas a vendu à l'éditeur Charpentier son « théâtre complet », Barba, qui détient les droits de *Christine* (achetés à prix d'or), attaque son auteur. Cette affaire fait polémique, même si Charpentier et Dumas s'en tirent à bon compte. *L'Ours*, petit journal griffu qui se nourrit de ce genre d'affaires, publie l'article « Alexandre Dumas et le libraire Barba », dans lequel l'auteur est violemment attaqué, notamment sur ses débordements personnels.

> Comte, vicomte ou baron tout au moins ! va pour vicomte ! comme gentilhomme, M. le vicomte Alexandre Dumas est le plus mauvais sujet qu'on puisse imaginer, n'ayant ni souci, ni soins, homme de plaisirs et de fêtes, jetant par les fenêtres l'or, le vin et les femmes, un don juan, un Lovelace, un Faublas, un vulgaire Régent[26].

L'article atteint une zone sensible chez Dumas : son appartenance à l'aristocratie. Or toucher à cet aspect de son patrimoine, c'est attaquer ce qu'il y a de plus sacré au monde : son père. La réponse de Dumas est immédiate, à la mesure de l'affront. Il choisit ses témoins et provoque en duel Maurice Alhoy, directeur de *L'Ours* et plumitif de seconde zone. Dumas juge l'offense assez grave pour solliciter le plus illustre des témoins : Victor Hugo. Le billet qu'il adresse à son ancien ami respire la sincérité et le besoin de réconciliation : « Je vous attendrai demain matin, chez moi, à sept heures. Un mot au commissionnaire, que je sache si je puis compter sur vous. Et puis, voyez-vous, c'est un moyen peut-être de nous serrer la main encore une fois ; à tout prendre, cela me manque[27]. » Dumas tend la main, Hugo la joue. On s'embrasse et on oublie les mésententes passées. Hugo sera présent au duel le lendemain, qui se termine par une éraflure et une conciliation entre les partis.

En cette année 1834, Dumas est décidément sur la sellette. En août, Gaillardet, qu'on croyait calmé, revient à la charge dans un article du *Musée des familles* : il y clame qu'il est le seul et unique auteur de *La Tour de Nesle*. Déjà passablement excédé par les procès qu'on lui intente, Dumas réplique immédiatement, décrédibilise Gaillardet, dont il dévoile les insuffisances intellectuelles et la médiocrité de plume. Gaillardet répond, plus fielleux que jamais. Au début d'octobre 1834, un nouveau duel se profile, fixé le 17. La donne est défavorable à Gaillardet, qui a manqué Dumas lors d'un premier tir. Que se passe-t-il dans le cerveau de Dumas pour qu'il rate sa cible, lui qui est bon tireur ? Dumas veut réitérer le coup, il en a le droit. Tuer Gaillardet le défoulerait. Plus sages que lui, les témoins estiment qu'il a obtenu réparation et que l'affaire doit s'arrêter là. Gaillardet en est quitte pour la peur et Dumas assez peu satisfait de l'issue du duel.

À peine a-t-il le temps de digérer sa cible manquée qu'il doit prendre la voiture pour Rouen, en compagnie de Fontan et Dupeuty, tous trois ayant été désignés par la Société des auteurs dramatiques pour inaugurer la statue de Corneille, le 19. Porté par son admiration pour l'auteur du *Cid*, Dumas séduit l'auditoire grâce à un discours enflammé.

Libre par son génie, captif par sa fortune, aigle qui se serait constamment perdu au ciel, s'il n'avait quelquefois été enchaîné à la terre par le misérable fil d'une dédicace. Certes,

Corneille planait assez haut pour voir plus loin que Richelieu et Louis XIV ; mais Richelieu était ministre, Louis XIV était roi, Corneille n'était que poète. Son génie l'entraînait en lui criant : « Poète ! des siècles d'avenir ! » Richelieu et Louis XIV le retenaient en lui criant : « Homme ! le pain d'un jour. » Le génie l'emporta ; l'avenir et les siècles furent à Corneille[28].

Le lendemain, *L'Écho de Rouen* publie l'intégralité du discours. Acteur d'un mauvais mélodrame la veille, le voilà devenu tribun sublime au service du plus grand tragédien français ! En cette fin d'année 1834, la vie d'Alexandre Dumas prend décidément les allures d'un roman.

Rêveries du promeneur en compagnie

Le voyage que nous entreprenions n'était ni une promenade de gens du monde, ni une expédition de savants, mais un pèlerinage d'artistes. Nous ne comptions ni brûler les grands chemins dans notre chaise de poste, ni nous enterrer dans les bibliothèques, mais aller partout où un point de vue pittoresque, un souvenir historique ou une tradition populaire nous appelleraient.

Nouvelles impressions de voyage[1]

Il en rêvait depuis août. Un soir, chez la duchesse d'Abrantès, Dumas avait lancé l'idée d'un voyage extraordinaire, une expédition scientifique au cours de laquelle il écrirait un livre magistral, traitant de l'histoire, des mœurs, de la géographie, de la culture et des langues du Bassin méditerranéen. Une entreprise démesurée, qui l'obligerait à une absence d'au moins un an, le temps de satisfaire sa curiosité d'anthropologue autant que son besoin d'évasion. Les procès, les déconvenues théâtrales, les femmes, le tourbillon de la vie parisienne incitent plus que jamais Dumas à faire ses malles. Mais il voit grand. Il souhaite entraîner avec lui toute une cohorte de scientifiques qui l'épauleront dans son enquête. Un tel voyage nécessite un financement conséquent et ses fonds personnels, dissipés dans les plaisirs de la vie et l'entretien d'une famille nombreuse, ne suffisent pas. Il fait d'abord appel au gouvernement. François Guizot, qui s'est illustré en 1821 par une remarquable présentation des *Œuvres complètes* de Shakespeare, se montre pingre et alloue seulement cinq mille francs, payables en trois fois. Une misère au regard de l'ampleur du projet. Il faut racler les fonds de tiroirs, revoir le budget à la baisse, finalement partir en petite compagnie et voyager léger. L'enthousiasme supplée à l'argent et Dumas, accompagné du peintre Louis-Godefroy Jadin et de son chien Mylord, prend la chaise de poste pour Lyon, le 7 novembre 1834. Ils sont bientôt rejoints par un certain Jules Lecomte, jeune écervelé que Dumas protège depuis quelques mois, à cause de ses idées républicaines. Or cet invité de dernière minute fait beaucoup plus de bêtises que le chien Mylord. En attendant Dumas à Fontainebleau, par exemple, Jules offre une tournée générale à toute la jeunesse locale ; quand Dumas arrive, on lui présente la note laissée par un certain Alfred de Musset ! Légèrement mythomane, Jules Lecomte place le voyage sous de drôles d'auspices. Dumas n'est pas au bout de ses peines.

En juin 1832, Dumas était déjà passé par Lyon pour se rendre en Suisse. En novembre 1834, il constate que l'humeur de la ville a changé, brunie par les insurrections d'avril et les émeutes ouvrières sévèrement réprimées. Dumas trouve consolation dans l'onction des vers de Marceline Desbordes-Valmore, qui le reçoit au nom de la poésie. Aux yeux de Dumas, elle est la plus grande poétesse de son temps. Il aime son lyrisme délicat par lequel les sentiments quotidiens transfigurent les amours blessées. Après bien des supplications, elle finit par ouvrir un petit secrétaire « dans lequel étaient cachées à tous les yeux ces fleurs nées dans l'ombre, et dont elle me permit d'emporter une des plus fraîches et des plus humides*[2] ». À Lyon, Dumas a également la joie de découvrir qu'on joue son *Antony*. La représentation à laquelle il assiste le surprend agréablement. Hyacinthe Meinier campe une Adèle superbe, d'une justesse troublante. Dumas s'empresse de la complimenter. La jeune comédienne, mariée et mère de famille, est émue par la présence de l'auteur. Or Dumas n'est pas homme à s'encombrer de prévenances, son temps est compté ; dès le lendemain, il convoque Hyacinthe dans sa chambre, pour faire connaissance de plus près avec ou sans affinités. Mais son Adèle de province s'offusque, elle a de la probité, de la pureté même, ce qui fait littéralement fondre Dumas de désir. Elle viendra pour causer, pas plus. Elle entre dans la chambre mais ne se livre pas. Si elle avait cédé, Dumas l'aurait peut-être oubliée le lendemain ; en lui résistant, elle devient sublime. Le voyage pourrait-il être mis entre parenthèses à cause de cette nouvelle idylle ? Toute l'attention épistolaire de Dumas se porte désormais vers Hyacinthe au prénom de fleur. Les lettres qu'il lui adresse sont dévorées de lyrisme, Dumas multiplie

* Dans cet article, Dumas cite le poème « La Maison de ma mère » de Desbordes-Valmore.

les hypocoristiques enflammés, « Hyacinthe chérie », « vos lèvres chéries », « chère à moi[3] », autant d'expressions qui trahissent l'ardent désir de la chair... Le voyage reprend, mais l'actrice vertueuse l'obsède ; telle la Présidente de Tourvel avec Valmont, elle lui résiste ; il l'assassine à coups de petits billets sensuels et passionnés. La mère et l'épouse se dressent contre les prétentions de Dumas, qui finit pourtant par obtenir des réponses. Dumas sait que si Hyacinthe entre dans l'engrenage de la correspondance, elle finira dans ses bras. Mais le voyage doit se poursuivre car le programme est chargé. À Marseille, Dumas retrouve Joseph Méry, ami de longue date et satiriste de talent. Il découvre, lors d'une houleuse promenade en mer, le petit château d'If, qu'il fixe dans son imagination, décor saisissant pour une œuvre future. Entre-temps, il s'est débarrassé de Jules Lecomte, menteur incorrigible plus dépensier que dix marins en permission. Au début de l'année 1835, le financement promis par Guizot n'est pas versé et il faut rebrousser chemin. Avant de regagner Paris, Dumas revoit Hyacinthe et lui donne le coup de grâce. Son projet est suspendu, mais il a aimé passionnément.

Le repli vers Paris n'est pas une capitulation, loin s'en faut. Dumas espère se renflouer pour repartir au plus vite et mettre au propre des notes de voyages, qui paraîtront à partir de 1837 sous le titre *Le Midi de la France*. Certaines impressions de ce bref périple sont d'une grande puissance évocatrice, telle l'arrivée en Avignon, la nuit, durant laquelle le souvenir macabre du maréchal Brune, son parrain, lui cause un grand effroi :

Ainsi s'écoula une partie de la nuit, et, malgré ma fatigue, ce ne fut que vers les trois heures du matin que je pus prendre sur moi d'essayer de dormir ; mais à peine ma lumière fut-elle éteinte, que je pensai que j'étais peut-être couché dans celui des deux lits sur lequel on avait déposé le cadavre. Cette idée me fit dresser les cheveux et couler la sueur du front : mon cœur bondissait si violemment, que j'en entendais les battements. Je fermai les yeux, mais je ne pus dormir : tous les détails de cette scène sanglante se représentaient devant moi. La chambre me semblait pleine de fantômes et de rumeurs. Je ne sais combien de temps je restai ainsi ; mais enfin toutes ces images funèbres se confondirent les unes avec les autres et cessèrent d'avoir des formes distinctes ; le bruit et les plaintes s'éloignèrent, et je m'endormis moi-même d'un sommeil pareil à celui de la mort[4].

Edgar Poe n'aurait pas mieux dit la crainte des morts qui reviennent et hantent les vivants. En quelques semaines, avant de regagner Paris, Dumas a emmagasiné suffisamment de matière pour un livre d'aventures et d'anecdotes personnelles. Mais il songe surtout à repartir, cherche des fonds et invente une idée digne du Mercadet de Balzac : vendre cent actions de mille francs à qui voudra miser sur son expédition méditerranéenne. Des amis souscrivent, qui croient en lui ou en sa folie. Hugo met la main au portefeuille (deux cent cinquante francs), mais aussi l'excellent traducteur Amédée Pichot ou encore Nerval, que l'utopie pérégrine de son ami Dumas séduit et à qui il donne mille francs. Dumas promet des manuscrits, republie des nouvelles sous le titre racoleur de *Souvenirs d'Antony*, alors même que les récits n'ont pas de rapport avec le drame. Dumas fait feu de tout bois, accepte même de composer un *Cromwell et Charles Ier* avec Cordellier-Delanoue, joué à la Porte-Saint-Martin le 21 mai 1835. Il ne signe pas, mais empoche l'argent de la collaboration. Côté cœur, Dumas poursuit ses échanges épistolaires avec Hyacinthe, mais c'est Ida qui obtient le premier rôle à ses côtés dans l'expédition qu'il prépare.

Cette fois, le voyage est plus sérieux. Il commence le 12 mai 1835 et s'achèvera au début de 1836. Dumas, conscient qu'il n'est pas le premier à voguer vers l'Orient, marche dans les pas de Chateaubriand, dont *L'Itinéraire de Paris à Jérusalem* (1811) avait marqué d'une pierre blanche le voyage romantique. Comme son illustre devancier, Dumas part pour « chercher des images[5] ». Il a pourtant sa propre conception du voyage littéraire :

> Voyager, c'est vivre dans toute la plénitude du mot ; c'est oublier le passé et l'avenir pour le présent ; c'est respirer à pleine poitrine, jouir de tout, s'emparer de la création comme d'une chose qui est sienne, c'est chercher dans la terre des mines d'or que nul n'a fouillées, dans l'air des merveilles que personne n'a vues, c'est passer après la foule, et ramasser sous l'herbe les perles et les diamants qu'elle a pris, ignorante et insoucieuse qu'elle est, pour des flocons de neige ou des gouttes de rosée[6].

Le Sud est vite gagné : Lyon, Marseille puis une halte à Toulon où Dumas entame l'écriture de *Don Juan de Marana, ou la Chute d'un ange*, mystère d'inspiration espagnole qui emprunte ses motifs aux *Âmes du purgatoire* de Mérimée. La Corse, chère à l'auteur de *Mateo Falcone*, est également prévue au programme. Dumas la visite, prend des notes qui réapparaîtront plus tard dans la fiction des *Frères corses*, roman publié en 1844. Une fois *Don Juan* achevé, Dumas quitte Toulon pour l'Italie. Il suit l'itinéraire de Nice à « Gênes la superbe* », où il débarque le premier soir de l'été. Puis c'est Livourne, Pise, et enfin Florence, ville de tous les fantasmes pour l'amateur de peinture, passionné par la Renaissance. Quelques mois avant son départ, en août 1834, il avait pu découvrir cette « catin sublime » dans la *Revue des Deux Mondes* sous la plume de Musset et de son *Lorenzaccio*. Dans la ville des Médicis, Dumas engrange des impressions, fragments de souvenirs qu'il recompose dans *Une année à Florence*. Impressions mélancoliques, teintées de fascination :

> L'été, Florence est triste et à peu près solitaire : de huit heures du matin à quatre heures du soir, le vingtième de sa population à peine circule sous un soleil de plomb, dans ses rues aux portes et aux fenêtres fermées ; on dirait une ville morte et visitée par des curieux seulement, comme Herculanum et Pompeïa. À quatre heures, le soleil tourne un peu, l'ombre descend sur les dalles ardentes et le long des murailles rougies, quelques fenêtres s'entrebâillent timidement pour recueillir quelques souffles de brise. Les grandes portes s'ouvrent, les calèches découvertes en sortent toutes peuplées de femmes et d'enfants, et s'acheminent vers les *Cachines*. Les hommes, en général, s'y rendent à part, en tilbury, à cheval ou à pied[7].

Le périple florentin s'achève à la fin du mois de juillet ; Dumas gagne Pérouse, puis Rome. Sa Sainteté Grégoire XVI vient de condamner le

* Titre d'un des chapitres d'*Une année à Florence*, publié en 1841.

catholicisme libéral de Félicité de Lamennais, Henri Lacordaire et Charles de Montalembert au nom d'un conservatisme intransigeant. Au vrai, ce n'est pas la visite romaine qui motive Dumas, mais l'obtention d'un visa de l'ambassadeur de Naples à Rome, M. de Ludorff. Or la réputation de Dumas l'a précédé. Il apparaît comme un dangereux républicain, suspecté de fomenter quelque complot. Le passeport ne lui est pas accordé et le pape ordonne qu'on reconduise l'intrus *manu militari* aux frontières du Vatican. Mais Dumas souhaite visiter Naples et la Sicile, royaume d'une richesse patrimoniale immense. La seule solution est de faire un faux. Il parvient à convaincre Ingres, qui dirige la Villa Médicis à Rome, d'emprunter les papiers d'un des pensionnaires afin de circuler librement. Ingres consent, quelles que soient ses réticences, et Dumas arrive à Naples au début d'août 1835 muni de faux papiers, en compagnie du fidèle Jadin et d'Ida. À Naples, Dumas se souvient qu'il s'est engagé auprès de *La Revue et gazette musicale* à fournir des articles sur la musique en Italie. Or Naples est royaume d'opéra et de chant : aussi se réjouit-il de retrouver la cantatrice Caroline Ungher, croisée à Paris un an plus tôt, aux côtés de la divine Maria Malibran. Caroline chante magnifiquement dans la *Norma* de Bellini ; elle plaît à Dumas mais vient d'accepter la demande en mariage du vicomte de Ruolz-Monchal, compositeur de musique. Leurs noces seront bientôt célébrées à Palerme, où Caroline vient d'être engagée. Dumas propose aux futurs époux de s'embarquer avec lui sur le *Speronare*,

1

1 Portrait du général Alexandre Davy Dumas, le père d'Alexandre Dumas, par Olivier Pichat.
Villers-Cotterêts, musée Alexandre-Dumas.

2

2 Alexandre Dumas. Lithographie de Motte d'après Achille Devéria, 1829.
Paris, Bibliothèque nationale de France (BnF).

« En général, je ne commence un livre que lorsqu'il est écrit. »

3

4

3 Portrait d'Alexandre Dumas, par Joseph Benoît Guichard, 1828.
Paris, musée du Louvre.

4 Alexandre Dumas photographié par Alexis Gouin. Daguerréotype, vers 1851.
Paris, musée d'Orsay.

5

5 Alexandre Dumas photographié par Gustave Le Gray, vers 1859.

6

6 Marie Dorval. Lithographie de Pierre Roch Vigneron.

7

7 Ida Ferrier. Lithographie d'après A. Constant, 1845.
Société des amis d'Alexandre Dumas.

8

8 Adah Menken et Alexandre Dumas photographiés par Alphonse Liébert, vers 1867.

9

9 Alexandre Dumas fils. Photographie, vers 1865.

10

10 Marie-Alexandrine Dumas, fille de Dumas et de l'actrice Belle Krelsamer. Société des amis d'Alexandre Dumas.

11 *Château de M. Alexandre Dumas*, situé sur la colline de Port-Marly (Yvelines). Lithographie anonyme. Paris, BnF.

11

12

12 Gérard
de Nerval
photographié par
Nadar, 1854-1855.

13

13 Auguste
Maquet,
vers 1860,
photographié par
H. Maquet.

*« Non seulement
on a au souper plus d'esprit
qu'ailleurs, plus d'esprit
qu'aux autres repas,
mais encore
on a un autre esprit.
Je suis sûr que la plupart
des jolis mots du xviie siècle
ont été dits au souper. »*

14 Marie Dorval et Bocage dans *Antony* (acte I), au théâtre de la Porte-Saint-Martin, en 1831. Lithographie.
Paris, BnF.

15

15 Le Théâtre-Historique (à gauche). Détail de la *Vue générale des théâtres du boulevard du Temple* par Martial Potémont.
Paris, musée Carnavalet.

AUX
IS,
éron, 5.

ictes sont
tique est
lu Rédac-
et reste
abilité de
a sigue.

its non
brûlés.

on est
e.

res
es seront
s.

MÉRO :
le, entre
soir :
15 cent.
30 cent.

1re ÉDITION
(Quotidienne).

	Paris.	Dép.
Un mois...	4 f.	5 f.
Trois mois	11	13
Six mois..	22	25
Un an.....	44	48

2e ÉDITION
(Hebdomadaire.)
Paraissant tous les dimanches.
52 Numéros par an.

	Paris.	Dép.
Trois mois	4 f.	5 f.
Six mois..	7	8
Un an.....	12	15

ABONNEMENT
Au jour le jour.
PRIX DU NUMÉRO
Porté à domicile, entre 4 et 6 h. du soir :
QUOTIDIEN, 15 cent.
HEBDOMADAIRE, 30 cent.

LE MOUSQUETAIRE

JOURNAL DE M. ALEXANDRE DUMAS.

le ce jour 1er octobre 1854,— indépendamment de sa PREMIÈRE ÉDI-
enne),
QUETAIRE publiera une DEUXIÈME EDITION (*hebdomadaire*),
NE GRANDE DOUBLE FEUILLE, formant SEIZE PAGES IN-QUARTO,
nes, contenant plus de 2,800 LIGNES (145 *mille lettres*), composée
dans tout ce qui a paru de plus remarquable dans le courant de
ns la *première édition* (quotidienne).
uméros qui paraîtront chaque trimestre formeront un volume de
ages, et pour Douze francs, les abonnés de la deuxième édition
) auront ainsi, chaque année, quatre beaux volumes de bibliothèque.

Le prix de cette deuxième édition paraissant toutes les semaines, le DIMANCHE (52 numéros par an), est ainsi fixé :

	PARIS.	DÉPARTEMENS.
UN AN	12 fr.	15 fr.
SIX MOIS. . . .	7	8
TROIS MOIS. . .	4	5

Un numéro, remis *franco* à domicile, 30 CENTIMES pour Paris et les départemens.
Les abonnés sont priés d'envoyer le prix de leur abonnement en une *valeur sur Paris* ou un MANDAT SUR LA POSTE, ou même, pour les sommes minimes, en *timbres d'affranchissement* de la poste. — *Affranchir*.

LES MOHICANS DE PARIS (1)

PAR ALEXANDRE DUMAS.

CHAPITRE Ier.

QUEL L'AUTEUR LÈVE LE RIDEAU SUR LE THÉATRE OU VA SE JOUER SON DRAME.

ur veut risquer avec moi un pèlerinage vers les jours de
, et remonter la moitié du cours de ma vie, c'est-à-dire
art de siècle, nous ferons halte ensemble au commence-

Il en a éte bien autrement sur la rive droite, c'est-à-dire dans l'espace compris du pont d'Austerlitz au pont d'Iéna, en longeant le pied de Montmartre. En 1827, Paris, à l'est, ne s'étendait, en réalité, que jusqu'à la Bastille, — et encore tout le boulevard Beaumarchais était-il à bâtir; — au nord, que jusqu'à la rue de la Tour-d'Auvergne et la rue de la Tour-des-Dames, et, à l'ouest, que jusqu'à l'abattoir du Roule et l'allée des Veuves.
Mais, du quartier du faubourg Saint-Antoine, qui, de la place de la Bastille, va jusqu'à la barrière du Trône; du quartier Popincourt,

16

16 *Le Mousquetaire*, 1er octobre 1854.
Collection particulière.

« Voyager, c'est vivre dans toute la plénitude du mot ; c'est oublier le passé et l'avenir pour le présent ; c'est respirer à pleine poitrine, jouir de tout, s'emparer de la création comme d'une chose qui est sienne. »

17 Giuseppe Garibaldi en 1860.
Collection particulière.

18 Alexandre Dumas en costume caucasien, vers 1859. Photographie anonyme.
Paris, musée Carnavalet.

« L'attente d'un plaisir tient presque aussi éveillé que le plaisir lui-même. »

19 Alexandre Dumas photographié par Nadar vers 1860.
Charenton-le-Pont, Médiathèque de l'architecture et du patrimoine.

petite embarcation destinée à la navigation côtière qu'il a louée pour découvrir la Sicile. Mais la barque, comme celle de Dante peinte par Delacroix, essuie une tempête, et tandis que Dumas et Caroline restent blottis sous une tente de fortune, le fiancé est tellement malade qu'il passe la nuit sur le pont. Brassés par les bourrasques, chavirés par l'attirance, Alexandre et Caroline se rassurent par des enlacements et des baisers. Arrivée à Palerme, Caroline avoue tout, rompt ses fiançailles et Dumas poursuit son périple insulaire. De cette découverte de la Sicile, Dumas gardera un souvenir enchanté. Une expédition sur l'Etna le saisit, le ravit, frappe son imagination. Au terme d'une marche harassante, il découvre le cratère, éblouissant.

Notre guide nous laissa un instant tout à ce spectacle, en nous retenant de temps en temps cependant par notre veste quand nous nous approchions trop près du bord, car la pierre est si friable qu'elle pourrait manquer sous les pieds, et qu'on recommencerait la plaisanterie d'Empédocle ; puis il nous invita à nous éloigner d'une vingtaine de pieds du cratère, pour éviter tout accident, et à regarder autour de nous.

L'orient, qui de la teinte opale que nous avions remarquée en sortant de la *casa Inglese* était passé à un rose tendre, était maintenant tout inondé des flammes du soleil, dont on commençait à apercevoir le disque au-dessous des montagnes de la Calabre. Sur les flancs de ces montagnes d'un bleu foncé et uniforme, se détachaient, comme de petits points blancs, les villages et les villes. Le détroit de Messine semblait une simple rivière, tandis qu'à droite et à gauche on voyait la mer comme un miroir immense. À gauche, ce miroir était tacheté de plusieurs points noirs, ces points noirs étaient les îles de l'archipel Lipari. De temps en temps une de ces îles brillait comme un phare intermittent ; c'était le Stromboli qui jetait des flammes. À l'occident, tout était encore dans l'obscurité. L'ombre de l'Etna se projetait sur toute la Sicile[8].

La Sicile est une merveille. Syracuse la majestueuse, Agrigente avec ses vestiges antiques... Dumas respire l'air des civilisations passées, perdues dans les paysages de l'île enchanteresse, dont la légende dit qu'elle fut la demeure du géant Polyphème. De retour à Palerme, Alexandre retrouve la cantatrice, qui vient de triompher dans *Norma*. C'est l'idylle de cette fin d'été 1835, accompagnée de ses inévitables jalousies : celle de Caroline, qui craint qu'Alexandre ne rejoigne Ida à Naples ; celle d'Ida, qui se méfie des absences prolongées de son amant-voyageur. Le 23 septembre, les heures exquises sont hélas assombries par la mort de Vincenzo Bellini, sujet du royaume de Sicile. D'autres préoccupations sérieuses accaparent Dumas. Le 18 octobre, un tremblement de terre a ravagé la Calabre, et l'écrivain s'afflige en découvrant les paysages désolés qu'il traverse ; à Naples, il transmet au comte de Syracuse un plan de conspiration contre son frère, le roi de Sicile. Mais la conjuration n'est pas du goût du comte qui refuse le projet. Le temps n'est pas encore venu pour Dumas d'être un héros italien.

À Naples, Dumas retrouve Ida et le vicomte de Ruolz, à qui il a enlevé Caroline. Celui-ci s'apprête à donner son opéra, *Lara*, mais craint une cabale. Beau joueur, Dumas lui apporte un soutien indéfectible et promet d'être présent le soir de la première. L'opéra triomphe, le roi Ferdinand II ayant daigné montrer l'exemple en applaudissant à la fin du troisième acte. La vie amoureuse de Dumas, elle, est plus proche de l'opérette que du grand opéra. Ida le menace et le surveille, Caroline le poursuit de ses assiduités ; il est également troussé par la police du royaume de Naples qui, après plusieurs mois, s'est enfin aperçue que son passeport est un faux. Il doit fuir rapidement les terres napolitaines où il n'est pas le bienvenu. On parcourt la campagne en voiture, puis on atteint Rome, non sans fatigues ni angoisses. Cette fois, Dumas a obtenu une audience auprès de Sa Sainteté Grégoire XVI, qui voit en lui une brebis égarée qu'une vie plus sage ramènera dans le droit chemin. Le pape offre même des chapelets à Dumas, qui sort béat de cette entrevue édifiante.

L'effet béatifiant dure peu. À Rome, Dumas revoit Caroline, qu'il décide de rejoindre à Venise — elle chante à La Fenice. Mais en chemin, il est appréhendé par les soldats du pape qui le retiennent prisonnier. Dumas se défend, montre les chapelets offerts par le souverain. Rien n'y fait. À Pérouse, où on le conduit comme prisonnier politique, Dumas est ovationné. Les Romagnols sont, en effet, ennemis du pape et voient en cet écrivain français un héros de la résistance républicaine. Salué, applaudi, Dumas quitte la ville en vainqueur et se rend à Florence. Durant ce périple, il réalise à quel point l'Italie est divisée, fragmentée. Il se forge alors une solide connaissance géopolitique du pays, ce qui lui sera fort utile à l'avenir. Pour l'heure, c'est à Venise qu'il voudrait aller, là où l'attend Caroline, qui se morfond sans son amant et qui lui écrit en le réclamant. Mais Dumas laisse les gondoles à Venise et il est déjà loin quand il reçoit la supplique amoureuse. Caroline écrit les lettres déchirantes d'une cantatrice désespérée jusqu'au début de mars, puis se résigne comme celles qui l'ont précédée. Alexandre Dumas a trente-trois ans, mais l'âge d'homme n'est pas synonyme d'âge de raison. Les femmes se succèdent dans sa vie et ses enfants grandissent. L'Italie et ses îles l'ont convaincu qu'il n'y aura jamais en lui un homme et écrivain bourgeois ; son irrépressible besoin de mouvement, la mobilité de son esprit, la ductilité de son cœur l'entraînent toujours plus avant.

Pendant son absence, de graves événements se sont produits qui ont changé le climat moral de la France. Le 28 juillet 1835, une « machine infernale », constituée de vingt-cinq canons de fusils juxtaposés, placée sur l'appui de la fenêtre d'une maison, a failli coûter la vie à Louis-Philippe. Ce n'est pas le premier attentat qu'essuie le roi des Français, mais celui-ci est particulièrement meurtrier : dix-huit morts, plus de quarante blessés. Le roi et ses deux fils sont indemnes : un miracle. L'auteur des faits est un certain Giuseppe Fieschi, qui s'est déjà signalé pour ses idées républicaines. Arrêté le jour même, il est guillotiné en février 1836. L'attentat de Fieschi incite le gouvernement à durcir le ton, Louis-Philippe se laisse aisément convaincre qu'il faut mieux surveiller les citoyens français. Les lois promulguées en septembre sont la conséquence directe de l'attentat de juillet. La presse est particulièrement visée qui, désormais, sera plus étroitement muselée et ne pourra émettre d'avis dépréciatif sur le monarque, les institutions et le gouvernement. Cette décision constitue une entrave à la liberté d'expression, d'autant qu'elle s'accompagne d'une éviction des républicains et bientôt des doctrinaires.

Depuis son retour à Paris, Dumas ne donne pas dans la politique, mais veut faire représenter la pièce qu'il a conçue pendant son voyage, *Don Juan de Marana*. Harel l'a acceptée à la Porte-Saint-Martin, où elle est créée le 30 avril 1836. Dumas a voulu jouer sur plusieurs registres, le fantastique, le dramatique et même le musical, puisqu'il a confié au célèbre Piccini les passages chantés de son spectacle. Mais le public n'est pas réceptif à ce drame mystico-inquiétant, sur fond de libertinage régence. La presse, quant à elle, n'épargne pas Ida Ferrier qui possède un point commun avec Mlle George : l'embonpoint. Or la comédienne incarne un ange qui descend du ciel des cintres mais ses mensurations brisent l'illusion théâtrale et on peine à croire à ses traversées diaphanes dans les airs. Delphine de Girardin, qui signe sous le pseudonyme du vicomte de Launay, met les rieurs de son côté. Méchante et drôle :

L'embonpoint de mademoiselle Ida, jeune fille rêveuse et sentimentale, toujours vêtue de blanc, vierge timide au pied léger, fuyant un infâme ravisseur, ange et sylphide dont on cherche les ailes, l'embonpoint de mademoiselle Ida est risible et révoltant. Il faudrait au moins être transportable, quand on se destine à être enlevée tous les soirs[9].

Ida et Alexandre sont éreintés : l'une pour son tour de taille, l'autre pour son tour de plume. *Don*

Juan, écrit d'après l'excellent Mérimée, est un four, ce qui incite Harel à refuser *Paul Jones*, autre drame écrit pendant le périple italien. Dumas le conserve dans ses tiroirs pour un réemploi ultérieur. Il mise maintenant sur *Kean*, qu'il espère faire représenter à la fin de l'été, avec Frédérick Lemaître dans le rôle-titre. Mais quel théâtre pourrait accepter cette œuvre atypique ?

À la fin du mois de juin 1836, Alexandre Dumas est sollicité par Émile de Girardin, qui vient de créer *La Presse*, journal à grand tirage, largement diffusé et dont le coût sera en partie financé par les réclames. Girardin vient d'inventer la presse moderne et la médiatisation grâce à la publicité. L'idée de Girardin est aussi simple qu'efficace : toucher le plus grand lectorat possible grâce à des articles de vulgarisation littéraire et historique, quitte à simplifier le propos. Fin limier, Girardin pense à Dumas pour les comptes rendus dramatiques et des pages d'histoire ; il connaît son talent pour raconter de manière passionnante des épisodes historiques. La proposition de Girardin est la suivante : Dumas « s'engage à rendre compte à *La Presse* de toutes les pièces importantes qui seront jouées au Théâtre-Français ou à la Porte-Saint-Martin[10] ». Dumas publiera dans le feuilleton du dimanche matin une page d'histoire qui « passera en revue les règnes les plus importants de l'histoire de France à compter de Philippe de Valois[11] ». Pour Dumas, le contrat présente un triple intérêt. Le premier est financier. Girardin promet un franc par ligne et un franc vingt pour les pages d'histoire romancées. Un revenu fixe et régulier ne saurait se refuser, d'autant plus que, depuis son retour d'Italie, les caisses sont vides. Dumas perçoit aussi tout l'intérêt de changer de point de vue : en devenant critique, il se place du côté du spectateur et frotte ses conceptions du théâtre au théâtre des autres. Lui qui a été porté aux nues et traîné dans la fange va pouvoir à son tour juger de ce qu'il voit. Certes, il a déjà quelques expériences en la matière, mais la régularité du compte rendu lui semble une figure imposée enrichissante. Enfin, Dumas possède suffisamment de matière, une érudition hétéroclite, pour nourrir le feuilleton dominical. En récrivant l'Histoire, il se forgera un vaste catalogue où puiser des œuvres futures. Dès le 2 juillet, Dumas publie ses premières chroniques historiques consacrées aux règnes de Philippe VI de France et d'Édouard III d'Angleterre. Aguerri aux stratégies éditoriales, il sait qu'il pourra republier ces articles sous forme de volumes, faisant ainsi de l'argent aux deux bouts de la chaîne.

La réussite insolente de *La Presse* est immédiate. Elle irrite les autres journaux, dont les ventes baissent. Girardin est accusé de démagogie ; sa feuille est jugée médiocre, sans idéologie précise ni dessein élevé. On l'accuse d'abrutir le lecteur avec des textes au rabais, et de privilégier un savoir de contrebande. Sainte-Beuve dénonce quant à lui un conflit d'intérêt entre les critiques et *La Presse* qui fait la réclame de leurs œuvres[12]. Pire, l'intransigeant Armand Carrel reproche à Girardin de faire la politique du gouvernement et des lois répressives de septembre. Girardin répond par l'ironie. Mais l'affaire n'en reste pas là : un duel, encore un, doit régler le différend le 22 juillet 1836. Or Carrel tombe, mortellement blessé. L'affaire d'honneur se transforme en affaire d'État. Armand Carrel, mort pour ses idées, devient un martyr. Dumas, qui le connaît et l'apprécie — n'ont-ils pas vécu Juillet 1830 ensemble ? —, se trouve entre l'enclume et le marteau. Indirectement, il a été visé par les détracteurs de Girardin, mais chacun sait son engagement républicain. Un moment, l'opinion publique pense que Dumas va choisir son camp politique et quitter *La Presse*. Mais, cette fois, le pragmatisme l'emporte sur l'idéal : Alexandre Dumas poursuivra sa collaboration avec Girardin. Cet épisode signifie-t-il que le républicanisme de Dumas s'est érodé face aux contingences matérielles de l'existence ? Dumas n'est pas comme Chatterton, il est prêt à accepter certains compromis pour triompher ; contrairement à ce poète anglais que Vigny a superbement mis en scène en février 1835, Dumas s'accommode des aléas du monde journalistique. Pendant deux ans, jusqu'en mars 1838, il gagne son pain quotidien en rendant compte du théâtre des autres, non sans ambitionner de renouveler la critique, considérant que l'artiste doit innover dans son approche des œuvres. Dumas fait en outre allégeance à Girardin quand il annonce son programme éthique dans le feuilleton du 2 juillet 1836 :

Ce journal, une fois fondé, il était tout simple qu'on nous offrît de prendre à sa rédaction une part active et cette offre, il était de notre devoir de l'accepter. Les hourras qui nous ont accueillis à notre entrée dans la carrière ne nous empêcheront pas de la parcourir. Une bannière sur laquelle il est écrit :

« Conscience et conviction flottent enfin au vent. S'y rallie qui veut, l'attaque qui ose[13]. »

Après avoir digéré l'échec de *Don Juan*, Dumas a trouvé preneur pour son *Kean*. Le drame sera créé aux Variétés, scène populaire qui joue mélodrames et vaudevilles. Cette pièce marque un temps fort de la carrière de Dumas. Edmund Kean, qui vient de disparaître en 1833, est une légende, aussi célèbre pour son talent que pour sa vie privée dissipée. Ceux qui l'ont vu disent qu'il a été époustouflant dans *Hamlet*, effrayant dans *Richard III*. En mettant en scène cette icône du théâtre, Dumas retrouve sa jeunesse romantique quand il découvrait les acteurs anglais venus jouer Shakespeare à Paris. Mais il fait aussi l'éloge de l'art scénique, du métier d'acteur qu'il connaît. Au vrai, Dumas a mis beaucoup de lui-même dans le personnage de Kean, comme le suggère le sous-titre, « Désordre et génie », formule qui définit assez bien la tension de sa propre existence. Il y peint l'épisode de la vie d'un immense acteur qui doit se heurter à la médiocrité du monde. Comme Dumas, Kean traîne une réputation sulfureuse : « un homme criblé de dettes qui spécule, dit-on, sur les caprices de certaines grandes dames pour échapper aux poursuites de ses créanciers[14] ». La vérité du drame est décidément proche de celle de la vie. Est-ce parce que Dumas s'est peint lui-même, comme jadis dans *Antony*, que *Kean* est un succès ? L'interprétation mémorable de Frédérick Lemaître contribue grandement à la réussite du drame.

À l'automne 1836, Dumas s'enfonce dans un

travail intense et varié (journalisme, théâtre, romans) et une vie personnelle en apparence plus calme. Après un bref passage dans la capitale et quelques baisers, Virginie Bourbier repart à Saint-Pétersbourg, de quoi rassurer Ida Ferrier, qui a pris la petite Marie-Alexandrine, la fille de Belle Krelsamer, sous son aile. La vie de famille s'harmonise rue Bleue. Ses relations avec son fils Alexandre, fils de Laure Labay, sont moins faciles, l'adolescent, fidèle à sa mère, accepte mal cette marâtre qu'il juge vulgaire et envahissante. Le fil des jours est cependant interrompu par l'incarcération de Dumas à la fin de septembre 1836. Peu assidu aux entraînements de la Garde nationale, ses absences se soldent par un emprisonnement de quinze jours. Pour Dumas, c'est une aubaine. Il va enfin pouvoir travailler tranquillement, sans être assailli de visites, d'obligations et autres mondanités. Son ami Gérard de Nerval, qui a déjà fait quelques séjours à Sainte-Pélagie, profite de l'occasion pour « s'incarcérer » avec Alexandre. Ensemble, ils composent l'opéra *Piquillo*, sur une musique de Mompou, qui sera représenté l'année suivante. L'écriture de cet *opus* tient plus à cœur à Nerval qu'à Dumas. Nerval veut, en effet, offrir l'œuvre à l'actrice Jenny Colon, qu'il aime d'un amour absolu et platonique. Dumas, bon camarade, accepte de servir les aspirations chevaleresques de son ami. Parallèlement, il met sur le métier un autre ouvrage, à la fois humoristique et satirique, une œuvre « de circonstance » : *Mes infortunes de garde national*. Dumas en profite pour régler ses comptes avec quelques journalistes influents qui n'ont pas été tendres avec lui : Gustave Planche de la *Revue des Deux Mondes,* Charles Maurice du *Courrier des théâtres* et Jules Janin du *Journal des débats.* Chacun à sa manière, ils incarnent la méchanceté, l'envie, la compromission ; Dumas les considère comme des écrivains ratés qui se vengent de leurs propres insuffisances sur les vrais créateurs. Encore un opuscule qui lui attirera des inimitiés.

D'ennemis, Dumas n'en manque pas. En sortant de prison, il est l'objet de nouvelles attaques de la part d'un certain comte Van Engelgom, derrière lequel se cache Jules Lecomte, qui publie en Belgique sa *Lettre sur les écrivains français.* Le texte, venimeux, sent la basse vengeance. Dumas décide d'être au-dessus de cette engeance et ne prend même pas la peine de répondre. Il le sait, son succès lui attire des jalousies. Haines et cabales font désormais partie de son quotidien, mais on ne peut pas passer son temps à se battre en duel. Un projet colossal occupe d'ailleurs son esprit depuis près d'un an. Il en a même fait part au pape Grégoire XVI, qui a dû s'étonner du projet d'une tragédie sur l'empereur Caligula. Dumas souhaite que sa nouvelle pièce soit représentée à la Comédie-Française où, grâce à diverses manigances, il a réussi à faire engager Ida pour six mois. Il pense avoir une idée géniale. Du jamais-vu : mettre en scène le consul préféré de Caligula, son cheval Incitatus. Dumas a même repéré une bête superbe au cirque Franconi, prénommée Adolphe. Les acteurs du Français voient d'un mauvais œil cette concurrence chevaline ; par chance pour eux, le bel Adolphe doit être abattu après s'être cassé une patte. Dumas oublie cette fantaisie équestre mais n'en a pas moins la folie des grandeurs. Il veut que sa nouvelle tragédie soit un spectacle absolu, mémorable, servi par de tonitruants alexandrins et un nombre impressionnant de figurants. Or, à la Comédie-Française, ce qu'on appelle la « mise en scène » est considéré comme le degré zéro de l'art dramatique, tout juste bon pour le cirque ou la parade. Dumas doit calmer ses ardeurs et se recentrer sur ses alexandrins s'il veut que son projet aboutisse. Pourtant, ce qui l'intéresse en ce début d'année 1837, ce sont les violences et les passions de l'empereur fou, la part la plus ostentatoire du règne de ce personnage historique hors du commun.

Un autre spectacle enchante Dumas à l'avance, celui des noces de Ferdinand, fils de Louis-Philippe, et d'Hélène de Mecklembourg-Schwerin. Depuis plusieurs années, Dumas nourrit une vive amitié pour ce prince si charmant, aussi est-il flatté d'être sur la liste des invités illustres. Pour l'occasion, Dumas apprend qu'il sera fait chevalier de la Légion d'honneur, tandis que Hugo sera promu officier. Dumas, qui raffole des médailles, décorations et autres fanfreluches honorifiques, exulte. Mais c'est compter sans la mémoire de Louis-Philippe, qui se souvient que son ancien gratte-papier a démissionné de ses bureaux et prône des idées républicaines. Le nom de Dumas est rayé de la liste des décorés de la main même du roi. Blessé dans son amour-propre, l'écrivain biffé annonce qu'il n'ira pas aux noces, soutenu par Hugo, qui renonce à être fait officier si Dumas n'est pas réhabilité. Ferdinand aime trop Alexandre pour ne pas infléchir son père, qui finit par céder : Hugo et Dumas, les deux plus grands écrivains français, seront finalement décorés à l'occasion du mariage princier, qui a lieu le 30 mai 1837. La fête qui est donnée à Versailles est l'occasion pour Dumas de prendre un bain de foule et confirmer sa réconciliation avec Hugo. Le duc l'a d'ailleurs chargé d'une mission secrète : un tableau de Delacroix pour Hugo, en gage de remerciement de l'envoi de *Les Rayons et les Ombres*. Plus qu'un ami, Ferdinand est un jeune frère qu'il admire, qu'il aime. Il partage avec lui le goût des exercices physiques, de la chasse ; leurs échanges portent sur la littérature et les arts car Ferdinand soutient le romantisme, collectionne lui-même les objets anciens et les beaux livres. Au cours de l'été 1837, peu de temps après les noces, lors d'un pique-nique en forêt de Compiègne, Dumas est cependant troublé par une saillie de Ferdinand. Tandis que son chirurgien, le docteur Pasquier, découpe savamment un faisan, Ferdinand a cette parole étrange : « Et quand je pense que cet animal-là me découpera un jour comme il découpe ce faisan[15]. » Dumas est mal à l'aise. Un voile passe devant ses yeux.

En septembre 1837, *Caligula* est achevé. Exceptionnellement, le projet a pris du temps. Dumas a soigné ses vers et la tragédie est acceptée à l'unanimité lors de la séance de lecture. Pour rassurer les acteurs et le sociétaire de la Comédie-Française, Philoclès Régnier, Dumas explique que sa tragédie à grand spectacle va attirer les foules, et que l'événement nécessite des moyens extraordinaires. Mais les comédiens sont effarés : des chevaux qui doivent tirer le char de l'empereur, ce n'est décidément pas acceptable. Il est hors de question que des animaux foulent les planches du temple de la tragédie, la Comédie-Française se transformerait en cirque ! Cette fois, Dumas va trop loin et on le lui fait comprendre. Le conflit aboutit à une solution de mise en scène qui ne contente Dumas qu'à demi : les chevaux blancs seront remplacés par des femmes qui tireront le char de Caligula. Est-ce identification à son personnage ou désir de nouvelles expériences théâtrales ? Dumas se montre déraisonnable pendant les répétitions. Il veut du grand, de l'extraordinaire, de la pompe digne de la folie de l'empereur qui fit de son cheval un consul. Le bruit court que la nouvelle pièce de Dumas dépassera en audaces visuelles tous ses autres drames. Cette rumeur sert Dumas, qui organise lui-même sa campagne publicitaire. Le 26 décembre 1837, au soir de la première, on se presse aux portes du théâtre. Plus une stalle n'est libre. Pour marquer à jamais l'événement, Dumas a même fait frapper une monnaie à l'effigie de l'empereur, distribuée à l'entrée du théâtre, avec la date de la première. Inoubliable.

La réaction du public n'est pas à la hauteur des espoirs de Dumas. Une cabale s'est organisée dans la salle ; on applaudit mollement, on rit sous cape des déportements d'un empereur caricaturé. Ida Ferrier, qui incarne une jeune martyre, n'a pas grand-chose à voir avec celle de Delaroche, diaphane et extatique. Sa lourdeur fait rire, sa prononciation nasale n'a rien d'angélique. Le martyr chrétien se transforme en farce quand l'actrice se prend les pieds dans sa longue robe blanche et trébuche. C'est d'un ridicule achevé. Tout propos sérieux devient propice aux fous rires. Dans les jours qui suivent, la critique se venge des prétentions de Dumas. Jules Janin, qui a mal digéré les propos de *Mes infortunes de garde national*, s'en donne à cœur joie pour démolir le spectacle. L'engagement d'Ida aux Français est jugé extravagant, son jeu lamentable, son physique impossible. La *Revue des Deux Mondes* est plus nuancée, témoignant peut-être avec plus d'honnêteté de l'embarras des spectateurs face à ce « monstre théâtral » :

La curiosité excitée par les premières représentations se soutiendra-t-elle ? Nous le désirons et l'espérons. On réussit parfois au théâtre, autant par les défauts d'un ouvrage que par ses qualités. Or si nous regrettons d'avoir à signaler dans *Caligula* une profusion d'incidents qui devrait rendre presque impossible l'étude approfondie des caractères, et la savante personnification des types indiqués par l'histoire, nous reconnaîtrons en même temps l'imprévu des situations, les contrastes, l'agitation un peu désordonnée des figures, l'éclat scénique, les illusions de la perspective sont des moyens d'effet auxquels la foule se laisse toujours prendre[16].

La pièce ne tient que quelques semaines et retourne au magasin des accessoires, début février 1838. Dumas raisonne de manière pragmatique. Il constate que si le succès au théâtre se dérobe une fois sur deux, ses récits parus dans la presse ne sont pas des pis-aller, au contraire. *La Presse*, qui vient d'inventer le roman-feuilleton, publie successivement *Pascal Bruno* et *Le Capitaine Paul*, deux histoires d'aventures et de vengeance. Or l'écho des lecteurs est très positif. On aime la prose alerte de Dumas. Et si l'Antiquité romaine n'a pas réussi au théâtre, elle sourit plutôt au roman, grâce à *Acté*, publié dans la *Revue et gazette musicale* à la fin de l'année 1837. Le propos de ce récit est violent, trouble. Sous le règne d'un Néron, un autre empereur réinventé pour l'occasion, Dumas raconte viols et incestes au temps des premiers chrétiens. La vérité historique n'est pas vraiment au rendez-vous, mais la puissance des émotions et des situations supplée à l'exactitude des faits. N'est-ce pas là l'essence du roman ? Avec ce premier récit d'envergure, Dumas s'exerce à l'art de captiver le lecteur.

En attendant d'être riche, Dumas fait les frais d'un nouvel appartement et s'installe avec Ida rue de Rivoli, à quelques encablures des Tuileries, où réside son ami Ferdinand. Sa mère, qui vieillit et se porte mal, a été installée rue du Faubourg-du-Roule. Depuis plusieurs années, Alexandre se montre souvent négligent avec Louise. Ses visites sont irrégulières, souvent rapides, parfois elles ne durent que quelques minutes. Mais sa mère s'en contente, fière de ce fils qui s'est élevé dans les plus hautes sphères des arts. La vie avançant, Louise a découvert un autre Alexandre, son petit-fils de quatorze ans, qui lui rend désormais visite le dimanche. Mauvais fils mais fils aimant, Alexandre (le grand) n'oublie jamais sa mère moralement, mais la néglige concrètement. Lorsque le 31 juillet 1838, un domestique vient le prévenir qu'elle est au plus mal, il se précipite chez elle, abandonnant Ferdinand et le repas. Le médecin émet un avis désespéré ;

l'attaque dont elle vient d'être victime est des plus graves. C'est une question d'heures. Alexandre s'effondre et c'est toute sa vie qui repasse devant ses yeux : l'enfance à Villers-Cotterêts, ses escapades et les pardons systématiques, ses équipées en forêt et les attentes anxieuses de sa mère… tout lui revient, comme si l'existence se resserrait soudain autour de l'inéluctable. Dumas ne peut se détacher de Louise qui s'éteint, et quand un serviteur annonce que le duc d'Orléans en personne l'attend en bas pour prendre des nouvelles, Dumas tombe dans les bras de son ami et pleure toutes les larmes de son corps. L'agonie ne sera pas très longue. Dumas reste près de sa mère, dans l'alcôve ; quelles pensées, cette nuit-là, ont traversé l'esprit de celui qui a déjà une grande expérience de la vie ? Il sait que c'est la fin. Au matin du 2 août, Marie, Louise Dumas, née Labouret, meurt dans sa soixante-neuvième année. La sœur aînée d'Alexandre s'occupe des formalités, Dumas lui, tente de percer le secret de la mort. La nuit suivante, il se met en état de communiquer avec sa mère : si le corps ne répond plus aux mots, l'âme peut sans doute entendre les pensées et s'exprimer. Dumas prie avec ferveur, demande à sa mère de se manifester, de lui envoyer un signe. Mais la défunte reste muette et son corps inerte. Ce silence le hantera. Sans doute des discussions avec Nerval, qui croyait en la métempsychose, ont pu influencer Dumas sur la question de l'après-vie. L'expérience concrète obère les superstitions, ce qui n'empêchera pas Dumas de s'adonner au magnétisme et de croire en la médiumnité : dans son dernier roman, *Les Blancs et les Bleus*, il mettra en scène la plus célèbre cartomancienne du siècle, Mlle Lenormand.

Le 4 août, le désespoir de Dumas n'a plus de rives où s'arrimer, sinon au petit cimetière de Villers-Cotterêts, où sa mère est inhumée près de son père, à qui elle a toujours été fidèle. Un voyage efface un chagrin. Quelques jours après l'inhumation, Dumas reprend la route. Cette fois, c'est l'Allemagne, berceau du romantisme européen, qui sera le but du périple. Au vrai, ce départ a été décidé avant la mort de la mère de Dumas. Mais à quoi servirait de rester en France ? Ce périple sera aussi une manière de faire son deuil. C'est donc un orphelin vêtu de noir qui quitte la France le 9 août 1838. Dumas n'est pas germaniste, mais Nerval, qui doit le rejoindre à Francfort, servira d'interprète. Ida, qui a grandi en Alsace, maîtrise d'ailleurs assez bien la langue de Goethe. Après une étape à Bruxelles, Dumas mesure toute la différence entre la manière dont le roi des Belges règne sur son petit royaume et celle dont Louis-Philippe durcit son autorité en France. Le roi Léopold Ier est un souverain vraiment accessible, qui reçoit Dumas avec aménité. Mais il n'a guère le temps de s'arrêter dans ce royaume heureux, il faut visiter, accumuler les images et les notes pour remplir des pages. Dans la morne plaine de Waterloo, Dumas médite sur l'Histoire. Le paysage gris est à jamais lié à Napoléon, à l'extraordinaire ascension puis à la chute d'un individu qui a voulu tenir le monde dans sa main. À Waterloo, Dumas est animé d'un sentiment contradictoire : admiration ou rancœur ? Lui qui a écrit en 1830 un drame à la gloire de l'Empereur ne peut oublier qu'il a laissé mourir son père dans l'oubli et le déshonneur. Mais il est temps de poursuivre la route et de laisser sur le chemin le fardeau des souvenirs.

La visite d'Anvers enchante Dumas, qui partage avec Théophile Gautier le goût de la peinture flamande. *La Descente de Croix* de Rubens et sa Madeleine à la chevelure d'or retiennent son regard — il s'attarde sur les corps voluptueux des femmes blondes et charnues. Dumas est amateur de tableaux, mais aime plus encore raconter la vie des peintres. Dans le livre qu'il tire de ce voyage, *Excursions au bord du Rhin*, il relate de nombreuses anecdotes sur la vie de Rubens. Car pour Dumas, les œuvres ne vivent que lorsque leurs créateurs ont une dimension humaine, une âme. Plus austère est l'atmosphère prussienne. Dumas note immédiatement le souci de rigueur et le respect absolu des règles qui règne sur le pays de Luther. Il est surpris du contraste entre ce qu'il s'imaginait de l'Allemagne à travers ses lectures et la réalité des mœurs. C'est donc là la patrie de Goethe et Schiller ? Le pays du « fantastiqueur » Hoffmann et du rêveur mystique Jean-Paul (Richter) ? Dumas s'attendait à plus de lyrisme et plus de fantaisie ; le voyage s'annonce moins pittoresque que le périple italien. La navigation sur le Rhin répare ces premières impressions et comble le goût de Dumas pour les spectacles majestueux. Le fleuve, dont les Allemands sont si fiers, offre une variété de sites remarquables, des coteaux verdoyants de vignes aux forêts qui se découpent sur les eaux. Tous ces paysages marquent l'imagination de Dumas. Les Lorelei chères à son ami Nerval, vivent, dit-on, enfouies au fond des eaux.

Dumas poursuit son périple à Francfort, où il regrette que le château de Charlemagne ait disparu. Pour Dumas en effet, le voyage est aussi l'occasion de reconstruire une histoire de l'Europe politique, des Teutons à Metternich, mais aussi une histoire de l'Europe littéraire. À Francfort, il recherche la maison de Goethe, ce qui donne lieu à une réponse cocasse : « La maison Goethe ? la maison Goethe ? reprit par deux fois le brave homme en se prenant le menton avec la main, et en cherchant à rappeler tous ses souvenirs. La maison Goethe ? hum ! hum ! Monsieur, il faut que ce soit une maison qui ait fait banqueroute ou qui n'ait pas encore de réputation, car je ne la connais pas[17]. » Dans le logis de Goethe qu'il trouve enfin, il observe religieusement les armes de la famille et les objets qui ont entouré le plus grand écrivain allemand. « Goëthe est, sans contredit, un des plus puissants génies, je ne dirai pas qu'ait possédé l'Allemagne, mais qu'ait possédé le monde[18] », écrit-il devant cette demeure sacrée. Dumas a le temps de visiter Francfort, car Gérard de Nerval n'est toujours pas au rendez-vous. Plus tard, Dumas inventera une correspondance amusante et fantaisiste pour justifier l'absence de l'ami égaré et donner plus de sel à la situation. Les pérégrinations de Nerval ne sont pas inhabituelles ; perdu entre Strasbourg et Bade, il n'a plus un sou en poche, part à la cloche de bois et finit par rejoindre son ami le 15 septembre[19]. Ils ont un projet théâtral, écrire l'histoire de Léo Burckhart, inspiré d'un assassinat politique. Ils visitent en réinvestissant l'histoire de Karl Sand, l'assassin de Kotzebue, épisode dont ils tireront leur drame. Ils questionnent les témoins, vont sur les tombes du meurtrier et de sa victime, prennent des notes. À Baden-Baden, l'un des lieux de villégiature du joueur Alfred de Musset, Ida, Alexandre et Gérard découvrent l'enfer du casino dans un décor de paradis. Enfin, c'est le retour en France, avec une halte à Strasbourg, dernière image du voyage qui referme le livre des souvenirs rhénans. « C'était encore ce que j'avais vu de plus beau dans tout mon voyage. Ce qui fait que je n'essayerai pas de la décrire, mais que j'y renverrai tout bonnement mes lecteurs, comme à la huitième merveille du monde[20] », conclut-il sur la cathédrale. Dumas et Ida rentrent à Paris au soir du 2 octobre. L'écrivain a emmagasiné assez de matière pour plusieurs ouvrages.

Dès son retour, Dumas est rattrapé par les interminables complications du théâtre. Porcher, l'un de ses usuriers, a profité de son absence pour donner à son gendre, directeur du petit théâtre du Panthéon, l'une des pièces de Dumas laissée en gage, *Paul Jones*. Le créancier a tous les droits et Dumas n'a pas d'autre choix que de se résigner. Son nom apparaît en grosses lettres sur un théâtre sans envergure où, au mieux, on ne joue que des bluettes. Le Panthéon se fait une bonne publicité malgré lui, de quoi entretenir les railleries et les ricanements de ses ennemis. Cet épisode théâtral est vite oublié au profit d'un événement d'une tout autre ampleur. Depuis 1836, un « collectif » de dramaturges, dont Hugo, Dumas et Delavigne, a obtenu, grâce à l'entremise du directeur de presse, l'influent Anténor

Joly, un privilège pour créer des pièces modernes au Théâtre de la Renaissance. Or il ne s'agit encore que d'une entité virtuelle qui attend un lieu pour exister. En 1838, la salle Ventadour est préemptée pour devenir le Théâtre de la Renaissance tant espéré. Le terme « Renaissance » ne signifie pas que des pièces du temps de François Ier seront jouées. Non, il s'agit de faire *renaître* le théâtre, au sens propre, grâce à des œuvres d'un genre neuf. Dumas a tôt salué ce projet dans lequel il est directement impliqué : ses pièces y seront jouées en alternance avec celles de Hugo et de Delavigne. *Léo Burckart* y sera représenté, à condition que Dumas et Nerval revoient un peu leur copie. Pour l'heure, la salle est inaugurée par ce qui deviendra le fleuron du drame romantique, *Ruy Blas*, magistralement servi par Frédérick Lemaître dans le rôle du valet élevé aux plus hautes sphères du pouvoir avant sa chute retentissante provoquée par la vengeance de Salluste. Dumas doit passer après ce chef-d'œuvre. Mais Nerval intervient pour que *Soir de Carnaval* de son jeune ami Auguste Maquet, un écrivain de second plan, soit représenté. Il a d'ailleurs sollicité Dumas pour qu'il arrange le drame un peu bancal. Par amitié pour Gérard, et poussé par l'opportunisme d'Ida qui se verrait bien jouer dans cette pièce, Dumas s'exécute, apporte de nombreuses modifications et change son titre en *Bathilde* ; la pièce rappelle par endroits *Angèle* et *Antony*. La *Bathilde* de Maquet est jouée avant Dumas à la Renaissance, le 14 janvier 1839. Entre-temps, Nerval a préféré porter *Léo Burckart* à la Porte-Saint-Martin.

Si séduisant soit le projet de la Renaissance, Dumas regarde toujours vers la rue de Richelieu. Malgré plusieurs échecs, dont celui de *Caligula*, le prestige de la première scène française le hante. Son sens de la surprise l'incite alors à tenter un coup de dés : renouer avec une tradition de la Comédie-Française, celle de la grande comédie de mœurs. L'ambition de Dumas est peut-être double : étonner avec un genre où on ne l'attend pas, parer au plus pressé car la cassette se vide. Il s'inspire d'un canevas du vaudevilliste Brunswick et trace en peu de temps les lignes de *Mademoiselle de Belle-Isle*. Comme son titre le suggère, la pièce a pour héroïne une jeune femme. Or une telle option dramatique signifie tractations pour la distribution. Une fois que la pièce est acceptée par le comité, le 15 janvier, on se demande qui incarnera Gabrielle de Belle-Isle, rose à peine éclose. La logique voudrait que ce fût l'une des jeunes premières de la troupe. Mais on ne détrône pas si aisément les reines : Mlle Mars, qui annonce sa retraite depuis dix ans, jouera le rôle de l'ingénue de dix-huit ans, en dépit de ses soixante printemps, visibles de près. Le 2 avril, soir de la première, c'est un succès sans ombre. Mlle Mars rajeunit quand elle se met à jouer — le secret du talent et la magie du théâtre opèrent. Dumas est salué dans ce nouveau genre. Même Jules Janin rejoint le concert des louanges et dessine un portrait de Dumas dramaturge qui ne manque pas de vérité :

Un des plus aimables, des plus faciles et des plus ingénieux récits que M. Alexandre Dumas ait jamais faits au peuple assemblé dans un théâtre, à coup sûr, c'est *Mademoiselle de*

Belle-Isle, et voilà ce qui s'appelle une comédie habilement attaquée, heureusement défendue, et tant de belle et bonne intrigue, avec beaucoup de verve, pas mal de style, des intentions très-fines, des choses très-hardies, mais elles ont passé ; des choses très-hasardées, mais elles ont été acceptées ; des mots qui sentent leur Régence, et des mœurs... En un mot, un grand entrain, une vivacité charmante, un feu roulant de saillies qui dépassent quelquefois, d'un pied furtif, le seuil même de l'alcôve. Quel bonheur, quand M. Alexandre Dumas trouve au fond de sa besace tant de verve, d'audace, de hardiesse et d'esprit[21] !

La critique, les acteurs et le public parisien découvrent un nouvel aspect de l'art de Dumas. Le dramaturge est aussi un humoriste, qui aime rire et jouer avec la frontière de la grivoiserie et de l'indécence. Sa *vis comica* est naturelle, d'une franche gaieté. Le lecteur ou le spectateur attentif aurait pu déceler très tôt la dimension comique du style de Dumas, y compris dans ses drames. Car jamais il n'a oublié la leçon de Molière, dont il recommande la lecture à son fils Alexandre : *castigat ridendo mores*. D'ailleurs, sur le plan personnel, Dumas n'apprécie guère les éteignoirs et se plaît en compagnie de Nerval et jadis de Nodier, deux écrivains de la fantaisie et de l'humour.

La comédie éclipse deux drames joués presque consécutivement : *L'Alchimiste*, qui n'obtient qu'un succès médiocre le 10 avril et, événement plus triste, *Léo Burckart* qui tombe à son tour. Plus que Dumas, Nerval est atterré par cet échec ; lui qui a presque intégralement récrit la pièce n'a pas la carapace de Dumas pour supporter cette rebuffade. La portée politique du drame est mal comprise ;

l'intrigue, complexe, a lassé le public. Cette pièce est pourtant, avec *Lorenzaccio*, l'expression la plus accomplie du drame romantique dans sa dimension politique. Si Nerval s'afflige, Dumas court tant de lièvres à la fois qu'il finit toujours par garnir sa gibecière. L'année 1839 voit paraître les *Crimes célèbres*, littérature à sensation qui flatte un lectorat avide de faits divers, passés et présents. Dumas choisit Urbain Grandier ou la Brinvilliers, peut-être aidé par Auguste Maquet. Cette « littérature facile », « industrielle », méprisée par les critiques Nisard et Sainte-Beuve, n'est pas seulement alimentaire. À bien la lire, elle confirme un sens aigu de la fiction romanesque, une manière toute personnelle d'investir un matériau historique devenu légendaire. Légende noire, de préférence, telle celle de la marquise de Brinvilliers, principal protagoniste de « l'Affaire des poisons ». Pour terrifier son lecteur avec précision, Dumas mène l'enquête, utilise les minutes des procès, des témoignages d'époque. Le style oscille entre récit et commentaire historique, auxquels Dumas ajoute une analyse psychologique de la Brinvilliers, agrémentée de nombreux dialogues purement fictifs. Dumas maîtrise parfaitement la théâtralité du récit, qui consiste, entre autres, à donner un rythme visuel et émotionnel aux passages les plus sidérants :

> La marquise achevait ce mot, lorsque le docteur entendit un coup sourd, comme celui d'un coup de couperet, qui se donnerait pour trancher de la chair sur un billot : au même instant la parole cessa. Le couteau avait passé si vite, que le docteur n'en avait pas même vu passer l'éclair : il s'arrêta

lui-même, les cheveux hérissés et la sueur sur le front ; car, ne voyant point tomber la tête, il crut que le bourreau avait manqué son coup et qu'il allait être obligé de recommencer ; mais cette crainte fut courte, car presque au même instant la tête s'inclina vers le côté gauche, glissa sur l'épaule, et de l'épaule roula en arrière, tandis que le corps tombait en avant sur la bûche placée en travers ; soulevé de manière à ce que les spectateurs vissent le cou tranché et sanglant : au même instant, et ainsi qu'il le lui avait promis, le docteur lui dit un *De profundis*.

Lorsque le docteur eut fini sa prière, il leva la tête et vit devant lui le bourreau qui s'essuyait le visage[22].

La séduction du mal, Dumas en connaît les ressorts et les effets. Empoisonneuses et satanistes ne nourrissent toutefois pas son homme. Au printemps 1839, Dumas est criblé de dettes. Depuis toujours, son sens de la gestion est quasi nul et ses dépenses sont compulsives. Cette pente naturelle, en quoi il n'est guère freiné par Ida, le conduit au pire. Un homme providentiel, Jacques Domange, enrichi dans la vidange et les fosses d'aisance, est devenu le principal prêteur du couple. Domange a su saisir le filon hygiéniste, qui passionne scientifiques et médecins, à commencer par Parent-Duchâtelet, l'un des premiers à avoir cherché des solutions pour rendre Paris plus salubre. Pour Dumas, l'argent n'a pas d'odeur mais Domange n'est pas un philanthrope et réclame son dû. Dumas engage les droits de *Mademoiselle de Belle-Isle* et n'engrange rien.

En matière d'engagement, Dumas offre au gotha parisien son plus beau coup de théâtre en 1839. Il publie les bans de son mariage avec mademoiselle Ida Ferrier, sa maîtresse depuis 1833. Telle annonce a de quoi surprendre, surtout les amis de Dumas qui savent son penchant irrépressible pour les femmes, voire ses tendances érotomanes. Pourquoi Dumas a-t-il choisi d'entrer dans le rang, d'officialiser une union où chacun des deux membres est libre de vivre selon ses fantaisies sexuelles ? Plusieurs témoignages contradictoires s'opposent sur le terrain de ces noces tardives. L'usurier-vidangeur Domange a-t-il fait pression sur Dumas ? Le mariage avec Ida serait alors quelque clause secrète d'un contrat de débiteur à créancier. Eugène de Mirecourt, plus perfide, prétend que Dumas se serait senti obligé d'épouser sa maîtresse à la suite d'une remarque de son bien-aimé prince Ferdinand : « Il est entendu, mon cher, que vous n'avez pu me présenter que votre femme[23]. » Ces propos probablement apocryphes cadrent mal avec le naturel de Ferdinand, bien plus ouvert que la majeure partie des hommes de sa caste. Le plus proche de la vérité est probablement Paul Lacroix (alias le Bibliophile Jacob). Selon cet esprit fin, Dumas convole en justes noces pour asseoir sa notoriété d'homme respectable car un nouveau rêve le hante : être de l'Académie. Une telle reconnaissance explique pourquoi il multiplie les tentatives d'approche, sollicitant les conseils de Nodier, Hugo, demandant à l'influent Buloz de la *Revue des Deux Mondes* de parler de lui en bien, dans le dessein de rassurer les académiciens. L'habit noir du marié cacherait-il l'habit vert de l'Immortel ?

Dumas et Ida s'agitent autour de ces noces que la future épousée souhaite grandioses, à la hauteur du marquisat à laquelle elle accède en épousant un Davy de la Pailleterie. Les tiroirs sont vides, mais les caisses de Domange sont pleines. Il avancera donc les frais somptuaires de ce mariage de déraison. Mais c'est sans compter sur de nouveaux obstacles qui, cette fois, sont d'ordre privé. Alexandre, le fils, a maintenant seize ans et son caractère s'affirme. Autant il s'est attaché à Mélanie Waldor, autant il se défie de la « grosse mademoiselle », la blonde Ida qu'il n'aime guère. Alexandre écrit à son père une lettre de protestation contre ces épousailles. En vérité, c'est Mélanie Waldor qui pleure derrière les mots du fils, qu'elle encourage à s'opposer au mariage. Dumas semble avoir été sincèrement affecté par la réaction de l'adolescent, d'autant plus qu'il lui voue un amour sincère, regrettant l'éloignement qu'a entraîné sa relation avec Ida :

Maintenant cet état cessera le jour où tu le voudras : écris une lettre à madame Ida, demande-lui d'être pour toi ce qu'elle est pour ta sœur, et tu seras toujours et éternellement le bienvenu. Ce qui peut arriver de plus heureux pour toi, c'est que cette liaison continue, car comme je n'ai pas eu d'enfants depuis 6 ans, j'ai *la certitude* de n'en avoir pas et tu restes ainsi mon seul fils et mon fils aîné.

Si tu fais cela — ce dont je te prie sans l'exiger ne voulant rien devoir par la contrainte, non seulement tu seras le bienvenu tous les quinze jours, mais encore tu me rendras aussi heureux qu'il est en ton pouvoir de le faire.

Je n'ai pas autre chose à te dire. Réfléchis seulement que si je me mariais avec une autre femme que madame Ida, je pourrais avoir trois ou quatre autres enfants tandis qu'avec elle je n'en aurai *jamais*.

Je crois au reste que là-dedans tu consulteras ton cœur plus que ton intérêt, mais au reste, cette fois contre l'habitude de tous deux seront d'accord.

Je t'embrasse de tout mon cœur,
Alex Dumas

P.-S. Tu devrais au lieu de signer Alex Dumas comme moi ce qui peut avoir pour nous deux, un jour, un grave inconvénient, puisque nos deux écritures sont pareilles, signer Dumas Davy. Mon nom est trop connu, tu comprends pour qu'il y ait doute, et je ne puis ajouter père : je suis trop jeune pour cela[24].

Contre l'avis du fils, le père signe son contrat de mariage au début de février 1840. Tout Paris rit sous cape ou à gorge déployée. Quelle équipée ! Ida apporte en dot des bijoux et de l'argent probablement avancé par Domange ; quant à Dumas, il étale une dot colossale, le plus beau des mirages, des milliers de pages : la propriété de tous ses ouvrages dramatiques et littéraires. Dumas, qui veut une mise en scène à la hauteur de l'événement, rend public le contrat de mariage et fanfaronne comme Figaro vantant les mérites du mariage. Dumas a choisi des témoins prestigieux, comme il se doit. Rien moins que le vicomte François de Chateaubriand, académicien et pair de France, ainsi que François Villemain, ministre de l'Instruction publique. Quant à la mariée, elle a trouvé les siens dans la gentilhommerie et le Conseil d'État. Ces illustres témoins apposent leur paraphe au bas du contrat, sans que ces noces soient prises au sérieux par l'opinion publique. Jacques Domange, lui aussi, est de la partie ; au bas des feuillets, l'expert des vidanges précise sa fonction par la mention banalement bourgeoise de *propriétaire* — doux euphémisme pour le vidangeur. Le 5 février, Mlle Ida Ferrier devient Mme Ida Dumas. Chateaubriand et Villemain ont préféré se retirer de l'affaire pour la cérémonie religieuse, et ce sont deux nouveaux témoins, Louis Boulanger et Charles Robelin, qui ont pris le relai. Or le prêtre de Saint-Roch n'a pas été informé de cette doublure. Il prend l'un pour Chateaubriand, l'autre pour Villemain, s'adressant pendant son prêche à « l'illustre auteur du *Génie du christianisme* », ainsi qu'à l'écrivain qui tient dans ses mains la langue française, puisqu'il est « ministre de l'Instruction publique ». Si ce propos, rapporté par Paul Lacroix, est exact, les bancs de Saint-Roch ont dû se pincer pour ne pas rire.

La fête dure peu. Au lendemain des réjouissances, on fait les comptes. Ils ne sont pas mirifiques. Les espoirs d'un investissement rentable au Théâtre-Italien s'écroulent comme des capucins de cartes au printemps 1840. Comme avant lui Figaro, Alexandre Dumas, ruiné et menacé, aurait pu dire en cette fin d'année 1840 : « Ô bizarre suite d'événements ! Comment cela m'est-il arrivé ? Pourquoi ces choses et non pas d'autres ? Qui les a fixées sur ma tête[25] ? »

À l'ombre de Florence

Pour quelques pages blanches qu'il y ait dans ce livre, nous rencontrerons bien des pages rouges de sang, bien des pages noires de deuil ; car Dieu voulut que tout se teignît ici-bas de ces trois couleurs, lorsqu'il en fit le blason de la vie humaine et qu'il lui donna pour devise : innocence, passion et mort.

Isabel de Bavière[1]

Dumas marié n'est pas un homme heureux. La reverdie espérée ne vient pas : au printemps 1840, nul succès sur les planches. Voilà déjà onze ans qu'*Henri III et sa cour* a triomphé, neuf ans qu'*Antony* est devenu un mythe, quatre ans que *Kean* a été applaudi. Dumas s'est-il perdu dans les besognes alimentaires ? À force de poursuivre ses chimères, Dumas a oublié qu'il savait écrire, autrement dit, surprendre son public. Sa dernière pièce, composée avec Lafont, *Jarvis, l'honnête homme*, ne manque pas de quelque relief, très bien interprétée par l'excellent Bocage, mais elle est jouée sur une scène secondaire, le Gymnase-Dramatique. Un lambeau de gloire que Dumas ne ramasse même pas, puisque son nom n'est pas cité. *Le Maître d'armes*, beau roman dont l'intrigue se déroule dans les steppes de Russie, laisse les lecteurs français indifférents. L'argent manque cruellement et Ida s'en plaint à Domange, non sans mauvaise foi, puisqu'elle contribue elle-même à la ruine du ménage. Il y a décidément quelque chose de pourri au royaume des Dumas et seul un voyage qui éloignera Alexandre de lui-même et de ses tracas peut le sauver.

Hors Florence, point de salut ! L'unique ville italienne où il n'est pas *persona non grata* est désignée comme lieu de fuite et d'écriture. Mais comment partir les mains vides, fût-ce le cerveau rempli de projets ? Dumas se tourne vers Prosper Mérimée, afin qu'il intercède auprès de Rémusat, devenu ministre de l'Intérieur. Rémusat écoute l'avis sérieux de Mérimée et commande à Dumas une comédie destinée au Théâtre-Français. Il lui verse, à titre d'acompte, la rondelette somme de six mille francs*. M. et Mme Dumas embarquent à Marseille le 5 juin 1840 et s'installent à Florence le 7. Les loyers sont moins élevés dans la ville des Médicis qu'à Paris et le couple peut donc satisfaire sa soif de luxe. Ils s'installent au Palazzo Palmieri où, dit-on, Boccace a composé le *Décaméron*. Somptueux, les lieux sont habités par les mannes d'un immense écrivain, ce qui enchante Alexandre, sensible aux atmosphères chargées. Les Dumas évoluent dans près de vingt pièces richement décorées, un théâtre, un jardin magnifique ; ces lieux idylliques sont faits pour l'inspiration. Au pays où les citronniers fleurissent, Dumas n'est pas un inconnu. Florence est ville d'échanges et de

* Environ vingt-quatre mille euros actuels.

rencontres pour l'intelligentsia européenne. Voyageurs, artistes en villégiature et personnalités exilées animent les mondanités des beaux quartiers. Si la solitude est nécessaire à Dumas pour écrire, il éprouve aussi le besoin de fréquenter cette bonne société, d'y briller, pour mieux apprécier ensuite les moments d'isolement qu'impose la création. Il croise ainsi princes et grands de ce monde, notamment Jérôme Bonaparte, le plus jeune frère de Napoléon.

Pour Dumas, l'épisode florentin correspond avant tout à un moment de travail intense qui lui permettra de s'extraire d'une situation matérielle désastreuse. Il noircit des feuillets dix heures par jour, peut-être davantage. Qu'écrit-il ? Il développe projets et canevas qu'il a emportés dans ses malles, en particulier deux pièces imitées de Shakespeare, *Macbeth* et *Hamlet*. Sur place, de nouvelles idées s'ajoutent aux contrats antérieurs. On lui propose notamment de collaborer à une luxueuse publication sur la Galerie des Offices, ornée de trois cent cinquante reproductions, commentées en italien et en français. Ce nouveau travail d'écriture le séduit — outre l'apport financier qu'il constitue. Dumas a, en effet, sa propre conception de la création en voyage : « Écrire tant bien que mal une histoire, et non pas un guide des voyageurs[2]. » *La Galerie des Offices*, l'un des chapitres qu'il tire de son séjour à Florence, ressemble ainsi à une promenade agrémentée de fictions et d'anecdotes, de commentaires qui renvoient aux traditions locales. Le tout est rehaussé de nombreuses touches d'humour :

J'ai gardé la Vénus de Médicis pour la bonne bouche, comme dirait Brillat-Savarin ; car la Vénus de Médicis est une de ces statues sur lesquelles se sont épuisées toutes les formules d'éloges. Il en résulte que, lorsqu'on n'admire pas la Vénus de Médicis jusqu'à l'idolâtrie, on est généralement regardé comme un athée, ou tout au moins comme un hérétique[3].

L'été florentin n'est pas aussi dépaysant que les *Impressions de voyage* le laissent croire. Dumas est constamment tourné vers Paris, s'inquiète de la place qu'il occupe dans le paysage littéraire. Il s'informe aussi de l'humeur de la Comédie-Française et de cette institution qui lui apparaît de plus en plus comme l'Eldorado et le couronnement de sa vie littéraire : l'Académie. À de réelles préoccupations de carrière s'ajoutent des angoisses plus intimes. Depuis son mariage avec Ida, son fils lui bat froid. L'harmonie n'est pas restaurée. Dumas en souffre de loin, écrit à Alexandre qui finit par lui répondre. Avec le temps et l'éloignement géographique les tensions finissent par s'apaiser, comme l'atteste une lettre datée de septembre 1840 : « Ta lettre m'a fait grand plaisir, car elle m'annonce que tu te portes bien et ta santé est ce qui m'inquiète le plus au monde[4] », écrit Dumas à son fils. Loin des yeux, près du cœur.

Paris ne laisse décidément pas de répit à Dumas, harcelé par les éditeurs et les patrons de presse. Avant de partir, il a confié la gestion de ses intérêts à Jacques Domange, qui joue le rôle d'agent littéraire et d'administrateur auprès des différents organismes (presse, théâtres, libraires) qui doivent quelque argent à Dumas. S'il veut des rentrées, Dumas doit produire. Prométhée enchaîné à sa table de travail, il écrit, remplit des pages *ad libitum*, qu'il expédie ensuite à Paris, chargeant Domange d'en récolter le gain. L'encre n'a pas le temps de sécher que l'argent vient à manquer et il faut quitter le palais de Boccace pour une demeure plus modeste, via Rondellini. Le souvenir de ce déménagement réapparaît plus tard dans *Les Garibaldiens*, à travers l'évocation du capitaine Orlandini, rencontré en 1840 et retrouvé en 1860 : « J'avais connu le capitaine Orlandini tout enfant, à Florence, en 1840. J'y habitais la maison d'une de ses tantes, via Rondellini[5]. » Le présent florentin prépare l'avenir ; comme souvent chez Dumas, la mémoire soude les épisodes de la vie grâce à la fiction.

Installé sous les toits, Dumas poursuit son labeur de Titan. Au vrai, le changement de décor ne modifie pas le rapport de l'écrivain à sa création. Dumas s'adapte, apprécie la sobriété de la chambre aux murs blanchis à la chaux. Il confie d'ailleurs avoir écrit les trois premiers volumes du *Chevalier d'Harmental*, tout *Le Corricolo* et *Le Speronare* dans cette toute relative ascèse. À l'en croire, plus le lieu de création est étroit, plus les horizons s'élargissent. Ces œuvres d'énergie et de fantaisie sortent de quatre murs et d'une table. Si le résultat est remarquable de personnalité, le labeur romanesque prend parfois les allures d'un *pensum*. Car le romancier considère encore la prose narrative comme un pis-aller ; il voudrait trouver le temps d'écrire ses pièces, mais il doit d'abord honorer ses commandes de récits s'il veut survivre. Son absence de Paris le dessert. Nul autre que lui sait négocier avec finesse des délais, des avances, des promesses. Domange n'est pas si habile, notamment auprès de l'intraitable Buloz, parfaitement aguerri aux tractations avec les auteurs récalcitrants. À Florence, Dumas se trouve donc dans une situation ambiguë : pour écrire du théâtre — sa passion —, il doit d'abord fournir les pages de prose qu'il a promises.

À la force du poignet l'horizon s'éclaircit. Du 13 août au 25 décembre, *Le Siècle* publie les pérégrinations ludiques et sérieuses de ses *Excursions au bord du Rhin* ; de son côté, la *Revue de Paris* offre à ses abonnés les *Souvenirs de voyage* (*Le Midi de la France*). Ces commandes, bien qu'écrites à la hâte et par nécessité, sont tout sauf laborieuses. Elles respirent le dynamisme du voyageur enthousiaste, exhalent une simplicité plaisante qui donne envie de tourner les pages. Le lecteur est plongé *in medias res* dans les réalités du périple, avec humour, telles les premières lignes qui ouvrent le feuilleton de la *Revue de Paris* :

> Deux moyens sont offerts au voyageur pour aller d'Arles à Marseille, la route de mer et la route de terre : la route de mer par le bateau à vapeur et le golfe de Lyon, la route de terre par le coche et le canal de Bouc. Peut-être trouvera-t-on que le nom donné à cette dernière route ne se justifie pas très exactement, mais elle s'appelle comme cela. Les voies du Seigneur sont profondes[6].

Dumas promène son lecteur amusé et empoche l'argent de sa prose pérégrine. Il peut maintenant se replonger à corps perdu dans le théâtre. Même s'il s'agit d'un engagement, puisqu'il a promis au ministre Rémusat une pièce pour la Comédie-Française, écrire une pièce l'enchante. La réussite de *Mademoiselle de Belle-Isle* l'incite à persévérer dans le genre de la comédie. Dumas veut faire coup double : embrasser un nouveau succès et complaire à Mlle Doze, l'une de ses récentes conquêtes à qui il a promis un rôle. En décembre 1840, *Un mariage sous Louis XV* est achevé. L'humeur de cette fantaisie est délicieuse et convainc l'assemblée florentine venue en écouter la lecture. On applaudit à tout rompre ; Ida la juge même supérieure à *Mademoiselle de Belle-Isle*, écrit-elle à Domange. Le pense-t-elle vraiment ou veut-elle rassurer le principal prêteur du couple ? Pour féliciter le dramaturge français de ce nouvel exploit littéraire, le duc de Lucques le décore de la Grand-Croix de son duché, éphémère entité géographique qui n'existera que trente ans. Dumas pavoise et ses succès florentins lui donnent le courage d'affronter une nouvelle fois le comité de lecture de la Comédie-Française. De loin, il place ses pièces sur l'échiquier des manigances, en vieux routard habitué aux obstacles. Il sait qu'il doit ménager les susceptibilités et préparer ses alliés. Aussi expédie-t-il sa pièce à Asselin, le secrétaire du duc d'Orléans, ainsi qu'à Domange, garant de son œuvre, usurier de son bien.

Pour la première fois, Dumas associe son fils à ses tractations, le faisant ainsi entrer de plain-pied dans les réalités du théâtre. Pour ce faire, il ne lui confie pas seulement la mission d'être aux avant-postes lors de la première, mais lui dresse la liste des œuvres, des auteurs et des morceaux choisis qu'il doit connaître par cœur s'il veut réussir au théâtre. La liste n'est pas si longue et le nombre des auteurs réduit : Molière, et ses grandes comédies de caractère, *Le Tartuffe* et *Le Misanthrope* ; Hugo, avec *Hernani* et *Le roi s'amuse* ; Hugo encore avec la sublime tirade du marquis de Nangis dans *Marion Delorme*. Lui-même enfin avec *Caligula* et la tirade de Yaqoub dans *Charles VII chez ses grands vassaux*. Enfin, en poésie, Alphonse de Lamartine. En somme, Dumas incite son fils au culte des vers. Quand bien même l'alexandrin décrirait un objet quotidien ou trivial, « tout a droit de cité en poésie », comme l'écrit Hugo dans la préface des *Orientales*. À travers ce programme, Dumas dévoile son obsession profonde, qui ne le quitte décidément pas : être reconnu comme un grand tragédien, un poète dramatique. Bien plus, il confie à son fils la responsabilité de réussir totalement là où il n'a brillé que par intermittence.

Si grand soit-il au Panthéon des lettres françaises, Dumas n'en est pas moins reçu « à corrections » pour son *Mariage sous Louis XV*. Vexé, il accepte toutefois de faire amende honorable car il veut être joué, sa gloire et son portefeuille en ont furieusement besoin. Mais l'inépuisable Mlle Mars hésite. Elle fait un peu la moue devant la nouvelle pièce. Trop loin de Paris pour défendre son projet, il sait qu'il est nécessaire de quitter Florence, au moins quelques semaines. Un autre motif le pousse : le désir d'être de l'Académie le taraude. Il ne parvient à obtenir que des informations partielles ; il a écrit à Hugo, à Nodier, a enquêté du côté de Casimir Delavigne, dont il craint qu'il ne lui soit défavorable. Mais aucune réponse précise ne lui est donnée, sinon de prudentes conjectures de l'ami

Nodier. Hugo est sur le point d'être élu, et le tour de Dumas pourrait venir. Après avoir amassé la somme nécessaire au voyage, il regagne Paris le 18 mars 1841, avec dans ses malles un roman, *Le Chevalier d'Harmental*. Il y règle ses affaires courantes mais aussi celles des autres. L'une de ses protégées, Henriette Chevallier, dont le nom de scène est Mlle Laurence, est criblée de dettes. Dumas, amant grand seigneur, paie, ou plutôt fait payer Domange.

Après dix mois d'absence, Dumas mesure l'étendue des dégâts. Certes, sa comédie va être créée, mais dans le décor repeint de *Clotilde*, une pièce jouée en 1832. Mlle Mars a finalement renoncé au rôle, son règne s'achève et ce sont Mlles Anaïs et Plessy qui lui succèdent. Du point de vue publicitaire, Dumas aurait préféré que Mlle Mars fît ses adieux avec sa pièce. Déçu par les tracasseries de sa nouvelle équipée à la Comédie-Française, Dumas boude, c'est-à-dire qu'il se retire avant la première, qui a lieu le 1er juin 1841. Pourtant la pièce ne démérite pas, le public lui fait bon accueil ; seule une partie de la critique regrette l'absence de Mlle Mars dans la distribution et celle de Dumas dans la salle. S'il est reparti, c'est que personne ne semble bien disposé envers lui à Paris. Tout n'est pourtant pas si noir que Dumas le décrit dans ses *Souvenirs*. Il a revu son fils, son cher Alexandre qu'il aime décidément beaucoup et avec qui les relations s'harmonisent.

L'été 1841 est marqué par un projet littéraire d'envergure, le drame *Lorenzino* inspiré des *Chroniques de Varchi*. En composant cette nouvelle pièce historique sur les lieux même du crime commis par Lorenzo de Médicis, Dumas s'est souvenu du *Lorenzaccio* de Musset, paru en 1834. Mais les deux drames ne se ressemblent guère, ni dans leur forme ni dans leurs intentions. Là où Musset multiplie les scènes, Dumas sacrifie à l'esthétique du tableau, selon une technique de composition dramatique qui a cours alors : plusieurs scènes forment un « tableau », statique ou animé, dans un même décor. Contrairement à Musset, Dumas n'a pas introduit dans son intrigue un personnage aussi machiavélique que le cardinal Cibo, chargé d'exprimer l'aspect le plus sombre du désenchantement politique de Juillet 1830. Dumas vise le rythme dramatique et écarte la métaphysique au profit de l'efficacité visuelle, même si la dernière réplique du héros, en écho à Musset, trahit le pessimisme de l'action politique : « Mon Dieu ! Mon Dieu ! Pourquoi suis-je condamné à vivre ! », pleure le héros. Aux yeux de Dumas, *Lorenzino* est de la haute littérature, parce que le drame plonge ses racines dans les heures noires de Florence, parce que la conspiration de Lorenzo lui rappelle qu'il a le cœur républicain et encore quelques idéaux. En octobre, il soumet sa pièce à la Porte-Saint-Martin, où elle est acceptée et mise en répétition. Le climat parisien ne lui est toutefois guère plus favorable qu'au printemps. Toujours aucune lueur du côté de l'Académie ; nul appui politique sûr. À quoi bon rester à Paris sans la gloire ? Une nouvelle fois, il joue les Arlésiennes et n'assiste pas au revers essuyé par son *Lorenzino*, créé à la Porte-Saint-Martin le 24 février 1842. Dumas répond à l'échec par un coup de théâtre. Il a dans sa manche un *Hamlet* tout prêt, qu'il propose à Buloz. Une idée l'obsède, le manque d'argent l'oppresse : selon les termes du contrat qui le lie à la Comédie-Française, Dumas percevra deux mille cinq cents francs* si sa pièce atteint les vingt-trois représentations. Or en décembre, sa version de *Macbeth* vient d'être refusée et il mise tout sur son *Hamlet* pour se refaire et atteindre le chiffre rentable. Pourtant Buloz rejette l'arrangement. Retour à Florence les poches vides, avec la seule petite consolation d'avoir revu Virginie Bourbier, qu'il continue à gâter de près et à distance. Dumas ne se décourage pas : le nouvel été florentin s'annonce heureux, embelli par la rencontre du fils du roi Jérôme, le prince Napoléon. Le jeune homme est un compagnon de promenade agréable, qui affecte simplicité et franchise dans sa mise ; pour Dumas, il comble peut-être la place vacante laissée par Ferdinand, son bien-aimé prince missionné en Algérie. Ensemble, ils se rendent sur l'île d'Elbe. En voguant vers le sud, Dumas distingue une forme étrange. C'est l'île de Monte-Cristo, un rocher aride, surgi verticalement de la mer, apparemment hostile, dont les seules habitantes sont des chèvres sauvages.

Cette masse de pierres pareille au géant Adamastor, se dressait menaçante devant la barque, à laquelle elle dérobait le soleil dont la partie supérieure se dorait ; peu à peu l'ombre monta de la mer et sembla chasser devant elle ce dernier reflet du jour qui allait s'éteindre, enfin le rayon lumineux fut repoussé jusqu'à la cime du cône, où il s'arrêta un instant

* L'équivalent d'environ dix mille euros actuels.

comme le panache enflammé d'un volcan : enfin l'ombre, toujours ascendante, envahit progressivement le sommet, comme elle avait envahi la base, et l'île n'apparut plus que comme une montagne grise qui allait toujours se rembrunissant[7].

Dumas est séduit par la rugosité du granit, dont il dépeindra l'inquiétante étrangeté dans le *Comte de Monte-Cristo*. S'il en retient le nom et l'image, il promet aussi à son jeune compagnon que *L'Île de Monte-Cristo* sera le titre d'un prochain récit.

En attendant d'inventer l'histoire d'Edmond Dantès, Dumas a repris son labeur quotidien à Florence, ponctué par les causeries du soir et les longs soupers à l'ombre des oliviers. Le 18 juillet, Dumas est justement convié au Quarto, splendide palais aux lignes néoclassiques : « La colonie française à Florence avait pour centre la charmante villa de Quarto, habitée par le prince Jérôme Bonaparte et par la princesse Mathilde, sa fille[8] », précise Dumas dans ses *Causeries*. Or ce jour-là, Dumas est accueilli par le visage défait du prince. On vient d'apprendre que Ferdinand, duc d'Orléans, est mort accidentellement le 13 juillet. La mauvaise nouvelle a mis cinq jours pour cheminer jusqu'à Florence. Alexandre Dumas s'effondre.

En Italie, en France, en Allemagne, trois écrivains prennent le deuil : Alexandre, ami intime de Ferdinand, Alfred de Musset, camarade d'enfance du prince, et Jules Michelet qui, depuis l'Allemagne, voit dans cette mort un présage funeste pour la monarchie de Juillet. Pour tous, c'est la désolation car Ferdinand semblait incarner l'avenir. Supérieur en intelligence et en beauté à son père, il rassemblait autour de lui des hommes différents. Alexandre Dumas n'hésite pas et regagne à nouveau Paris. Il quitte l'Italie le 27 juillet et se précipite à Notre-Dame le 3 août, après un périple difficile durant lequel, pour chasser son chagrin, il a tracé les grandes lignes d'*Halifax*, comédie composée avec le dramaturge d'Ennery, rencontré en chemin. Paris est en deuil. La cathédrale chère à Hugo est drapée de noir, immense spectre que reflète la Seine. Des milliers de Parisiens défilent. Dumas, intime du prince de son vivant, ne parvient pas à s'approcher de son cercueil. Pourtant, il voudrait toucher le catafalque, emporter un souvenir, si minime soit-il. Cette relique, c'est le chirurgien Pasquier qui la lui donne sous la forme d'un mouchoir imbibé du sang de son ami. Le médecin a pratiqué l'autopsie du prince, réalisant la macabre prophétie de Ferdinand, huit ans plus tôt. Dumas avait pressenti l'horreur funeste, sans la comprendre. Aujourd'hui, elle prend tout son sens. Le cœur de Ferdinand doit rejoindre la chapelle royale de Dreux. Bien qu'il n'ait pas été convié, Dumas suit le cortège funèbre. Il voudrait partager sa peine avec ceux qui, comme lui, pleurent le défunt, au premier rang desquels Louis-Philippe, qui sanglote dans son mouchoir. Mais le roi des Français est hagard et Dumas reste seul avec son deuil, seul avec les souvenirs du seul homme qu'il ait jamais aimé : « Il y avait dans la voix du duc d'Orléans, écrira-t-il, dans son sourire, dans son regard, un charme magnétique qui fascinait. Je n'ai jamais retrouvé chez personne, même chez la femme la plus séduisante, rien qui se rapprochât de ce regard, de ce sourire et de cette voix[9]. » La mort de Ferdinand ne frappe pas seulement Dumas. C'est un coup fatal pour la monarchie de Juillet : « Je ne puis qualifier que de stupeur l'impression produite dans mon petit cercle. Elle a été générale dans toute la France. On ne pensait pas ; on était accablé[10] », commente la comtesse de Boigne.

Cette fois, Dumas ne repart pas pour Florence. Le travail est un remède à la mélancolie. Également indécis sur le plan personnel, il veut prendre de la distance avec Ida qui, dit-on, est en bonne compagnie. Alexandre voit son fils, travaille à de nouveaux projets, dont une comédie de circonstance écrite en collaboration avec son vieil ami Leuven, toujours présent depuis 1819. La pièce, *Le Mariage au tambour*, est créée le 9 mars 1843 aux Variétés, sans grand succès. Pourtant, les complices ne s'abattent pas de ce ratage et se mettent immédiatement à une autre comédie, *Les Demoiselles de Saint-Cyr*, comédie dont le titre renseigne sur la fable et ses personnages. Une fois passées les intrigues liées à la distribution, Dumas souhaite repartir en Italie. Paris lui pèse. Le 2 mai 1843, il quitte à nouveau la capitale pour Florence. Une ultime mésaventure l'y attend, digne des péripéties les plus romanesques. Surgi du passé, l'inénarrable Jules Lecomte se présente à Dumas, mielleux et affecté, désireux de devenir son secrétaire particulier. Dumas, habituellement peu rancunier, n'a pas oublié les insultes de ce parasite. Il informe immédiatement l'ambassade de la présence de l'importun, qui est invité à quitter la ville dans les plus brefs délais. Furieux, Lecomte ne veut pas en rester là, attaque Dumas avec sa canne en pleine rue. Mais Dumas riposte et le blesse. Témoin de l'énergumène, le prince Korsakoff est prêt à relever le gant contre Dumas. Mais ce dernier dévoile la vraie personnalité de Jules Lecomte ; le prince Russe comprend qu'il a été abusé par un mythomane et se retire. Cependant, Dumas veut terminer cette affaire devant les tribunaux : il détient des preuves qui discréditeront à jamais Lecomte. Nouveau voyage vers la capitale. Durant le trajet de Florence à Paris — qu'il commence à bien connaître —, Dumas fait une rencontre non moins redoutable que le jeune blanc-bec. Il s'agit de Rachel. La grande tragédienne est de passage à Marseille. Dumas soupe en sa compagnie à la fin du mois de mai. Séduit par sa beauté magnétique, il tombe littéralement sous le charme de cette petite femme brune, dont Musset prétend que la « taille n'est guère plus grosse qu'un des bras de Mlle George[11] ». Si menue soit-elle, Rachel ne manque pas de caractère : il n'est pas né celui qui lui dictera sa conduite. Or Dumas, aveuglé par lui-même, interprète mal les intentions de l'actrice. À l'issue d'une promenade, elle lui a effet offert un petit morceau de marbre, en souvenir de la soirée. Cédant à son tour au fétichisme, Dumas, qui se croit aimé, se répand en lettres passionnées, auxquelles Rachel répond froidement, avant de lui adresser une cinglante fin de non-recevoir. Le lion n'a pas eu raison de la gazelle, ce qui n'empêchera pas Dumas de saluer son talent en maintes occasions.

Le 25 juillet, *Les Demoiselles de Saint-Cyr*

reçoivent un chaleureux accueil du public. La critique est plus mitigée. Si *La Revue de Paris* du 31 juillet note « qu'il y a là assez d'ingénieuse gaieté pour provoquer tous les rires », tout autre est le ton de Jules Janin dans le *Journal des débats*. Habituellement fantaisiste, adoptant le ton feint de la désinvolture, Janin multiplie les formules assassines. Pour celui qu'on appelle le « Prince des critiques », tout sonne faux dans la pièce de Dumas : les dialogues des pensionnaires de Saint-Cyr, la cour d'Espagne. Le jugement de Janin se résume en un qualificatif : *insipide*. Dumas est éreinté. La critique a-t-elle tous les droits ? Le dramaturge s'estime insulté, considère que Janin a excédé son rôle de journaliste et répond par une lettre publique, publiée dans *La Presse* le 29 juillet. Dumas attaque Janin sur le terrain de la création, le renvoie à sa fonction de journaliste, alors même qu'il connaît ses prétentions littéraires. Piqué, Janin réplique le 7 août en compilant tous les articles défavorables à Dumas et à sa nouvelle comédie. *Les Demoiselles de Saint-Cyr* sont, entre autres, accusées d'être « l'enfant de trente-six pères ». C'est toucher un point névralgique chez Dumas : le conflit entre la création singulière et le travail en collaboration. Cette fois, Dumas envoie ses témoins. Plus courageux dans les colonnes que sur la prairie, Janin retourne sa veste et son gilet et fait l'éloge de Dumas dans un article du 21 août, prophétise même son élection à l'Académie. Telle annonce, si illusoire soit-elle, comble maître Alexandre, qui ouvre un large bec et laisse tomber sa colère...

Dans le feu de ses démêlés avec les deux Jules

(Lecomte et Janin) ou de ses vaines tentatives auprès de Rachel, Alexandre Dumas a-t-il pris le temps de lire ces stances de Musset, des stances pour le souvenir, parues dans la *Revue des Deux Mondes*, le 18 juillet 1843 ?

La joie est ici-bas toujours jeune et nouvelle,
Mais le chagrin n'est vrai qu'autant qu'il a vieilli.
À peine si le prince, hier enseveli,
Commence à s'endormir dans la nuit éternelle ;
L'ange qui l'emporta n'a pas fermé son aile ;
Peut-être est-ce bien vite oser parler de lui[12].

Entre Florence et Paris, dans un incessant va-et-vient, Dumas a composé plusieurs pièces de théâtre, des romans, des récits de voyages, des articles, écrit des dizaines de lettres ; il a aimé, pleuré, s'est battu contre l'adversité, contre une nuée de créanciers, contre les jaloux et les fats, contre la mort de sa mère et de son ami... Un an déjà, que cela passe vite un an dans la vie d'Alexandre Dumas.

Le Phénix

Attendre et espérer !
Le Comte de Monte-Cristo[1]

Au début de juin 1843, à Marseille, Dumas a flâné dans les rayonnages de la bibliothèque municipale, tenue par son ami Joseph Méry. Il a tiré d'une étagère les *Mémoires de Monsieur d'Artagnan* par Courtilz de Sandras, un militaire reconverti dans la littérature. Ces mémoires apocryphes, parus en 1700, relatent les aventures d'un certain d'Artagnan, mousquetaire ayant exercé ses talents sous les règnes de Louis XIII et de Louis XIV. Personnage intéressant que ce Charles de Batz-Castelmore d'Artagnan, dont les origines gasconnes laissent supposer un fort tempérament et un caractère jovial. Est-ce de l'histoire ? Est-ce de la fiction ? Qu'importe. Le titre suscite la curiosité de Dumas. Il emporte l'ouvrage à Paris : jamais il ne le restituera.

À la fin de l'été 1843, Dumas projette plusieurs feuilletons en collaboration. Le roman occupe désormais une grande partie de son activité littéraire, même s'il n'oublie pas le théâtre. Depuis près de vingt ans, Dumas crée tantôt seul, tantôt en collaboration. Ces modes de création ont chacun leurs avantages et leurs inconvénients. Créer à plusieurs permet de composer rapidement afin de tirer plus vite les profits d'un ouvrage. Au théâtre, cette pratique est monnaie courante ; Dumas est loin d'être le seul à en user. Tous ses collaborateurs, Nerval, Leuven, Cordellier-Delanoue, Anicet-Bourgeois et consorts écrivent en équipe. Certes, Dumas subit régulièrement les foudres de la critique, qui lui reproche d'être un « faiseur », mais il sait ce qu'il vaut, même s'il obéit aux nécessités de l'argent. En un temps où le slogan « Enrichissez-vous ! » gouverne la petite et la grande bourgeoisie conquérante, Dumas travaille moins pour faire fortune que pour payer ses dettes et soutenir un train de vie au-dessus de ses moyens. En cette fin d'été 1843, l'écrivain pose ses œuvres sur l'échiquier de la presse. Trois récits, *Ascanio*, *Le Château d'Eppstein* et *Amaury*, paraissent en feuilleton dans les colonnes des journaux. Dumas s'affirme de plus en plus dans le paysage littéraire comme un romancier.

Parmi les petits tracas de l'automne 1843, il en est un qui contrarie l'écrivain : le retour inopiné d'Ida. Voilà qui n'entre pas vraiment dans les plans de Dumas et encore moins dans ceux de son fils, qui voit d'un mauvais œil la présence de cette belle-mère importune. Ida n'a pas encore décidé d'abandonner sa vie mondaine aux côtés d'Alexandre. Dans leur nouvel appartement, au 45 rue du Mont-Blanc, elle tient salon, rivalisant avec les cénacles voisins, notamment celui, très aristocratique, de

Caroline Jaubert, qu'Alfred de Musset surnomme « sa marraine ». Dumas s'accommode de ces mondanités même s'il est littéralement absorbé par les commandes qu'il faut honorer pour la fin de l'année. À peine a-t-il le temps de s'émouvoir de l'échec du mélodrame *Louise Bernard* qu'il doit songer aux lignes pour le feuilleton. Ce qui serait une aliénation pour tout autre écrivain n'emprisonne pas Dumas mais libère paradoxalement en lui une énergie considérable qu'il sait communiquer à ses collaborateurs et déverser dans sa prose généreuse. Dumas est en passe de devenir le maître du feuilleton. Les lecteurs ne sont-ils pas tenus en haleine depuis le 19 juin 1842 par *Les Mystères de Paris* d'Eugène Sue ? Dumas sent qu'il peut dépasser ce succès. Il le sait.

L'entreprise feuilletonnesque implique des collaborateurs. Parmi ceux de Dumas, l'un d'eux se détache de plus en plus. Depuis 1838 en effet, Auguste Maquet est entré dans la vie littéraire d'Alexandre Dumas, sans que ce dernier lui ait d'abord accordé un grand intérêt. Au vrai, Dumas a sans doute croisé Maquet plus tôt, vers 1835, impasse du Doyenné où Nerval et ses amis inventaient le romantisme de la fantaisie. Depuis plusieurs années en effet, Maquet gravite dans le monde littéraire parisien ; il a d'abord voué ses vingt ans aux Jeunes-France, partageant les soirées de Nerval et Gautier, à peine sortis de l'adolescence — Maquet était répétiteur à Charlemagne où Gautier et Nerval avaient été condisciples. Ses premières armes, il les a faites dans ce cénacle bohème, au temps des *Cydalises* et du punch qu'on boit dans des crânes. Comme le rappelle Gautier dans son *Histoire du romantisme*, il était alors de bon ton de se donner un nom de plume à la hauteur de son génie. Auguste Maquet se faisait appeler *Augustus Mac Keat*, mêlant le latin de cuisine aux brumes d'Écosse. En 1832, Maquet a même soutenu une thèse en littérature, intitulée *De La Fontaine comparé comme fabuliste à Ésope et à Phèdre*. De toute évidence, ce jeune homme, né en 1813, a des lettres. Bien qu'entre 1830 et 1840 il soit resté au second plan du paysage littéraire parisien, il a l'estime d'un poète comme Nerval, grand ami de Dumas.

En 1843, Auguste Maquet n'est déjà plus un collaborateur parmi d'autres. À son retour de Marseille, Dumas lui demande son avis sur les *Mémoires de d'Artagnan* car il a déjà pu éprouver la fiabilité de son jugement. Maquet feuillette le volume, le survole et perçoit d'emblée la richesse du matériau fictionnel. Si Dumas dramatise, enjolive et rend plus cocasses les mésaventures des mousquetaires, il y a là matière à un roman. L'intuition de Dumas et la lucidité de Maquet marquent le début d'une aventure littéraire inouïe. Ensemble, ils arrangent le récit et l'adaptent au lectorat de leur temps. Malgré cette écriture à quatre mains, la genèse des *Trois Mousquetaires* reflète bien la personnalité de Dumas lui-même. Elle prend racine dans son rapport aux autres. En découvrant les personnages de Porthos, Athos et Aramis, le romancier est séduit par des sentiments qui le touchent : l'amitié et le sens du plaisir. Le roman est, en effet, un hommage à la fraternité virile et à l'humour partagé. La fameuse devise, « Un pour tous, tous pour un », exprime la force des serments adelphiques. Or l'amitié des mousquetaires est aussi celle du rire et de la connivence. Dumas crée des personnages farceurs, et par là même attachants. Le récit en gestation plaira au public parce que Dumas, grand amuseur des soirées mondaines, humoriste à la repartie spirituelle, y verse sa joie de vivre. Dans ce roman, Dumas met sa *vis comica* au service du dialogue et son sens de l'action au service du suspens. L'humour et l'aventure vont s'unir pour le meilleur, ces ingrédients savamment dosés conférant au récit sa tonalité si entraînante. Grâce aux *Trois Mousquetaires*, Dumas transmettra à ses futurs lecteurs « le goût des autres », autrement dit de la fraternité qui se noue entre les hommes. Aux portes de la mort, il avouera à son fils préférer ce roman à tous les autres.

Dumas et Maquet se mettent à l'ouvrage à la fin de l'automne 1843. Ils dialoguent en confiance et dans un constant échange ; de nombreux billets rédigés pendant la création d'*Athos, Portos et Aramis*, premier titre du roman, témoignent d'un enthousiasme fécond. Maquet fournit des éléments romanesques : les grandes lignes des chapitres, la documentation historique, quelques situations. Dumas, assemble, lie, agrémente, étoffe, étire, orne. Il introduit la fable par l'action et les personnages par la parole, appliquant un principe efficace, dont il s'expliquera sur le tard :

Commencer par l'intérêt, au lieu de commencer par l'ennui ; commencer par l'action au lieu de commencer par la préparation ; parler des personnages après les avoir fait paraître, au lieu de les faire paraître après avoir parlé d'eux[2].

Sur ce point, il pourrait être l'anti-Balzac, s'il n'avait comme lui l'énergie de la fresque et le sens du détail. Tout doit respirer la vie, le naturel, y compris dans la peinture des grandes figures historiques ajoutées à la fable et qui ne figurent pas chez Courtilz de Sandras. Richelieu, Louis XIII, Anne d'Autriche prennent la parole et semblent vrais. Pour Dumas, l'art du roman ne réside pas dans la vérité mais dans le savant dosage de vraisemblance et de romanesque, de sorte que l'effet de réel rende plausibles les situations, sans perdre le sel des paroles et des actions. Au cœur de ce processus de création, l'expérience de l'écriture dramatique est décisive : entrée des personnages, dialogues, décors, coups de théâtre et péripéties enrichissent le roman. Le talent de dramaturge de Dumas alluvionne constamment son souffle romanesque.

Le 29 décembre 1843, *Le Siècle*, dirigé par Louis Desnoyers, annonce l'imminente livraison du nouveau feuilleton de Dumas. Les collaborateurs multiplient les heures d'écriture pour remplir à temps les colonnes. Un détail chagrine Desnoyers : le titre. Il juge *Athos, Porthos et Aramis* trop long et peu vendeur. Comme par erreur, il opte pour *Les Trois Mousquetaires*, ce qui amuse Dumas, puisqu'ils sont quatre ! Le titre trompera donc le lecteur pour son plus grand plaisir. Dès les premiers feuilletons, les abonnements du *Siècle* sont exponentiels. C'est une déferlante qui s'abat sur Dumas — le lecteur ignore alors que le roman est écrit en collaboration. Pour la première fois, Dumas rencontre une très large audience, même si ses précédents feuilletons ont été appréciés. *Les Trois Mousquetaires* passionnent toutes les classes de la société, contrairement aux pièces jouées à la Comédie-Française qui n'attirent qu'un public choisi. Même ses succès au théâtre ne lui ont pas valu une telle popularité. Au printemps 1844, la France vit au rythme des aventures du jeune Gascon et de ses trois amis. On soupire de frustration en lisant la formule consacrée du feuilleton : *la suite à demain*. En quelques semaines, Dumas devient l'écrivain le plus populaire de France, éclipsant l'immense succès d'Eugène Sue et de ses *Mystères de Paris*. L'expression « écrivain populaire » ne signifie pas que Dumas écrive pour le peuple, loin s'en faut. Il conserve une conception élevée, sinon élitiste de la littérature, mais goûte l'insigne plaisir d'être adoré du plus grand nombre.

Dumas devient également l'auteur le plus courtisé de France et de Navarre. Les directeurs de journaux se pressent, le flattent, font le siège pour obtenir un titre à annoncer, même si la première ligne n'est pas écrite. On fait des ponts d'or à Dumas qui, fort de caractère mais incapable de dire *non*, promet et s'engage. Associer son nom à un journal devient gage d'enrichissement. Dumas accroît la fortune des organes de presse tout en augmentant la sienne. Pendant deux ans, l'équipe Dumas-Maquet produit incessamment : *Gabriel Lambert* (*La Chronique*, 15 mars-1er mai), *Une fille du Régent* (*Le Commerce*, 25 avril-13 juillet), *Une famille corse* (*La Démocratie pacifique*,

28 juin-16 juillet), *Le Chevalier de Maison-Rouge* (*La Démocratie pacifique*, 21 mai-12 janvier 1846) ; au sein de cette profusion, trois perles : *Le Comte de Monte-Cristo* (*Journal des débats*, 27 août-15 janvier), *La Reine Margot* (*La Presse*, 25 décembre-5 avril 1845) et enfin *Vingt ans après* (*Le Siècle*, 21 janvier-28 juin 1845). Face à ce torrent, face à l'agitation qui règne au 45 rue du Mont-Blanc, face au harcèlement des éditeurs et des directeurs de presse, Dumas éprouve un intense besoin de paix. Pour continuer à écrire sur ce rythme infernal, il doit s'éloigner de Paris. En mai 1844, il trouve refuge dans un lieu chargé d'histoire, à Saint-Germain-en-Laye. Il s'y installe, dans le pavillon Henri-IV, et se remet à l'ouvrage. De là, il communique quotidiennement avec Maquet, resté à Paris, le sollicite constamment pour qu'il lui envoie de la matière. Écrire, ne jamais cesser de produire des lignes de feuilleton. L'élégante petite ville sourit à Dumas qui subit, même à distance, les pressions de la capitale. Au cours d'une de ses promenades, probablement en juillet, Dumas découvre un coin de verdure, un site pittoresque et vallonné situé sur la commune de Port-Marly. Un rêve un peu fou l'envahit. Pourquoi ne pas édifier une *folie* sur ce site, comme les aristocrates de la seconde moitié du XVIIIe siècle, qui se faisaient ainsi construire des demeures extravagantes ? Avant d'être charmé par ces lieux, Dumas n'a jamais pensé devenir propriétaire. Jamais il n'a possédé d'appartement. Nomade, locataire, il n'a cessé de déménager, désireux de ne se fixer nulle part. Possédé par l'énergie de la création romanesque, le

voilà saisi par le démon de la pierre. C'est là, au lieu-dit des Montferrands, qu'il bâtira son château, quels que soient les obstacles.

Entre Paris et Marly, le laboratoire romanesque d'Alexandre Dumas fait naître des romans de diverses natures. Toutes les variantes du récit historique sont essayées, que Dumas élise les époques anciennes ou qu'il fasse apparaître le monde contemporain. Commencée par les joyeux *Mousquetaires*, l'année 1844 se poursuit avec les inquiétudes sociales de *Gabriel Lambert*. Ce récit, dont l'action se situe dans les années 1830, recourt à des situations romanesques qu'aime camper Dumas : une identité empruntée, le retour d'un personnage du passé dans le présent, des révélations secrètes qui modifient l'ordre du temps. À ces motifs, Dumas ajoute sa propre réflexion sur les sujets d'actualité que sont le monde des prisons et la peine de mort. Le ton très personnel de certains passages confirme une nouvelle fois la projection du romancier dans les pensées ou les actions de ses personnages, telle cette généreuse allusion au regretté Ferdinand :

— Puis, si le roi hésitait, adressez-vous à la reine : c'est une sainte femme, elle doit être contre la peine de mort ! Adressez-vous au duc d'Orléans, tout le monde parle de son bon cœur. Il disait un jour, à ce qu'on m'a assuré, que s'il montait jamais sur le trône, il n'y aurait pas une seule exécution sous son règne. Si vous vous adressiez à lui au lieu de vous adresser au roi[3] ?

L'hommage est trop appuyé peut-être, trop idéaliste sans doute, mais il sert une forme de réalisme historique qui séduit le lecteur. Toutefois, ce n'est pas pour ce roman-là que les lecteurs vont s'enflammer mais pour une histoire commencée pendant le périple à Trouville durant l'été 1844. À son retour de Florence, l'année précédente, Dumas s'était engagé à fournir aux éditeurs Plon et Béthune huit volumes d'*Impressions de voyage dans Paris*. Mais sa villégiature normande avait donné une autre orientation à ce contrat. Dumas s'était souvenu avoir lu une histoire de vengeance dans les *Mémoires tirées des archives de la police* de Peuchet, recueil des faits divers les plus extraordinaires, depuis la police de La Reynie sous Louis XIV à celle de Guizot sous Louis-Philippe. L'un des récits, *Le Diamant de la vengeance*, qui occupe une vingtaine de pages, avait retenu son attention. C'est une terrible histoire de *vendetta*, longuement mûrie, préméditée. En lisant ces pages, Dumas avait peut-être songé à la fascination des lecteurs pour les *Mémoires* de Vidocq, chef de la police — Hugo s'en inspire dans ses *Misérables*, dont il commence la rédaction en 1843. L'idée de Dumas est « combinatoire » comme son imagination : associer dans le même récit la visite de Paris et une histoire de vengeance, mêler le pittoresque au dramatique, le fait divers à la fresque romanesque. Un grand roman sur le XIXe siècle, en somme.

Les Trois Mousquetaires ont valu à Dumas le succès ; *Le Comte de Monte-Cristo* lui apporte la gloire. Dès la parution des premiers feuilletons dans le *Journal des débats* le 27 août 1844, l'émoi est immense. La France vit au rythme de la vengeance d'Edmond Dantès, une terrible machine à remonter le temps, grâce à laquelle le héros reprend les années qu'on lui a volées. L'ouverture du roman dépayse le lecteur, l'entraîne d'emblée dans un univers géographique méditerranéen, cher à Dumas :

Le 24 février 1815, la vigie de Notre-Dame-de-la-Garde signala le trois-mâts le *Pharaon*, venant de Smyrne, Trieste et Naples.

Comme d'habitude, un pilote côtier partit aussitôt du port, rasa le château d'If, et alla aborder le navire entre le cap de Morgion et l'île de Rion.

Aussitôt, comme d'habitude encore, la plate-forme du fort Saint-Jean s'était couverte de curieux ; car c'est toujours une grande affaire à Marseille que l'arrivée d'un bâtiment, surtout quand ce bâtiment, comme le *Pharaon*, a été construit, gréé, arrimé sur les chantiers de la vieille Phocée, et appartient à un armateur de la ville[4].

L'épopée d'Edmond Dantès soulève les passions. Parce qu'il a traversé l'épreuve de la prison d'If, il sait mieux que quiconque le prix de la liberté ; parce qu'il est immensément riche, il appartient à l'ordre du merveilleux des *Mille et Une Nuits* ; parce que sa vengeance est implacable, il est grand ; enfin, parce qu'il aime encore Mercédès, il est resté profondément humain. Tantôt abbé Busoni, tantôt comte de Monte-Cristo, Edmond Dantès cache un mystère, hérité du non moins mystérieux abbé Faria. La vengeance domine : « pour une douleur lente, profonde, infinie, éternelle, je rendrais, s'il était possible, une douleur pareille à celle que l'on m'a faite[5] », confie le héros. Ce roman est une nouvelle œuvre-miroir pour Dumas, lecteur et voyageur. Ainsi le souvenir de Byron influe sur la figure d'Edmond Dantès, de même que les réminiscences de ses propres voyages. Mais ce n'est pas là le secret du roman. Telle interprétation psychanalytique verrait une revanche personnelle d'Alexandre sur le destin qui voua jadis son père aux gémonies. L'anamnèse d'Edmond Dantès est celle de Dumas lui-même. « Le comte de Monte-Cristo est un peu Dumas, écrit Jean-Yves Tadié : la fortune, le savoir, le faste, la générosité [...][6] ». La puissance du roman tient sans doute à ces vérités intimes jetées dans l'océan romanesque.

Les publications qui se succèdent à un rythme infernal laissent peu de temps pour les mondanités et les plaisirs. Mais entre la coupe et les lèvres, il reste encore une place pour la mésentente du couple. Ida lui est devenue insupportable. Sans doute le tourbillon du travail a-t-il contribué à les éloigner un peu plus ; sans doute l'embonpoint dont elle est victime ne favorise-t-il pas le rapprochement du couple, qui ne vit plus sous le même toit. Même absente, sa légitime épouse, qui a fermé les yeux sur ses nombreuses fredaines, est désormais un fardeau, d'autant plus lourd que le romancier s'est rapproché de son fils qui encourage la séparation. Les crises sont leur pain quotidien et, au printemps 1845, la rupture devient inévitable. Tractations, négociations. Dumas, qui veut solder son mariage, accepte des conditions financières désavantageuses. Ida, quant à elle, ira en Italie où son amant Villafranca l'attend, en compagnie de la petite Marie dont elle continuera de s'occuper. L'or que Dumas ramasse à pleines mains s'échappe un peu dans cette affaire, mais il lui reste assez de numéraire pour satisfaire son rêve de prince : le château de Monte-Cristo.

Fin octobre, Dumas effectue avec son fils un bref voyage en Hollande, au cours duquel il rencontre le futur Napoléon III, emprisonné au fort de Ham. Officiellement, il s'agit de régler la publication des manuscrits du général de Montholon, proche de l'Empereur pendant sa captivité. Pas le temps de s'attarder au pays de Vermeer, Dumas est tout entier englouti par son œuvre. *La Reine Margot* a été promise à *La Presse*. Or Dumas et Maquet ont encore d'autres récits à terminer, en particulier *Monte-Cristo* qui poursuit son chemin aux *Débats*. Mais les lecteurs de *La Presse* se plaignent des trop longues descriptions du roman de Balzac, *Les Paysans*, et les résiliations d'abonnement arrivent au journal. On veut des sensations non des descriptions, des émotions et non d'interminables détails sociologiques ou géographiques. Qui, si ce n'est Dumas, pourrait les leur offrir ? Dujarier, le directeur, interrompt le feuilleton de Balzac le 21 décembre et annonce la parution prochaine du nouveau roman de Dumas. On promet à Balzac qu'on reprendra son feuilleton dès février. Belles paroles. Pour l'heure, l'auteur du *Lys dans la vallée* est évincé par celui de *La Reine Margot* qui sera publié du 25 décembre 1844 au 5 avril 1845. Le duo Dumas-Maquet décuple ses efforts ; pour gagner du temps dans la parution de *Monte-Cristo*, Dumas invente un subterfuge publicitaire efficace : puisque son histoire est vraie, il doit faire des recherches dans les archives de police ; étant donné qu'il cite des personnes toujours vivantes, il doit solliciter leur autorisation pour évoquer leur nom… De quoi aviver encore plus la curiosité des lecteurs et laisser à Dumas le temps d'écrire son nouveau roman historique.

Tant de succès attise des jalousies et même des haines. À la fin de l'année 1844, plusieurs articles venimeux paraissent, qui dénoncent l'entreprise de Dumas, révèlent son exploitation de « nègres », lui reprochent de vendre une soupe bien claire à un public décidément peu difficile. Sainte-Beuve, qui n'a jamais vraiment apprécié Dumas, méprise cette littérature qu'il juge « facile ». Un corbeau plus noir que les autres, Charles Jacquot, qui s'est modestement anobli en Eugène de Mirecourt, donne un violent coup de bec à Dumas lors d'une assemblée de la Société des gens de lettres, le 29 décembre 1844. Dumas a l'habitude d'être malmené, lui qui vient de régler ses comptes avec Buloz dans les colonnes de *La Démocratie pacifique*. Il ne prête pas attention à ce plumitif agressif, qui était d'ailleurs venu lui offrir ses services trois ans plus tôt. Une fois n'est pas coutume, Dumas ne s'était pas laissé aveugler par sa générosité et avait flairé juste : Jacquot-Mirecourt est de la pire engeance. En janvier 1845, Mirecourt publie, en effet, un opuscule injurieux dans la série des « Portraits contemporains » : *Fabrique de romans. Maison A. Dumas et compagnie*. Ce titre, qui cible *a priori* l'écriture en collaboration et la production de romans à la chaîne, est trompeur. Il cache des attaques personnelles. La charge est féroce.

Le physique de A. Dumas est assez connu : stature de tambour-major, membres d'Hercule dans toute l'extension possible, lèvres saillantes, nez africain ; tête crépue, visage bronzé. Son origine est écrite d'un bout à l'autre de sa personne ; mais elle se révèle beaucoup plus encore dans son caractère.

Grattez l'écorce de M. Dumas et vous trouverez le sauvage. Il tient du nègre et du marquis tout ensemble. Cependant le marquis ne va guère au-delà de l'épiderme. Effacez un peu le fard, déchirez un costume débraillé, ne faites pas le moindre cas de certaines façons Régence, ayez l'air d'être sourd à un langage de ruelle, aiguillonnez un point quelconque de la surface civilisée, bientôt le nègre vous montrera les dents. Le marquis joue son rôle en public, le nègre se trahit dans l'intimité. M. Dumas jette l'or par les fenêtres ; il courtise la brune et la blonde. Il effleure la passion, se moque de la constance et rend ses *captives* aux douceurs de la liberté, pour convoler à d'autres amours : — Marquis !

Le beau sexe, admirant l'éclat d'un nom splendide, vaincu par une prodigalité folle, affriandé par les promesses d'une encolure puissante, le beau sexe, disons-nous, ne tarde pas à recourir au flacon d'éther pour neutraliser certain parfum suspect, qui vient se mêler indiscrètement au charme du tête-à-tête : — Nègre !

Si notre homme voyage, il insulte les postillons et paie, en revanche, très largement les guides. On se demande quel est le prince éthiopien qui voyage *incognito*. Lorsqu'il descend dans une auberge, il jure, tempête, fait damner l'hôte, courtise les filles de service et met tout en bouleversement, depuis l'écurie jusqu'à la cuisine : — Marquis !

Rentré dans ses pénates, il prend d'autres allures. Ses vêtements le gênent, il les dépouille et travaille dans le négligé pittoresque de notre premier père. Il s'étend sur le carreau, comme un chien de Terre-Neuve ; il déjeune, en tirant de la cendre du foyer des pommes de terre brûlantes, qu'il dévore sans ôter la pelure : — Nègre !

Il court après les honneurs, il recherche les distinctions. Ou l'a vu gratter doucement à la porte des palais et se prosterner dans les environs du trône : — Marquis !

Comme ces chefs des tribus indiennes, que les voyageurs savent amadouer avec des babioles, M. Dumas aime tout ce qui brille, tout ce qui chatoie. Il a des rubans de tous les ordres, des crachats de tous les pays ; il met ses décorations à la brochette. Les joujoux le séduisent, les fanfreluches lui tournent le cerveau : — Nègre[7] !

Dumas est traîné dans la boue, l'injure raciale le dégrade au rang de primitif, pour faire de lui un barbare animé par ses pulsions bestiales. Son marquisat est dévoyé, les sous-entendus sont odieux. À ces propos fangeux s'ajoute l'accusation d'employer des « nègres » : Dumas ferait travailler les autres mais n'écrirait rien lui-même, ou presque. Cette fois la menace est sérieuse, il faut recourir aux moyens légaux car l'affront dépasse la simple affaire d'honneur. Dumas assigne son détracteur devant le tribunal de commerce, qui le condamne assez lourdement le 16 avril 1845 à une amende et à de la prison ferme. Le jugement est relayé dans la presse, mais Dumas sort-il indemne de cette affaire ? Les ennemis silencieux sourient entre eux ; d'autres considèrent qu'il y a une part de vérité dans ce scandale. Balzac commente en ces termes le contenu de l'opuscule : « C'est ignoblement bête ; mais c'est tellement vrai ! » Il a sans doute mal apprécié que *La Reine Margot* soit préférée à ses *Paysans*, mais les considérations qu'il tient restent privées. Pendant l'affaire, Auguste Maquet, à qui Mirecourt conseille dans son pamphlet de quitter Dumas, est resté stoïque et loyal. Il s'en explique dans une lettre du 4 mars 1845.

Cher ami,

Notre collaboration s'est toujours passée de chiffres et de contrats. Une bonne amitié, une parole loyale nous suffisaient si bien que nous avons écrit un demi-million de lignes sur les affaires d'autrui sans penser jamais à écrire un mot des nôtres. [...] L'encre, voyez-vous, veut de l'encre, vous me forcez à noircir du papier. Je déclare renoncer, à partir de ce jour, à tous droits de propriété et de réimpression sur les ouvrages suivants que nous avons écrits ensemble, savoir :

— *Le Chevalier d'Harmental,*
— *Sylvandire,*
— *Les Trois Mousquetaires,*
— *Vingt ans après, suite des Mousquetaires,*
— *Le Comte de Monte-Cristo,*
— *La Guerre des femmes,*
— *La Reine Margot,*
— *Le Chevalier de Maison-Rouge,*

me tenant une fois pour toutes bien et dûment indemnisé par vous d'après nos conventions verbales. Gardez cette lettre si vous pouvez, cher ami, pour la montrer à l'héritier farouche, et dites-lui bien que, de mon vivant, je me tenais fort heureux et fort honoré d'être le collaborateur et l'ami du plus brillant des romanciers français.

Qu'il fasse comme moi[8].

Son allégeance acquise, Dumas peut encore compter sur Maquet. Le premier nègre s'éclipse, Dumas brille dans la lumière. Mais pour combien de temps ?

Procès et calomnies n'ont pas stoppé la machine à rêves. Le « brocanteur de phrases », tel que le désigne Mirecourt, reprend ses arrangements avec Maquet et l'imagination poursuit sa course inouïe : *Vingt ans après*, *La Dame de Monsoreau*, *Le Bâtard de Mauléon* sont bientôt offerts au lecteur. Sans compter la rédaction de *Monte-Cristo* qui se poursuit ; il faut également clore le cycle des *Mousquetaires* avec le meilleur des romans de Dumas, peut-être : *Le Vicomte de Bragelonne*, qui paraît à partir de 1847 dans *Le Siècle*. L'action du dernier volet de la trilogie des *Mousquetaires* marque un temps fort dans la production romanesque de Dumas. L'action se déroule pendant les premières années du règne de Louis XIV. Le ton joyeux de la jeunesse de D'Artagnan a laissé place à plus de gravité. Dumas a su adapter les teintes du roman à l'âge de ses personnages. Voici venu le temps de la vieillesse, et avec elle, les désillusions, la nostalgie et la mort des héros. Les mousquetaires assistent aux complots de la cour de Louis XIV, à la chute de Nicolas Fouquet, aux manigances de Colbert. À l'exception d'Aramis, ils y laissent leur vie, non sans avoir participé à l'intrigue de « l'homme au masque de fer ». D'Artagnan tombe au champ d'honneur, en héros.

D'Artagnan essaya de se relever. On l'avait cru renversé sans blessures. Un cri terrible partit du groupe de ses officiers épouvantés : le maréchal était couvert de sang ; la pâleur de la mort montait lentement à son noble visage.

Appuyé sur les bras qui, de toutes parts, se tendaient pour le recevoir, il put tourner une fois encore ses regards vers la place, et distinguer le drapeau blanc à la crête du bastion principal ; ses oreilles, déjà sourdes aux bruits de la vie, perçurent faiblement les roulements du tambour qui annonçaient la victoire.

Alors serrant de sa main crispée le bâton brodé de fleurs de lis d'or, il abaissa vers lui ses yeux qui n'avaient plus la force de regarder au ciel, et il tomba en murmurant ces mots étranges, qui parurent aux soldats surpris autant de mots cabalistiques, mots qui avaient jadis représenté tant de choses sur la terre, et que nul, excepté ce mourant, ne comprenait plus :

« Athos, Porthos, au revoir ! — Aramis, à jamais, adieu ! »

Des quatre vaillants hommes dont nous avons raconté l'histoire, il ne restait plus qu'un seul corps. Dieu avait repris les âmes[9].

Tout lecteur de la trilogie des *Mousquetaires* peut imaginer quel fut le sentiment du lecteur d'alors qui, après avoir suivi les aventures de D'Artagnan depuis 1844, le voit mourir sous ses yeux et presque dans ses bras... Dumas a suivi la courbe de la vie d'un héros : de la jeunesse joyeuse au dénouement splendide et émouvant.

Depuis plusieurs années, « faire des choses impossibles » est le mot d'ordre d'Alexandre Dumas. Il ne se contente pas de les écrire ou de les dire. Il les fait. Enfin très riche, Dumas règne sur l'ordre matériel des choses. En 1846, il voudrait encore l'impossible, un théâtre à lui. L'idée fait son chemin et prend forme : le 14 mars 1846, Dumas signe un contrat avec l'administrateur de théâtre Hippolyte Hostein pour la création du Théâtre-Montpensier, ainsi baptisé en l'honneur du dernier fils de Louis-Philippe. Du côté de Port-Marly, le château d'inspiration Renaissance sort de terre, les premières pierres de Monte-Cristo sont posées au début de 1846. Maçons et architectes s'affairent à Port-Marly et à Paris. L'Hôtel Foulon et le café de L'Épi-Scié sont détruits pour édifier le nouveau théâtre dirigé par M. Dumas ; aux bords de la Seine, les murs du château du marquis de la Pailleterie se dressent. Qu'importe si sa pièce *Une fille du Régent* est malmenée à la Comédie-Française en avril, Dumas est un bâtisseur d'empire et les gens sont toujours envieux face aux réussites trop insolentes. Dumas n'est d'ailleurs plus parisien que par intermittence. Il passe du temps à Saint-Germain, où il attire Paris à lui. En septembre 1846, il y donne une représentation de son *Hamlet*, écrit avec Paul Meurice. La fine fleur de la poésie et de la critique s'est déplacée, Nerval, Gautier, Janin, Roqueplan...

Les projets d'enracinement n'ont pas guéri Dumas de sa bougeotte : Depuis plusieurs années, il n'a pas entrepris de voyage au long cours et il en ressent le besoin. Le Bassin méditerranéen le hante toujours. Autour de lui, on parle de l'Espagne et de ses mirages.

Il y avait, au reste, à peu près six mois que cette idée d'un voyage en Espagne avait déjà comme un rêve illuminé une de nos soirées. Nous trouvant réunis, Giraud, Boulanger, Maquet, mon fils et moi, sur cet espace compris au bout de mon jardin, entre mon cabinet de travail d'été et la maison d'hiver de mes singes, nous avions laissé d'abord notre regard se perdre sur cet immense horizon qui embrasse depuis Luciennes jusqu'à Montmorency, six lieues du plus charmant pays qui soit au monde ; et, comme il est du caractère de l'homme de désirer juste le contraire de ce qu'il a, nous nous étions mis, au lieu de cette fraîche vallée, de ce fleuve coulant à pleins bords, de ces coteaux boisés d'arbres aux feuilles vertes et ombreuses, nous nous étions mis à désirer l'Espagne avec ses sierras rocheuses, avec ses rivières sans eau et avec ses plaines sablonneuses et arides. Alors, dans un moment d'enthousiasme, nous avions, en nous emboîtant comme les Horaces de monsieur David, fait le serment d'aller en Espagne tous les six ensemble[10].

Gautier a visité le pays de Cervantès en 1840 et en a tiré son très réussi *Voyage en Espagne*. Dumas peut-il se permettre de partir avec tous les engagements qu'il a pris ? Certes *Monte-Cristo* a achevé sa course le 15 janvier 1846, *La Dame de Monsoreau* est terminée, mais il faut poursuivre *Bragelonne* et maintenant la trilogie de *Joseph Balsamo*, dont le premier volume a débuté fin mai 1846. Que vont devenir ses constructions en son absence ? Les obstacles sont décidément nombreux qui le retiennent en France. Une opportunité se présente toutefois, moins touristique que politique. La France cherche à installer des colons en Algérie, mais le pays d'Abd el-Kader attire peu. Ce serait une bonne publicité, estime Xavier Marmier*, si le gouvernement français diligentait Dumas en Algérie pour vanter en prose les mérites de ce pays réputé inhospitalier. Le ministre de l'Instruction publique, Narcisse-Achille de Salvandy, juge l'idée excellente et convoque Dumas ; il veut faire d'une pierre deux coups : dépêcher le romancier au mariage du duc de Montpensier à Madrid puis en Algérie. L'aventure séduit Dumas, mais il faut négocier le financement de ce nouveau voyage. Dans la mesure où il s'agit d'une mission officielle, ratifiée par un arrêté le 29 septembre 1846, les crédits sont largement ouverts. Dumas pourra même bénéficier d'une corvette, *Le Véloce*, insigne privilège dû à sa popularité. Le 3 octobre 1846, la caravane se met en route.

* Xavier Marmier (1808-1892) : voyageur, traducteur et collaborateur de la *Revue des Deux Mondes*. Académicien en 1870.

À sa tête Alexandre Dumas, suivi de ses amis Maquet, Giraud, Boulanger, Desbarolles, et de son fils, Alexandre. Deux écrivains, trois peintres et un jeune viveur aux aspirations de poète. Dumas et sa troupe, tels des acteurs ambulants, divertissent les Espagnols par leurs accoutrements extravagants. Contrairement à ses prédécesseurs — Chateaubriand, Custine, Mérimée, Gautier — Dumas fait du voyage en Espagne un moment essentiellement festif. Les mésaventures les plus pittoresques succèdent aux rencontres improbables. Dans le récit qu'il tire de cette épopée, il investit les légendes du pays de Cervantès en les distordant à des fins distrayantes. Aucun cliché espagnol n'échappe à l'œil et à la plume de Dumas : les corridas, les bandits, les auberges qui ressemblent à des repaires, les diligences malcommodes, les « saynètes » théâtrales, les types romanesques du contrebandier, de l'*arriero*, de l'alguazil ou de la gitane. Jusqu'à Don Quichotte, auquel il s'identifie parfois, Dumas s'amuse à peindre les couleurs contrastées du pays de Goya.

Dumas prend plus de plaisir à la corrida qu'au mariage royal, qu'il n'évoque pas même dans son récit de voyage. Lui, le chasseur, découvre fasciné la mise à mort des taureaux sauvages. Un siècle avant Henri de Montherlant, Dumas décrit le dialogue du corps et de la mort entre le torero et la bête. Il fait l'expérience de la ferveur religieuse qu'entoure le rituel taurin :

Le torero est le roi de la scène ; c'est à lui qu'appartient le cirque, c'est le général qui dirige toute la bataille, c'est le chef au geste duquel chacun obéit passivement ; le taureau lui-même, sans s'en douter, est soumis à sa puissance : il le conduit où il veut à l'aide des *chulos*, et lorsque l'heure du dernier duel entre lui et le taureau est arrivée, c'est sur le terrain qu'il a choisi, en se réservant tous les avantages de l'ombre et du soleil, que le taureau, frappé à mort par la terrible spada, vient expirer à ses pieds[11].

L'Espagne décline des plaisirs visuels moins sanglants. L'Andalousie charme les voyageurs, Cordoue, Séville avec le palais de l'Alcazar « bâti par ses sultans maures[12] ». Dumas s'émerveille aussi de l'Alhambra qui « tout en ayant l'air d'avoir été bâti par les génies [...] a été bâti par des hommes ». Après avoir visité les plus beaux sites andalous, il faut songer à la mission officielle et s'embarquer pour l'Algérie. On débarque à Tanger le 21 novembre ; puis c'est Gibraltar et Alger qu'on quitte rapidement en l'absence du gouverneur général de l'Algérie, le maréchal Bugeaud. En Tunisie, Dumas fait des visites politiques de courtoisie et poursuit ses découvertes. Il explore Carthage, où l'on restaure et décore le tombeau du roi Louis IX, saint Louis, mort pendant la huitième croisade, en 1270. Dumas est ébloui par les stucs mauresques du mausolée et s'informe auprès des autorités locales pour savoir qui a réalisé ce chef-d'œuvre. Envoûté, il veut absolument une pièce mauresque dans sa future demeure et engage leur auteur, l'artiste Younis. Dumas accumule aussi des objets qu'il rapportera à Port-Marly. Tout le monde ne voit pas d'un œil très heureux sa présence en terre étrangère. S'il est célèbre en Espagne, il n'est qu'un représentant français en Algérie. Certains autochtones le reçoivent froidement, voire hostilement. Bugeaud ne lui réserve pas un accueil chaleureux. Le « pacificateur » de l'Algérie et ennemi d'Abd el-Kader est même assez ironique envers le romancier qui vit de manière dispendieuse aux frais du gouvernement. *Le Véloce*, par exemple, a coûté une petite fortune, sans compter les dépenses somptuaires de Dumas et de ses comparses. Et tout cela, dans quel but ? Monsieur Dumas est-il un émissaire vraiment sérieux ? Est-il apte à susciter des vocations pour des Français qui voudraient venir s'installer en Algérie ? L'écrivain a une trop haute estime de sa mission pour se laisser désarçonner par les remarques de « l'homme de la rue Transnonain », ce maréchal impopulaire en France depuis les répressions meurtrières d'avril 1834. Dumas ne doute pas de son influence sur les consciences de ses compatriotes, lui qui les a tenus en haleine pendant plus de quatre ans avec ses romans. Il poursuit sa mission politique et culturelle jusqu'au 3 janvier 1847.

Dumas n'aime pas les retours. C'est toujours la gorge serrée qu'il pose le pied en France, *a fortiori* en janvier 1847 car il sait que des soucis l'attendent à Paris. L'absence creuse des niches pour les ennemis et les procès. Conscient d'avoir abandonné le feuilleton et de n'avoir pas nourri les journaux voraces de sa prose, il courbe l'échine. À son retour, sphère privée et sphère publique se liguent, en effet, contre lui. Ida Ferrier réclame justice et argent, estimant que Dumas n'a pas respecté ses engagements. Véron et Girardin l'assignent devant le tribunal de commerce pour n'avoir pas honoré les contrats de la *Dame de Monsoreau* et de *Joseph Balsamo*. Mais Dumas est un habile « retourneur de situations », dans le roman comme dans la vie. Il fait de ces procès une tribune médiatique pour annoncer la prochaine ouverture du Théâtre-Historique. Même s'il est condamné à payer une amende et à écrire les romans promis, l'écrivain a fait sa publicité. Pourtant les frasques du romancier déplaisent, notamment en très haut lieu. Le 11 février 1847, *Le Moniteur* publie le compte rendu d'une séance à la Chambre, durant laquelle Castellane a vertement reproché au gouvernement d'avoir missionné « un entrepreneur de feuilletons » en Algérie. On a dépensé des sommes exorbitantes pour un « Monsieur » dont on ne dit pas le nom. Mépris ostensible. Dumas est sur la sellette et Salvandy tente de se justifier. L'orage passe, notamment grâce à la plume de Delphine de Girardin, qui rédige un éloge de Dumas dans *La Presse*.

Le romancier a rapidement d'autres préoccupations : son théâtre et son château. Pendant son voyage, les deux édifices sont sortis de terre, avec quelques petites surprises : la salle Montpensier a été rebaptisée Théâtre-Historique. Ne craignait-on pas qu'un théâtre du boulevard où les régicides sont légion portât le nom d'un prince de sang, héritier potentiel du trône ? « Baptiser la nouvelle salle du nom du prince aurait conduit à lui donner un statut semi-officiel, au-dessus des autres théâtres dits secondaires. Le 23 décembre 1846, le ministre de l'Intérieur approuve le nom de "Théâtre-Historique[13]" ». Ce choix convient bien à Dumas, qui a fait sa fortune en racontant l'histoire de

France et d'Europe. Le Théâtre-Historique est tout entier tourné vers le passé, tant dans les intrigues des pièces représentées que dans « l'esprit » du lieu. Dumas conçoit cette salle comme le prolongement artistique de l'effervescence dramatique de 1830. La programmation respire la nostalgie des heures dorées du romantisme. Dumas y donne, certes, les adaptations de ses romans, mais il y fait jouer les succès des années 1830-1835 : *Antony*, *Charles VII chez ses grands vassaux*, *Lucrèce Borgia*, *Marie Tudor*. Il voudrait aussi voir représenter les illustres dramaturges européens : Shakespeare, Schiller... Comme un rêve d'enfant, le projet de Dumas fait revivre sa jeunesse. Hugo et Musset tiennent le haut de l'affiche. Mais une telle utopie artistique est-elle viable ? Les beaux soirs du drame romantique n'appartiennent-ils pas au passé ? Le 20 février 1847, l'ouverture du Théâtre-Historique est un événement. Dans la rue, on a fait la queue des heures avant la première de *La Reine Margot*. Le duc de Montpensier et son épouse espagnole sont dans la salle. Malgré la durée du spectacle (environ sept heures), le succès est au rendez-vous et les applaudissements éclatent de toutes parts. Dumas a relevé le défi et l'avenir s'annonce prometteur.

Selon Dumas, le prestige d'un artiste ne se résume pas à son œuvre ou à ses amours tumultueuses. Le Théâtre-Historique et le château de Monte-Cristo sont les signes ostensibles de sa gloire séculière. Bien que nomade dans l'âme, le futur châtelain s'impatiente devant les travaux, trop lents à son goût. Cette volonté d'édifier est-elle un caprice ou une manière de réparer le passé ? D'un château d'enfance à un rêve d'adulte, Dumas poursuit la chimère aristocratique. La noblesse se définit par des ascendants, des alliances et des possessions. Dumas est fils de marquis, il est l'allié des grands. Il s'arroge désormais un domaine. À défaut de faire reverdir son arbre généalogique, il grave sa devise au-dessus de sa porte : « J'aime qui m'aime » et inscrit les armes des Davy de la Pailleterie au fronton de sa demeure. Monte-Cristo est une *folie* au cœur du XIXe siècle. Dumas, comme les aristocrates libertins du XVIIIe siècle, adore les petites fantaisies pleines de charme dont il orne sa demeure. L'architecte Durand fait sortir de terre une demeure d'inspiration Renaissance, dans un style Henri II-Alexandre Dumas. En 1848, le journaliste et homme de lettres Léon Gozlan fournit une description précise de l'édifice dans une feuille mondaine.

> Enfin j'étais au pied du château de Monte-Cristo, bâti entièrement d'après les idées, au goût et sur les plans d'Alexandre Dumas lui-même, et il a prouvé que son goût comme architecte est exquis comme son talent d'écrivain. Je n'ai rien à comparer à ce précieux bijou, si ce n'est le château de la Reine Blanche dans la forêt de Chantilly, et la maison de Jean Goujon à Paris. Il est à pans coupés, avec balcon extérieur en pierre ; avec vitraux, croisées, tourelles et girouettes ; ce qui indique assez qu'il n'appartient à aucune époque précise, ni à l'art grec, ni à l'art moyen. Il a pourtant un parfum de Renaissance qui lui prête un charme particulier. Quoi qu'il en soit, c'est la manifestation d'un grand esprit, d'un goût d'artiste supérieur ; c'est le moule adorable d'une âme rêveuse et passionnée. Quel architecte au monde aurait conçu un tel monument ? La pensée du poète s'est figée au passage, et Monte-Cristo a été. C'est un monument en vers de dix syllabes et à rimes croisées.

C'est encore mieux que cela : on pourrait devenir amoureux fou de ce monument, comme on aime la lune quand on est jeune[14].

Le 25 juillet 1847, le nouveau châtelain donne une réception dans le parc de Monte-Cristo. Près de six cents invités ont été conviés pour la fastueuse inauguration des lieux. Généreux, disent les uns ; folie des grandeurs, disent les autres. Entre admiration et agacement, le Gotha parisien a les yeux tournés vers le petit château du grand homme. Dumas se promène entre les tables et savoure le plaisir d'être enfin en terre familière. Le marquis Dumas Davy de la Pailleterie est un seigneur sur ses terres.

A-t-il seulement conscience qu'il vit là l'un de ses derniers étés de vrai bonheur ?

Les heures noires

Tout à coup une décharge retentit.
Un buste de Louis-Philippe vole en éclats sous vingt balles. — Le roi, jugé par contumace, vient d'être exécuté en effigie.
Où ce torrent s'arrêtera-t-il, où cette lave trouvera-t-elle un obstacle, où cet incendie pourra-t-il s'éteindre ?
Devant un souvenir.
Devant l'appartement du prince qu'il a aimé, à la porte de la chambre du duc d'Orléans.

« Histoire de février — Révolution de 1848[1] »

Le 26 février 1848, *Le Chiffonnier de Paris* de Félix Pyat est repris à la Porte-Saint-Martin. Parmi les immondices que le héros verse sur la scène se trouve une couronne royale… En découvrant ce symbole, le public applaudit à tout rompre, hurle « Vive la République[2] ! » et chante *La Marseillaise*. Que s'est-il passé pour qu'on ovationne un tel sacrilège ? Un mois plus tôt, le 3 janvier 1848, des étudiants sont descendus dans la rue pour protester contre l'interdiction des cours de Jules Michelet en Sorbonne. Ces mêmes étudiants se rassemblent devant le Panthéon le 22 février et marchent vers la Madeleine, où ils rejoignent des ouvriers en colère.

La colère, c'est bien le mot qui circule dans les rues de Paris en ces journées de février 1848. Émeutes, barricades, sang. En quelques heures, le gouvernement est renversé ; le 24 février, Louis-Philippe abdique et la monarchie de Juillet s'effondre comme capucins de cartes. La révolution est venue de la rue, plus rouge et plus violente que celle de 1830. La couronne du roi des Français git désormais sur une scène, rebut parmi les détritus.

Que fait Alexandre Dumas dans la tourmente des journées révolutionnaires ? Hors de question pour lui de rester claquemuré si l'on se bat pour la liberté. Commandant de la Garde nationale de Saint-Germain-en-Laye, il suggère, dès le 22 février, d'aller à Paris pour achever la chute du régime. Autant son attachement à Ferdinand était grand, autant son estime pour la politique de Louis-Philippe est morte et enterrée. Le roi-poire tombe. Il souhaite toutefois que la régence soit confiée à son petit-fils. Mais la rue réclame la République et ne veut plus de couronne. Dumas, lui, balance entre république et régence. Paradoxal, tiraillé entre des options inconciliables, il hésite : ses aspirations républicaines sont nuancées par l'espoir de conciliation que pourrait constituer une régence. Décidément, même en politique, Dumas garde un fond de nostalgie.

La révolution de février 1848 interrompt écriture et représentations au Théâtre-Historique, mais elle propulse les hommes de lettres sur le devant de la scène. Lamartine, qui attendait depuis longtemps son heure pour briller en politique, devient ministre des Affaires étrangères, comme jadis Chateaubriand. Chef du gouvernement provisoire, il proclame la République. Et Dumas d'applaudir et de saluer l'immense poète qui signe, le 27 avril, le décret d'abolition de l'esclavage. Puisque Lamartine est porté aux nues, pourquoi Dumas n'accéderait-il pas, lui aussi, à de hautes responsabilités ? Cette fois, il n'est pas question d'aller dénicher de la poudre à Soissons, mais de se présenter, torse bombé et toutes médailles dehors, aux avant-postes de ce drame éclatant. Dans une lettre ouverte publiée dans *La Presse* le 1er mars, Dumas annonce officiellement qu'il souhaite participer à la nouvelle république, parce que « le publiciste doit compléter le poète », précise-t-il. Dumas imite même le style oratoire de Victor Hugo pour empoigner son lecteur : « Oui, ce que nous voyons est beau ; ce que nous voyons est grand. Car nous voyons une république, et jusqu'à aujourd'hui, nous n'avions vu que des révolutions[3]. » Dumas est devenu prophète. Il se rêve député, futur ministre. Voire. Pourtant, en découvrant la statue de Ferdinand déboulonnée dans la cour du Louvre, sa gorge se serre. Et si cette seconde république n'était qu'un pis-aller ? Dumas, entier et contradictoire, pressent tout le paradoxe de sa situation. Fera-t-on confiance à un quarteron proche de l'ancien prétendant au trône ? La fidélité n'est pas vraiment compatible avec la réussite en politique. Pour l'heure, Dumas rêve d'une aventure à la hauteur de son goût pour le romanesque. Il professe son attachement républicain ; sa verve d'homme de théâtre et son sens de la formule séduisent. Il veut concilier tout le monde et réconcilier tous les hommes : la jeunesse, les prêtres, la noblesse, les bourgeois, les ouvriers. Il ne doute pas de son triomphe fédérateur : il a rassemblé des millions de lecteurs d'origines diverses, il réunira sous son manteau de pèlerin des électeurs très variés. Pour sacraliser son engagement politique, il plante même un « arbre de la Liberté » à Monte-Cristo, devant un groupe surpris peut-être de voir le roi du feuilleton transformé en paysagiste de la République. En bonne logique, Dumas se présente dans la circonscription où il est châtelain et propose un programme à gauche, dans le sillage des idées de Lamartine. Mais il est impitoyablement battu aux élections du 23 avril. Il n'obtient que 226 voix sur 3 869 votants, c'est-à-dire moins de 7 %. Le vainqueur du district est un certain Victor Pigeon, polytechnicien et républicain modéré qui s'accommodera bientôt du régime de Napoléon III. Dumas n'est même pas cité dans les résultats définitifs tant son score est dérisoire. On ne veut pas de lui ici, il va voir ailleurs. Dans l'Yonne cette fois, où il croit avoir des appuis. Beaux discours à Sens, morceaux de bravoure à Joigny. Déclarations empathiques et grandioses çà et là. Dumas se présente comme un travailleur des lettres et lance à la cantonade le calcul monstrueux des heures qu'il a consacrées à raconter l'Histoire aux Français. À l'en croire, il est le meilleur ouvrier de France du feuilleton, argument imparable à ses yeux pour être élu. Mais le résultat des élections de juin est nul. Dumas est battu sans nuance, même s'il a une seconde chance au scrutin de septembre ; cette fois, il sollicite les recommandations de Thiers et de Hugo. Dumas a-t-il analysé avec lucidité ses deux premiers échecs électoraux ? Trop drôle pour être fiable, trop extravagant pour être responsable politiquement, trop « coloré » pour représenter un département rural... Les élections successives, en octobre puis en novembre, sont autant de désaveux. Dumas échoue lamentablement et ne peut que constater les dissensions qui se font jour au sein du camp républicain. Combien de cadavres pour un même idéal ? Son clan politique, il l'assume : ses « amis politiques » sont Thiers, Hugo, Barrot, Napoléon Bonaparte, entre autres. Ses ennemis, des doctrinaires qu'il qualifie de « Montagnards », sont Proudhon, Arago, Lamennais... De guerre lasse, il se rallie finalement à Louis-Napoléon qui, en novembre 1848, se présente à la présidence. Et c'est bientôt le désenchantement.

Plusieurs raisons peuvent expliquer le choix de Dumas pour une « gauche de l'ordre ». Durant l'année 1848, ses affaires vont mal. Très mal. La révolution est fatale au Théâtre-Historique, qui s'endette à chaque spectacle. La saison présente certes de belles productions : son *Catilina*, qui sera représenté en octobre, le délicieux *Chandelier* de Musset, joué en août. Mais la troupe réclame son dû, machinistes et régisseurs s'inquiètent. Les comédiens se disputent des rôles, tiennent rancœur à Dumas. L'administrateur Hostein, sentant que le théâtre se transforme en radeau de *La Méduse*, cherche à prendre le large. L'entreprise va à vau-l'eau et Dumas, vaille que vaille, tente de maintenir le cap en tenant le gouvernail. L'instabilité politique a engendré une angoisse morale du côté du public, fatal aux caisses du théâtre et à la cassette personnelle d'Alexandre. Même *La Jeunesse des Mousquetaires*, représentée le 17 février 1849 avec un grand succès, ne redonne un bain de jouvence ni à Alexandre ni à ses affaires. Du côté de Marly, ce n'est guère plus réjouissant. Dumas n'a pas les moyens d'entretenir sa demeure et les quelque cinquante animaux qu'il héberge :

J'avais, ou plutôt, j'eus successivement cinq chiens : Pritchard, Phanor, Turc, Gare et Tambo.

J'avais un vautour : Diogène.

J'avais trois singes, l'un qui portait le nom d'un traducteur célèbre, l'autre le nom d'un romancier illustre, et le troisième, qui était une guenon, celui d'une actrice à succès. Vous comprendrez facilement les raisons de convenance qui me font vous taire ces sobriquets, presque tous appliqués à la suite de détails de la vie privée ou de ressemblances physiques.

Or, comme l'a dit un grand publiciste, — je vous dirais bien lequel, mais je crains de me tromper, — « la vie privée doit être marée ». Nous appellerons, si vous le voulez, le traducteur *Potich*, le romancier, *le dernier des Laidmanoir* ; et la guenon, *mademoiselle Desgarcins*.

J'avais un grand perroquet bleu et rouge appelé Buvat.

J'avais un perroquet vert et jaune appelé papa Évrard.

J'avais un chat appelé Mysouff II.

Un faisan doré appelé Lacullus.

Enfin, un coq appelé César.

Voilà, je crois, l'énumération exacte des animaux qui peuplaient Monte-Cristo.

Plus, un paon et sa paonne ; une douzaine de poules, et deux pintades, animaux que je ne place ici que pour mémoire, leur personnalité n'existant pas ou étant profondément médiocre[4].

Même les animaux ne sont pas épargnés par les huissiers. Dumas doit vendre son château à un homme de paille, en janvier 1848 (il réitérera vainement l'opération au printemps 1849). Il continue à occuper sa folie, mais déjà les lieux lui échappent et bientôt il n'en sera plus du tout propriétaire. L'arche de Noé, cet éden miniature sur les bords de la Seine, se défait ; les nombreux animaux sont mis au clou, vendus, donnés pour payer quelque dette, tel le superbe vautour Jugurtha. À peine a-t-il eu le temps d'entrer en possession du bien dont il rêvait qu'il se dissout sous ses yeux comme dans un mauvais conte de fées. Imprudence, calculs hasardeux, prodigalité un peu folle, rapport compulsif aux dépenses, certes. Mais à la décharge de Dumas, la conjoncture économique n'est pas du tout favorable aux entrepreneurs de théâtre. Un retour à la stabilité politique lui permettrait peut-être combler le gouffre de Monte-Cristo. C'est en partie pour toutes ces raisons qu'il choisit de suivre la bannière du « parti de l'ordre », fût-elle brandie par Louis-Bonaparte. Un ciel noir plane au-dessus de Monte-Cristo. Bientôt l'orage fondra sur le Théâtre-Historique. Dumas continue tant bien que mal à produire pour le théâtre des pièces en collaboration. Mais l'humeur est fuligineuse.

Noir encore, ce jour de mai 1849 qui voit disparaître l'une des figures les plus attachantes de la vie d'Alexandre. Tandis qu'il s'affaire aux répétitions d'un drame de Paul Lacroix, *Le Testament de César*, peaufiné pour la Comédie-Française, il est appelé en urgence au chevet d'une mourante. C'est Marie Dorval, qui se consume de chagrin depuis la mort de son petit-fils. Amaigrie, affaiblie, Marie n'est plus que le fantôme d'Adèle et son « bon chien » cache mal sa peine quand il la découvre gisant sur son lit. Marie a fait appeler Dumas en désespoir de cause. Elle sait qu'il est de la race des généreux et lui fait promettre qu'il lui prodiguera un enterrement décent. Car la vedette du Boulevard est sans le sou, plus pauvre que Job et la porteuse de pain réunis. Jamais elle n'a été si émouvante : Adèle, Kitty Bell, et tant de rôles du répertoire romantique portés à leur plus haut degré d'incandescence grâce à cette petite flamme qui s'éteint... Jamais Dumas n'a eu le cœur à ce point navré depuis la mort de Ferdinand et de sa mère. Il promet de lui payer une sépulture, même s'il n'a que des dettes en poche. Il frappe à plusieurs portes, dont celle de Hugo, qui réussit à lui trouver deux cents francs. En cumulant les petits dons, on parvient aux cinq cents francs nécessaires pour une inhumation correcte : « Morte de chagrin », dira-t-on d'elle. Dumas pleure Dorval, Alexandre sanglote sur sa jeunesse qui s'enfuit, enfouie sous des monceaux de soucis. Le chagrin l'empêche de parler au cimetière. C'est dans la prose de *La Dernière Année de Marie Dorval* qu'il peut enfin se confier ; certes il affabule un peu, mais ses mensonges le consolent. Il relate notamment l'exhumation du corps à laquelle a assisté Luguet, le gendre de Marie Dorval. Dumas se projette dans la scène, tel Hamlet devant la tombe d'Ophélie, méditant sur la condition humaine :

Je m'acheminai donc tout seul vers la tombe de Marie.

Là, je trouvai le préposé aux exhumations, une espèce de commissaire des morts, qui assiste à ces sombres cérémonies pour constater l'identité des cadavres enlevés.

Les deux fossoyeurs se tenaient dans la fosse, les jambes écartées sur la bière, les bras croisés en attendant.

Sur le bord était un petit cercueil tout ouvert, qui paraissait un cercueil d'enfant.

Je demeurai tout bouleversé, immobile, sentant mes cheveux frémir et la sueur de l'agonie me perler au front.

Mes yeux ne pouvaient se détacher de cette boîte terreuse qui renfermait le bonheur éteint de toute une famille.

Les deux fossoyeurs comprirent l'impression produite sur moi par ce spectacle, et attendirent, sans bouger, que je fusse un peu remis.

Quelques minutes me suffirent pour prendre une apparence de sang-froid, et d'une voix que je m'efforçai de rendre calme :

— Allons, leur dis-je.

Ô maître ! sais-tu à quoi je pensais ? À ma douleur, d'abord ; puis, au milieu de ma douleur, j'avais une réminiscence de cet autre maître, le maître à tous, qu'on appelle Shakespeare.

N'étais-je pas là comme Hamlet et les deux fossoyeurs ! et, pauvre comédien, n'étais-je pas autant par ma douleur, aux regards de Dieu, que ce fils de roi qui interrogeait sur les mystères de la mort la tête d'Yorick, lequel, au bout du compte, ne lui était rien ! tandis que ces ossements qui allaient rouler devant moi, c'étaient ceux de ma chère Marie, de la mère de ma Caroline, de la grand'mère de mon Georges[5].

Marie Dorval est morte, le Théâtre-Historique se meurt. Malgré d'excellentes pièces, les dettes s'accumulent. Le dramaturge utilise pourtant son théâtre comme une tribune, de plus en plus certain de la menace que constitue le prince-président. Représenté le 22 novembre 1849, *Le Comte Hermann* est un beau drame romantique dont l'action contemporaine se déroule à Baden-Baden. Sa préface exprime le sentiment de lassitude qu'éprouve Dumas. Il regarde les vingt années de théâtre qu'il a en partie animées, miroir de son désenchantement politique.

Hélas ! depuis le mois de février 1828, époque où l'auteur du *Comte Hermann* a fait représenter son premier drame, bien des événements ont passé, emportant les hommes et les choses ; et celui qui écrit ces lignes, appuyé sur les deux croyances qui ne l'ont jamais quitté un seul instant, — sa foi en Dieu et sa foi dans l'art, — a déjà vu tomber trois trônes que ce qu'on appelle les hommes d'État croyaient aussi enracinés dans la terre, aussi inébranlables, aussi éternels, que ces sombres et mystérieux monuments que bâtissaient entre Memphis et Alexandrie, les Pharaons égyptiens et les courtisanes du Nil.

Ainsi Napoléon mourant à Sainte-Hélène, Charles X mourant à Görz, Louis-Philippe vivant à Claremont, ont passé tour à tour devant l'enfant rêveur, devant le jeune homme ivre d'espérance, devant l'homme plein de réalités, pour lui dire :

— Aucune puissance n'est éternelle ici-bas que la puissance de l'art[6].

Dumas a choisi le camp de l'art et de « l'enseignement moral[7] », ce qui ne l'empêche pas d'ancrer son œuvre dans le siècle des révolutions : « Comme 1780 allait à 1793, — 1830 allait à 1848[8] », précise-t-il. Ainsi, lorsque le prince-président, qui veut asseoir sa popularité, assiste à une représentation du Théâtre-Historique en janvier 1850, Dumas déclare ne l'avoir pas invité. Il n'a pas fait allégeance au nouveau chef : « Je ne suis pas de ceux qui oublient, Monsieur, et si j'eusse été le maître de changer le nom du Théâtre-Historique, le lendemain de la révolution de février, le Théâtre-Historique se fût appelé le Théâtre Montpensier[9] ». La prise de position est claire, mais ne ralentit pas l'inéluctable agonie du théâtre. Le coup de grâce va venir de l'intérieur, des comédiens.

Certains d'entre eux organisent une cabale pour se venger de n'avoir pas eu les rôles qu'ils désiraient. Toutes les mesquineries narcissiques des acteurs se transforment en attaques contre Dumas, qui regarde ironiquement ce petit théâtre des grandes vanités. De procès en verdicts, Dumas et l'un de ses hommes de paille, Doligny, sont déclarés en faillite. Dumas a la main des huissiers au collet. Parmi les désaffections qui l'entourent, l'une d'elles le touche plus que les autres. C'est celle d'Auguste Maquet qui, las d'être dans l'ombre, renvoie à son illustre collaborateur la responsabilité de sa banqueroute. Rien n'est pire qu'un homme qui, après avoir été discret et généreux, a le sentiment d'avoir été floué. L'amertume succède à l'objective probité. Maquet n'a plus envie de travailler avec Dumas et leur collaboration bat de l'aile. Alexandre voudrait garder Auguste car il sait qu'il est le meilleur de tous, le plus fiable, le plus efficace, le plus cultivé. Mais le temps et le manque d'argent ont raison de la plus solide des associations.

Même la jeunesse d'Isabelle Constant, surnommée Zirza, et les attraits de Béatrix Person ne remplissent pas tout le cœur de Dumas. Deux actrices, encore. Aux côtés de la première, une fleur de quinze ans, il joue les Pygmalion mais sent son vieux libertin. Valmont vire en Arnolphe. Est-il encore séduisant ? À près de cinquante ans, Dumas s'est empâté ; il porte encore beau mais il a beaucoup grossi. Les femmes se le disputent toujours. Béatrix Person, évincée au profit d'Isabelle, que promeut Dumas, attaque le Théâtre-Historique en la personne de Doligny pour rupture de contrat.

Pendant ce temps, Dumas caresse sa chimère du moment, la petite Constant, une adolescente poitrinaire, qui pourtant vivra jusqu'en 1900. En ces premiers mois de 1850, la jeune fille de seize ans lui offre ses seuls rayons de soleil. Car « la treizième revient », comme l'écrit Nerval : la mort frappe à nouveau le 26 août 1850. Peu après Balzac, Louis-Philippe, exilé en Angleterre, disparaît, victime d'une crise d'apoplexie. Alexandre Dumas estime que son devoir de mémoire l'oblige à se rendre aux obsèques du prince. Mais l'écrivain s'illusionne sur son rôle ; à Londres, sa présence n'est pas désirée et il n'est même pas autorisé à franchir les grilles du château de Claremont. L'humeur de Dumas étant celle du deuil, c'est sur la tombe de Byron, à Hucknall, qu'il se recueille. La république n'a pas voulu de lui comme l'un de ses représentants, le roi défunt non plus à ses obsèques. Il n'y a décidément que la littérature qui soit son pays. Il ne trouve refuge qu'auprès des poètes, des souvenirs et des chers disparus.

Le présent déçoit, le passé console. Au début de 1850, Dumas a entrepris l'écriture de ses *Mémoires*, vaste rétrospection vers l'enfance et la jeunesse. Il observe la montée en puissance du prince-président, les partis républicains de plus en plus bâillonnés par le pouvoir, l'ordre qui se radicalise au détriment de la liberté. Tout incite l'écrivain à regarder en arrière. Son enfance, son père, sa mère, ses premières amours à Villers-Cotterêts, la chasse, tout cet univers est tellement plus fabuleux que les fanges du présent. Dumas, seul face à lui-même, écrit avec le bonheur un peu triste du ressouvenir.

Mes Mémoires offrent au lecteur de savoureux passages, bonne humeur et nostalgie mêlées. À l'heure où son ami Nerval commence à entrevoir ses « Souvenirs du Valois » et à réinventer le temps vécu, Dumas réécrit la vie d'Alexandre. Une existence un peu plus belle, un peu plus héroïque, mais globalement fidèle à la réalité. Le pacte de sincérité qu'implique l'écriture de soi, Dumas le noue avec ses grands contemporains, victimes de l'autorité du prince-président. Dans sa traversée du désert, Dumas adresse une lettre de soutien à Jules Michelet dont le cours au Collège de France est suspendu le 13 mars 1851 : « Laissez-moi donc vous dire combien je trouve lâche et misérable, infâme, la conduite de ces laquais de ministère, qui volent les gages de la nation — et que nous mettrons un beau matin à la porte de leurs hôtels, avec le bonnet d'âne au front et l'écriteau des renégats sur le dos[10]. » Dumas trouve un précieux conseil dans la réponse qu'il reçoit. L'historien lui rappelle qu'il est « une des forces de la Nature[11] ». L'a-t-il oublié, lui qui s'adonne à des ouvrages de vulgarisation et à des pièces de second rang pour renflouer ses caisses ? Il a pourtant sous les yeux le modèle de Hugo, élu député, dont il partage les idéaux et les refus.

Le reflux financier espéré par le feuilleton n'est même plus envisageable. En 1850, Dumas publie encore dans *Le Siècle* deux romans, *Colombo* et *La Tulipe noire*. Frappée par le rétablissement du droit du timbre et plusieurs lois de contraintes, la presse est tenue en bride. Très lourdement taxée, elle ne peut commander autant de feuilletons que par le passé. Dumas finit *Ange Pitou* seul, tandis que paraît sa dernière grande collaboration romanesque avec Maquet, *Olympes de Clèves*. Découragé mais pas abattu, il continue à écrire pour le théâtre, tout en suivant à distance le périple de son fils, envolé en Russie à la poursuite de la belle comtesse Lydie Nesselrode, « la Dame aux perles », qui le laissera soupirer en vain. De son voyage, le fils rapporte un paquet de lettres de Sand à Chopin, confié à la sœur du compositeur et préempté par les Russes. Beau joueur, Dumas renvoie les lettres à leur auteur. Sand dit sa reconnaissance absolue — au crépuscule de sa vie, soucieuse de sa postérité, elle les brûlera. Il est loin le temps où George envoyait Planche jeter le gant au nez du maladroit Dumas. Désormais une amitié les lie, au nom de leur jeunesse romantique et d'un idéal de liberté.

La fin de l'année 1851 s'annonce difficile. Le procès en faillite du Théâtre-Historique est prévu le 19 novembre. L'excellent avocat de Dumas, Nogent-Saint-Laurens, un proche de Mérimée, a préparé une défense remarquable, qui joue tout ensemble sur la probité de Dumas et sur ses qualités d'exceptionnel travailleur. L'avoué, qui ne manque ni de culture ni de brio, produit des pièces, sollicite le témoignage d'acteurs fidèles. Mais l'affaire est mal engagée et, à l'issue du procès, Dumas ne se fait guère d'illusions : le couperet de la sentence tombera début décembre. Comme un mauvais coup de théâtre, le coup d'État du 2 décembre balaie toutes les affaires courantes, y compris celle de Dumas. Le prince-président, pour qui Dumas a peu d'estime, bafoue la démocratie et s'impose par la force. Molestations, arrestations, emprisonnements.

Toute velléité de résistance ou d'opposition est immédiatement écrasée. La deuxième République a fait long feu et la répression commence. Dumas court dans Paris, s'informe, inquiet sur tous les plans. Le 3 décembre, une terrible nouvelle tombe, qu'il transmet immédiatement à l'acteur Bocage, républicain de cœur :

Aujourd'hui à six heures, 25 000 francs ont été promis à celui qui arrêterait ou tuerait Hugo.

Vous savez où il est. Que sous aucun prétexte il ne sorte[12].

Hugo menacé de mort, Dumas se sent en danger lui aussi. L'auteur des *Châtiments* fuit à Bruxelles sous une fausse identité : Jacques Firmin Lanvin, ouvrier. Dans la nuit du 10, Dumas s'embarque gare du Nord avec son fils et Alexis, son domestique. « Bourgeois » dans ses idées comme dans ses œuvres, le jeune Alexandre ne craint pas les foudres du nouveau gouvernement. Le père, lui, rejoint les proscrits. Mais pour quelles raisons véritables ? Dumas quitte Paris comme un paria, menacé par une contrainte par corps, suite à une décision de justice. C'est moins glorieux que le danger réel qui pèse sur Hugo, mais ce n'est pas moins tragique. Dumas remâche son échec depuis la Belgique, contemplant de loin les débris de sa fortune : un mirage.

À Bruxelles, Dumas retrouve Hugo, mais aussi d'autres exilés politiques, parmi lesquels l'excellent Jules Hetzel, éditeur visionnaire. Il s'installe à l'Hôtel de l'Europe, pensant que son séjour sera bref. Son fils, lui, songe déjà à repartir à Paris où son drame, *La Dame aux camélias*, va être mis en répétition. Dumas est fier de la réussite littéraire d'Alexandre, mais juge sa pièce un peu trop morale à son goût. Séparé de son fils, Dumas participe pleinement à la vie animée des réfugiés. Dans cette épreuve, Dumas fait corps avec les réprouvés du régime qui ont fui la France pour leurs idées. Depuis Bruxelles, on commente la prise de pouvoir du prince-président et son irrésistible ascension vers le Second Empire. Hugo, Dumas et les exilés ironisent et s'exaspèrent tout ensemble face à cet aventurier sans foi ni loi. Sous la plume de Hugo, ce sera bientôt *Napoléon le petit* (1852). Dumas comprend qu'un retour à Paris n'est pas envisageable dans l'immédiat et s'installe dans une jolie maison, sise au 75 boulevard de Waterloo. Il jouit d'ailleurs d'une très grande notoriété et inspire confiance aux créanciers qui lui permettent de meubler sa demeure avec luxe. Cette nouvelle vie lui ouvre d'ailleurs l'opportunité de belles rencontres. Noël Parfait, député exilé, entre à son service comme secrétaire. Il possède les qualités inverses de Dumas : rigoureux, prévoyant, organisé, scrupuleux sur les comptes, excellent gestionnaire, Noël Parfait souffle une brise de sagesse sur les débris de la fortune de Dumas. Ce nouveau secrétaire est providentiel car il a compris que son maître ne serait jamais riche si un tiers bienveillant ne gérait pas son argent. C'est ainsi que Dumas se laisse amadouer, bercé de l'espoir de se renflouer. La maison d'Alexandre boulevard de Waterloo est loin d'être morne. Il reçoit beaucoup. Victor Hugo s'attable souvent chez son compagnon de route ; le dramaturge et homme politique Étienne Arago, Émile Deschanel, le père du futur président de la République, sont les hôtes habituels des lieux. Il cause avec ses invités, puis les laisse refaire le monde et l'avenir de la France pour regagner son bureau et ses pages d'écriture. Dumas décroche encore des commandes bien payées, tel le roman *Conscience l'innocent*, dont l'action se situe à Villers-Cotterêts. Les paysages d'enfance empêchent-ils d'oublier la France ?

Le 2 février 1852, Alexandre Dumas-fils remporte un triomphe avec *La Dame aux camélias* au théâtre du Vaudeville. Le succès sans ombre de ce drame bourgeois répond aux attentes du public, mais pas au goût du père de l'auteur. Certes Dumas se réjouit que son fils se fasse un nom, mais ces rayons portés sur le jeune dramaturge, plus consensuel que lui, ne le plongent-ils pas un peu plus dans les ombres ? Dumas se plaint auprès de son fils de manquer d'argent. Il est tiraillé entre la fierté et une pointe de jalousie. Il n'a pourtant pas dit son dernier mot et ne compte pas tirer sa révérence au profit d'Alexandre. Le 1er avril 1852, le drame de *Benvenuto Cellini*, écrit en collaboration avec Paul Meurice, est représenté au théâtre de la Porte-Saint-Martin. Dumas a obtenu l'autorisation exceptionnelle de se rendre à Paris. Ses deux maîtresses, Isabelle Constant et Béatrix Person, se partagent la vedette de la nouvelle pièce. Celle-ci est bien accueillie. Dumas peut se rassurer sur sa notoriété et sur ses talents de dramaturge. Mais le succès réel du drame ne suffit pas à combler le tonneau des Danaïdes : pour ne pas avoir à reverser une partie de son gain aux huissiers qui le talonnent, Dumas l'empoche en espèces, dit au revoir à Paris et regagne Bruxelles.

Un changement important se produit alors dans sa vie. Longtemps distante, éloignée par les aléas de l'existence, Marie, la fille de Belle, vient s'installer près de lui. Sa fibre paternelle s'en réjouit mais sa soif de liberté s'en effraie car Dumas a pris des habitudes de viveur impénitent. Il a trois femmes dans sa vie, qu'il reçoit à tour de rôle : Isabelle, Brigitte et Marguerite Guidi. Il s'adonne d'ailleurs à des séances d'hypnose sur cette dernière, belle brune sensuelle à qui il prodigue toutes sortes de soins magnétiques et fluidiques. Marie, pudique et d'humeur difficile, accueille très mal les maîtresses de son père. Pire que Cerbère, elle montre les crocs et menace. Les relations qu'elle entretient avec son père sont complexes, souvent violentes ; elle jalouse ces femmes et lui reproche de faire le joli cœur. Dumas, de son côté, se laisse gronder, tonne parfois mais finalement pardonne, heureux et flatté d'avoir sa fille à ses côtés. Marie abhorre surtout Isabelle Constant, dont elle est proche en âge. Sa seule présence lui donne de l'urticaire. Ayant quelques dons pour la peinture, elle aide son père à décorer sa demeure, mais se désole de lui voir accumuler des objets hétéroclites. Il a, en effet, réussi à faire venir de Monte-Cristo le mobilier qui lui est cher : armures médiévales, divans algériens, prie-Dieu gothiques, écussons à l'effigie des illustres contemporains. Un bric-à-brac qui agace Marie. Si la maison ressemble à la boutique de l'antiquaire de *La Peau de chagrin*, le bureau de Dumas, sous les toits, est d'une sobriété monacale. Ce contraste entre profusion baroque et dénuement du cabinet de travail s'explique par le besoin de concentration nécessaire à la création : le vide n'attire pas son attention et plus la pièce est sobre, plus son imaginaire fait des arabesques. Il a d'autant plus besoin de son énergie qu'il pense à une nouvelle fresque d'envergure et en fait part Anténor Joly, directeur du *Pays* :

> Que diriez-vous d'un immense roman en 8 volumes du *Pays* qui commencerait à Jésus-Christ et qui finirait avec le dernier homme de la création, donnant cinq romans différents, un sous Néron, un sous Charlemagne, un sous Charles IX, un sous Napoléon, un l'Avenir ? [...]
> Les héros principaux sont le Juif errant, Jésus-Christ, Cléopâtre, les Parques, Prométhée, Néron, Poppée, Narcisse, Octavie, Charlemagne, Roland, Vitikind, Velléda, le pape Grégoire VII, le roi Charles IX, Catherine de Médicis, le cardinal de Lorraine, Napoléon, Marie-Louise, Talleyrand, le Messie et l'Ange du Calice[13].

Isaac Laquedem, le Juif errant, sera le héros de cette épopée. En 1845, *Le Juif errant* d'Eugène Sue avait rencontré une vaste audience. Dumas, qui cherche à frapper fort, veut renouveler l'exploit en composant non plus un roman d'aventures, mais un roman philosophique, une méditation sur la condition humaine car, dans sa nouvelle vie, il ne manque pas d'occasion de réfléchir aux caprices de la destinée : quelle a été sa pensée à Anvers quand, ayant vu son ami Hugo s'éloigner dans le lointain, il est resté sur le quai ? Hugo, devenu *persona non grata* à Bruxelles, a dû prendre le large vers l'Angleterre. Les au revoir ont été poignants. Hugo a serré Dumas contre lui, retenant de ce moment émouvant des vers qu'il lui offre « en réponse à la dédicace de son drame *La Conscience* » :

[...]
Je n'ai pas oublié le quai d'Anvers, ami,
Ni le groupe vaillant, toujours plus raffermi,
D'amis chers, de fronts purs, ni toi, ni cette foule.
Le canot du steamer soulevé par la houle
Vint me prendre, et ce fut un long embrassement.
Je montai sur l'avant du paquebot fumant,
La roue ouvrit la vague, et nous nous appelâmes ;
Adieu ! Puis dans les vents, dans les flots, dans les lames,

Toi debout sur le quai, moi debout sur le pont,
Vibrant comme deux luths dont la voix se répond
Aussi longtemps qu'on put se voir, nous regardâmes
L'un vers l'autre, faisant comme un échange d'âmes ;
Et le vaisseau fuyait, et la terre décrut ;
L'horizon entre nous monta, tout disparut ;
Une brume couvrit l'onde incommensurable ;
Tu rentras dans ton œuvre éclatante, innombrable,
Multiple, éblouissante, heureuse, où le jour luit ;
Et, moi, dans l'unité sinistre de la nuit.

Marine-Terrace, décembre 1854[14].

De retour à Bruxelles, Dumas est tout entier à sa nouvelle œuvre. *Isaac Laquedem* nécessite beaucoup de recherches, de lectures. Le romancier pioche dans des ouvrages théologiques et historiques, dans des légendes. Cette œuvre est différente. Écrite seule, elle n'obéit pas aux mêmes visées. Dumas l'estime même supérieure à toutes les autres car elle renferme « une grande pensée ». Comme si Dieu lui soufflait les phrases, Dumas est inspiré : « je ne compose plus, je me dicte », écrit-il à Moïse Milhaud, le nouveau directeur du *Pays*. Pendant plusieurs mois, il peaufine son épopée métaphysique, qui commence à paraître en décembre 1852, au moment même où le Second Empire s'impose. Si Dumas n'a pas toujours été fier de sa production, *Isaac Laquedem* est son grand-œuvre. Or la réaction des lecteurs est négative. Dumas a osé toucher au sacré, au divin. On lui reproche d'avoir fait du Christ un humain paradoxal et donc d'avoir commis un sacrilège. La publication du feuilleton est interrompue. Dumas a beau clamer l'honnêteté de ses intentions, il prêche dans le désert. *Isaac Laquedem* passe par les ciseaux d'Anastasie — allégorie de la Censure — et ressort mutilé par l'opération. L'immense légende est réduite aux proportions d'un fait divers. Dumas renonce, plus amer que jamais. Son plus beau roman restera une œuvre inachevée. Il souffre autant d'avoir été injustement censuré qu'incompris par ses lecteurs habituels. Il n'a pas été pris au sérieux, lui qui a accoutumé son public à moins de philosophie religieuse et à davantage de péripéties romanesques. L'échec marque un coup d'arrêt à la carrière de Dumas. Il ne crée plus, invente moins et se contente de reprendre le canevas des autres. Entre Bruxelles et Paris, il glane les miettes de gloire de son passé, gère son œuvre déjà écrite qu'il redore comme on restaure de vieux objets.

La sentence du 18 avril 1853 libère quelque peu Dumas de ses dettes abyssales. La procédure judiciaire qui s'achève l'oblige à verser près de la moitié de ses droits aux huissiers, ce qui est un moindre mal. Cette nouvelle met un terme au relatif exil. Au printemps 1853, Dumas laisse Marie en compagnie de Noël Parfait à Bruxelles et revient s'installer à Paris. Les récits qu'il publie alors passent presque inaperçus, y compris *La Comtesse de Charny*, la suite d'*Ange Pitou*. L'action de ce roman ramène encore Dumas et son lecteur aux paysages d'enfance, Haramont, Villers-Cotterêts ; les grandes figures de la Révolution traversent ce récit inachevé, Marat, Robespierre, Mirabeau. L'insaisissable Joseph Balsamo y achève son entreprise de destruction. À son retour à Paris, Dumas pense à nouveau au théâtre, rêvant d'une seconde jeunesse d'*Antony*, imaginant que tout est encore possible du côté de la Comédie-Française. Arsène Houssaye, son nouveau directeur, lui passe commande d'une comédie, genre où il avait plutôt bien réussi à la fin des années 1830. Dumas a déjà choisi l'intrigue, en accord avec Houssaye. Il racontera ce qu'il connaît le mieux : les liaisons et les frasques. Son personnage principal sera le jeune Louis XIV. Sont-ce les propres aléas de sa vie affective qui inspirent à Dumas l'esprit de séduction et de légèreté qui anime sa nouvelle comédie ? Dumas vole de Paris à Bruxelles, d'une femme à l'autre. Marguerite Guidi, Isabelle Constant, mais aussi Anna Bauër, qui lui a donné un fils en 1851, prénommé Henry. Naturellement, il ne l'a pas reconnu, il a suffisamment à faire avec ses enfants légitimes.

Sa nouvelle comédie est reçue à l'unanimité et même acclamée par les sociétaires de la Comédie-Française ; Dumas, qui se sent renaître dès qu'il est applaudi, oublie un moment les récentes déconvenues. *La Jeunesse de Louis XIV* est, en effet, une pièce pleine d'esprit mais qui traite d'un sujet sérieux : un mariage arrangé pour des raisons politiques qui éteint une passion de jeunesse. Louis XIV, amoureux de Marie Mancini, a dû se résigner à épouser Marie-Thérèse... En vérité, c'est une comédie sur la raison d'État. Et justement, dans les plus hautes sphères de l'État, on s'inquiète de cette nouvelle pièce. Des comédiens jaloux ou mécontents font circuler une rumeur bien insidieuse. La pièce ferait référence aux amours contrariées de Napoléon III, qui vient d'épouser la belle Eugénie de Montijo. Le ministre d'État, Achille Fould, se procure un texte et y voit allusions, licences et autres propos indécents. Le 8 octobre 1853, la censure s'empare de la pièce. Dumas écrit à l'Impératrice en personne, mais sa missive reste lettre morte. Une nouvelle fois, un obstacle se dresse entre Dumas et le succès. Le dramaturge propose alors l'impossible : écrire en huit jours une nouvelle comédie, qui cette fois s'intitulera *La Jeunesse de Louis XV*. Mêmes décors mais intrigues et dialogues différents. Houssaye accepte la gageure, et Dumas puise dans son intarissable énergie pour composer sa comédie : cinq actes en cinq jours. Une prouesse. Si Houssaye et Dumas se félicitent, Napoléon III recommande aux censeurs la plus grande vigilance. Les zélés fonctionnaires obéissent au-delà des espérances de l'Empereur, puisqu'ils jugent la nouvelle mouture identique à la précédente. On reproche à Dumas d'avoir fait du cardinal Fleury un entremetteur libertin. L'interdiction tombe. Nouvelle injustice. Après *Isaac Laquedem*, *La*

Jeunesse de Louis XIV, *La Jeunesse de Louis XV*, voilà maintenant que ses *Mémoires*, publiés depuis 1850, subissent de larges coupes. Dumas est pieds et poings liés, surveillé, « castré ». Son entourage professionnel est également menacé. Émile de Girardin subit des pressions pour que cesse la parution des *Mémoires*. Le patron de presse plie, craignant pour son journal. D'interdictions en avanies, Dumas redresse le front, comme jadis son père face à Bonaparte, et rentre dans la lutte. Le 7 novembre, il s'adresse à Hugo en ces termes :

Mon bon et bien cher Victor,

Je ne sais en vérité comment vous remercier de vos remerciements. Ce que j'écris sur votre talent est ce que depuis que je vous lis j'ai dans l'esprit — et ce que j'écris sur vous-même c'est ce que depuis que je vous connais j'ai dans le cœur.

Tout cela se fait jour — Ce n'est point ma faute — Il ne faut ni m'en vouloir ni m'en remercier.

Vous savez que mes *Mémoires* sont arrêtés mais comme on ne veut pas le dire hautement — on pèse sur Girardin et Girardin m'écrit qu'il ne peut pas les continuer.

Je vais faire un journal pour les mettre au pied du mur, nous verrons si on l'arrêtera. Oh que je voudrais avoir huit jours — Comme je partirais, comme j'irais vous voir, vous serrer la main vous embrasser — Cela me manque bien je vous le jure — Vous êtes l'Etna vous — et je ne suis moi que le Stromboli.

Tout le monde se porte bien chez vous j'espère — à propos j'ai reçu votre magnifique photographie.

Je vous embrasse des millions de fois mon ami — et je vous quitte pour écrire pour la millième fois votre nom.

J'ai l'autre jour été mettre le mien sur une petite maison du faubourg St-Jean à Blois.

À vous dans ce monde et je l'espère bien dans l'autre.

Alex. Dumas[15].

Quelle meilleure tribune qu'un journal pour s'exprimer ? Poussé par l'insuccès, la censure et les obstacles, Dumas fonde *Le Mousquetaire*, dont le premier numéro paraît le 7 novembre 1853 (le dernier, le 7 février 1857). Le titre du journal, immédiatement repérable grâce à sa référence au roman, annonce un contenu purement littéraire. Pourtant, cette nouvelle aventure n'a pas pour seul but de promouvoir la création : il s'agit de trouver un moyen de s'exprimer. Dumas, rédacteur en chef et principal auteur des articles du quotidien, publie son œuvre et propose à ses lecteurs des articles d'humour et d'humeur. Le ton de causerie qu'il adopte crée complicité et connivence avec le lecteur. Dumas est félicité par ceux qu'il admire le plus, Michelet, Lamartine, Hugo. Mais l'entreprise est périlleuse financièrement et Noël Parfait, qui tient les cordons de la bourse, se lamente sur cette nouvelle folie.

À la fin de l'année 1853, Dumas se trouve dans une situation paradoxale. Il voudrait publier des articles dithyrambiques sur les *Châtiments* de Hugo, mais ce serait se condamner à la censure. Il choisit de gronder en sourdine et d'exprimer ses choix politiques à travers ses convictions littéraires. De loin et du mieux qu'il le peut, il valorise constamment Hugo et son œuvre. Dumas s'entoure aussi d'excellentes plumes — le poète Théodore de Banville, entre autres —, mais aussi d'escrocs masqués et d'*auteures* impossibles. Max de Goritz, traducteur d'occasion au service de Dumas, se révèle en réalité un criminel hongrois, recherché par toutes les polices d'Europe. Dumas l'avait trouvé bon enfant, lui avait ouvert sa porte et sa bourse, sans soupçonner que ce collaborateur remplirait les colonnes de la *Gazette des tribunaux*. S'il a échappé à Goritz, il n'a pas évité le pire : Clémence Badère, romancière dont toutes les héroïnes portent des noms de fleur. Elle se présente au bureau du *Mousquetaire* le 10 octobre 1854, souhaitant qu'on publie un chef-d'œuvre inconnu, *Les Aventures d'un camélia et d'un volubilis*. Bien que sceptique, Dumas accepte cette intrigue florale, non sans avoir corrigé les maladresses de la romancière. Lorsqu'elle découvre sa nouvelle retouchée, Clémence s'enflamme, menace, éructe. Elle somme Dumas de publier intégralement sa prose. Dumas s'exécute, mais souligne les barbarismes, fautes de style et de syntaxe. Humiliée, elle se venge en publiant en 1855 *Le Soleil Alexandre Dumas*, un pamphlet moins venimeux que celui de Mirecourt, et même parfois drôle (involontairement) : « Monseigneur Alexandre Dumas est plus gros que moi, et il me mange », écrit-elle. Grâce à ce petit scandale vite éteint, Clémence Badère publie quelques récits avant de retourner à l'anonymat d'où, grâce à Dumas, elle était sortie.

Le directeur du *Mousquetaire* s'engouffre dans le travail pour fuir ses propres ténèbres. Il écrit, lit les manuscrits qu'on lui soumet, répartit le travail parmi ses collaborateurs qu'il paie mal, mais qui répondent encore présent à l'appel. Certaines de ses intuitions littéraires sont très fines. Le 10 décembre 1853, il publie l'un des plus beaux sonnets de la langue française, « El Desdichado » de Gérard de Nerval :

Je suis le Ténébreux, — le Veuf, — l'Inconsolé,
Le Prince d'Aquitaine à la Tour abolie :
Ma seule Étoile est morte, — et mon luth constellé
Porte le Soleil noir de la Mélancolie.

Dans la nuit du Tombeau, toi qui m'as consolé,
Rends-moi le Pausilippe et la mer d'Italie,
La fleur qui plaisait tant à mon cœur désolé,
Et la treille où le Pampre à la Rose s'allie.

Suis-je Amour ou Phébus ?... Lusignan ou Biron ?
Mon front est rouge encor du baiser de la Reine ;
J'ai rêvé dans la Grotte où nage la sirène...

Et j'ai deux fois vainqueur traversé l'Achéron :
Modulant tour à tour sur la lyre d'Orphée
Les soupirs de la Sainte et les cris de la Fée[16].

Dumas, qui aime sincèrement Nerval, commet toutefois une triste maladresse. Il accompagne le poème d'un commentaire sur la folie du poète, alors interné dans la maison de santé du docteur Blanche à Paris. Depuis la fin des années 1840, les crises de délire alternent avec les moments de lucidité. Quand il découvre l'article de son ami, Nerval en est profondément affecté. Depuis 1833, en effet, bien que leurs univers poétiques soient dissemblables, Nerval et Dumas sont compagnons de route, collaborateurs dans l'écriture, amis dans la vie. Ils ont la fantaisie et le sens de la liberté en partage. Nerval a même séjourné à Bruxelles pendant l'exil de Dumas. L'un et l'autre incarnent le romantisme dans ce qu'il a de plus mobile. Au moment où Dumas tente de renaître de ses cendres en écrivant dans son quotidien, Nerval écrit parmi les plus belles pages en prose et en vers de la littérature française : *Les Filles du feu*, *Aurélia*...

Mais au matin du 26 janvier 1855, Arsène Houssaye se précipite au bureau du *Mousquetaire* : Gérard s'est pendu rue de la Vieille-Lanterne. Dumas est pétrifié. Les deux amis se rendent immédiatement sur les lieux de la tragédie. C'est le décor d'une nouvelle d'Edgar Poe qui s'offre à eux : une ruelle misérable, un corbeau apprivoisé qui croasse, une grille où pend encore le lacet du malheureux. Le froid est glacial. Ces lieux funèbres concentrent tout le désespoir d'un ami. Puis c'est la morgue, où Gérard gît près d'une jeune inconnue. Un pendu et une noyée : le poète et sa Lorelei, songe Dumas. Enfin, dernière étape du calvaire pour les vivants, les obsèques. Notre-Dame n'a pas les pompes solennelles de la mort de Ferdinand, mais Dumas n'en est pas moins bouleversé. Hugo ne peut pas être présent et Dumas tient à ce que sa place autour du cercueil reste vacante pour marquer symboliquement sa présence. Les lambeaux de bonheur se détachent un à un de la vie : Ferdinand, Marie Dorval et maintenant Gérard de Nerval qu'on enterre. « Je l'aimais comme on aime un enfant[17] », écrira-t-il. Ce 30 janvier 1855, Dumas pleure un frère.

Dans l'assemblée des vivants, Dumas a toutefois remarqué une longue dame blonde en grand deuil, qui jette vers lui quelques regards timides. Emma Mannoury-Lacour est venue depuis la Normandie pour assister aux obsèques de Nerval, mais surtout pour rencontrer Dumas, avec qui elle entretient une correspondance depuis quelques mois. Ils ne se connaissent que par lettres, il ne l'a jamais vue mais devine qui elle est. Chez Dumas, la pulsion de vie vainc toujours la mort ; à la sortie du cimetière, Emma tend sa main gantée à Alexandre. Telle une héroïne de Balzac, cette femme de trente ans n'est pas heureuse en ménage. Malgré deux mariages, elle ne connaît pas les plaisirs de la chair et s'en confie à Dumas. Poétesse, Emma noie son ennui dans l'écriture de vers moroses. Dumas, qui n'est pas vraiment célibataire, est cependant attiré par cette femme mélancolique à qui il souhaite redonner goût à la vie en lui faisant découvrir les plaisirs qu'elle ignore. Il comprend vite qu'Emma est bien au-dessus de ses maîtresses habituelles, tant par l'esprit que par le cœur. Outre la dimension d'initiation sexuelle que revêt cette relation, Dumas tombe amoureux. Contre toute attente, ce nouvel amour ne rencontre aucun obstacle du côté de Marie. La fille de Dumas, séduite par l'égérie normande, l'accueille aimablement et s'en fait une amie. Emma fait visiter son domaine normand à Dumas, sous les yeux résignés du mari ; le joli petit château de Mons, où ils coulent ensemble quelques jours heureux, est une demeure néoclassique un peu austère mais qui charme assez Dumas. Marie les y accompagne et se réjouit d'apprendre qu'elle aura bientôt un demi-frère ou une demi-sœur. Les leçons de Dumas ont porté leur fruit. Sans doute Emma a-t-elle désiré cet enfant. Mais Alexandre se voit mal devenir père à près de cinquante-cinq ans et incite sa compagne à avorter. Scandales, larmes. Marie est très en colère, saccage l'appartement parisien et le petit atelier où elle peint. Le psychodrame se complique à l'automne 1855 quand il apprend qu'Isabelle Constant est également enceinte. Mais ni l'enfant d'Emma ni celui d'Isabelle ne vivront : la première fait une fausse couche, la seconde perd le nourrisson peu de temps après sa naissance. Si Dumas a pu en éprouver un égoïste soulagement, il voit aussi dans ces morts un signe funeste.

Au milieu de l'imbroglio tragi-comique de sa vie sentimentale, Dumas trouve le temps de concevoir de nouveaux projets. *Le Mousquetaire* publie de nombreux textes, beaucoup d'articles hétéroclites, de pensées diverses sur des thèmes variés. S'il remplit la majeure partie des colonnes de son quotidien, c'est souvent pour parler de son œuvre passée et de sa manière de romancier. Parmi cette moisson d'articles, « Le Royaume de mes souvenirs », paru le 25 août 1855 dans *La Libre recherche* (un journal Belge), dresse le bilan :

> Mes souvenirs sont nombreux. Il est peu d'existences à la fois remplies de travaux matériels et aussi peuplées que la mienne de ces songes qui passent, les uns avec leurs robes blanches, couronnes de fiancées en tête, les autres avec leur voile noir, branches de cyprès au front, et qu'on appelle les souvenirs[18].

Jeunes filles en fleur et âmes mortes entourent Dumas qui prend la mesure de son existence hors du commun avec sa part de joies et de deuils. Sa fidèle amie, celle qu'il a défendue à maintes reprises, Delphine de Girardin, s'est éteinte le 29 juin 1855. Roger de Beauvoir publie des stances en hommage à la morte, mais c'est à Dumas qu'elles s'adressent :

Ah ! vous avez dit vrai — tous couchés sous la terre,
Ils sont là ! — chaque jour un deuil nouveau mon frère[19].

À mesure qu'il s'avance dans l'âge mur, Dumas se tourne vers le passé, c'est-à-dire vers sa jeunesse, comme si une force irrépressible luttait contre l'inacceptable. *Mes Mémoires*, dont la parution s'est achevée en mai 1855, se referment sur l'apothéose de sa glorieuse jouvence : le bal de mars 1833. Dumas promet de poursuivre le récit de sa vie, mais le veut-il vraiment ? Souhaite-t-il remonter le temps jusqu'aux heures noires, celles des obstacles et des deuils ? Son énergie formidable n'exclut pas une forme de mélancolie liée au regret de ce qui a fui. La plongée dans le passé prend des formes romanesques remarquables dans *Les Mohicans de Paris*, qui paraît en feuilleton depuis mai 1854 et emmène le lecteur dans les abysses de la capitale à différentes époques.

Voici venu le temps où l'écrivain dresse le bilan de sa vie personnelle et artistique. Ses enfants ? Marie vient de se marier avec un fou, Olinde Plétel. Il regrette presque le temps où sa fille l'agonissait d'injures et faisait fondre sur lui des orages de reproches — l'orage, c'est encore la vie. Son fils s'est éloigné. Ses succès l'accaparent ; il offre au public du Second Empire des pièces convenables, dans lesquelles la morale bourgeoise n'est pas écorchée. Dumas-père juge toujours Dumas-fils moralisateur, mais pour l'heure, c'est le second qui est applaudi et s'enrichit. À l'heure où Hugo vient de publier *Les Contemplations*, son plus beau recueil, à l'heure où Flaubert met la dernière main à *Madame Bovary*, à l'heure où Baudelaire parachève *Les Fleurs du mal*, Dumas s'accroche à l'écriture, à son passé, à ses chimères et cherche désespérément aux heures noires de sa vie les couleurs de son génie.

Semelles de vent

Je vous proteste que le jour où le boulet du travail quittera un instant mon pied, je ne ferai qu'un bond d'ici à Marine Terrace, et jamais maîtresse, je vous jure, si aimée qu'elle soit, n'aura été serrée sur un cœur plus aimant.

« Lettre à Victor Hugo », été 1855[1]

Les manuscrits qu'entasse Alexandre Dumas et qu'il négocie comme un marchand sont les succédanés d'autres plumes, des pis-aller, de petits arrangements avec lui-même. Présenté par Léon Gozlan, l'un des derniers collaborateurs, Gaspard de Cherville, est un auteur médiocre qui ternit un peu plus les ouvrages dont Dumas endosse la paternité. Dumas n'est plus qu'un prête-nom pour faire de l'argent. La basse besogne aurait raison de lui, s'il ne croyait encore au théâtre, sa bonne étoile. Malgré le succès de *L'Orestie*, joué à la Porte-Saint-Martin en janvier 1856, la situation est périlleuse financièrement, d'autant plus que *Le Mousquetaire* n'est pas rentable. Dumas abandonne d'ailleurs progressivement son enfant à ses collaborateurs. Il se console avec les vers des *Contemplations* de Hugo, dit-il, et avec le petit talent de poétesse d'Emma. La poésie des autres, seul îlot au milieu du naufrage ? Dumas songe au contraire à lever l'ancre et à fendre les eaux. Il n'a, en effet, jamais totalement abandonné l'idée caressée en 1834 d'une expédition au long cours dans le Bassin méditerranéen. Ce rêve d'un ailleurs propitiatoire qui donnerait encore sens à sa vie nécessite une petite embarcation, quelques hommes et beaucoup de folie. Mais à presque cinquante-cinq ans, Dumas se sent encore assez de sève et de courage pour une telle circumnavigation. Au début de l'année 1857, le romancier n'a qu'un seul but : trouver les fonds nécessaires pour préparer l'expédition. Il crée *Le Monte-Cristo* qui remplace *Le Mousquetaire*. Le nouvel hebdomadaire financera le voyage.

En attendant, en mars 1857, l'occasion lui est offerte de s'extraire de la gangue parisienne et de ses tracas. Émile de Girardin cherche un chroniqueur pour commenter les élections de la Chambre des communes, à Londres. Dumas, possédé par le démon de la mobilité, saisit l'opportunité et propose ses services à *La Presse*. Dès qu'il quitte Paris, il recouvre son entrain. À Londres, il commence consciencieusement sa mission, rencontre les principaux dirigeants politiques et commente l'élection du banquier Lionel de Rothschild. Aux yeux de Dumas, la victoire de ce libre-penseur est celle de la liberté et du progrès, comme le suggèrent ses articles du 29 et 30 mars. La presse anglaise commente, elle aussi, la présence du romancier français, non sans humour, lui attribuant même l'écriture de textes satiriques. Sa mission remplie, il disparaît soudain des rues de Londres. En quittant la France, le chroniqueur politique avait une idée précise : profiter de sa mission officielle pour rendre une visite officieuse à Victor Hugo. Le plus célèbre proscrit du monde l'accueille à Guernesey, le 4 avril 1857. Les retrouvailles sont chaleureuses, fraternelles, graves. Le séjour de Dumas sera bref. On cause beaucoup et longtemps de politique, de littérature, de choses vues en France. Ils n'ont que deux jours pour tout se dire, le passé, le présent, l'avenir. Maints constats sont tristes, mais ni Hugo ni Dumas ne perdent espoir. Bien que Hauteville House soit en travaux, Dumas admire le cachet très singulier que Hugo a voulu donner à sa demeure : meubles médiévaux, agencements bizarres, aménagements fantastiques, initiales V.H. à des endroits choisis. Les lieux sont empreints d'une étrange religiosité qui charme Dumas, lui-même amateur de décors surprenants. Mais c'est surtout Hugo qui le fascine. Depuis trente ans, il est son dieu, sa parole est sacrée. Dumas quitte Guernesey le 6 avril, non sans avoir écrit quelques mots dans l'album de Juliette Drouet, qui aime beaucoup Dumas, « très amusant et très affectueux[2] ». La chaleureuse affection que Hugo lui témoigne est un baume qui lui laisse espérer que, peut-être, il n'est pas tout à fait mort artistiquement. N'a-t-il pas été, lui aussi, un idéaliste et un créateur de talent avant que les soucis matériels ne gangrènent sa vie ?

Dumas rentre à Paris avec l'énergie que procurent les rencontres supérieures. Il se sent prêt à tenir ferme les rênes de sa nouvelle entreprise : *Le Monte-Cristo*, dont le premier numéro est annoncé le 23 avril. Le sous-titre affiche clairement l'ambition du projet : « Journal hebdomadaire de romans, d'histoire, de voyages et de poésie, publié rédigé par Alexandre Dumas, seul. » Seul, ou presque. Si Dumas se charge de la majeure partie de la rédaction, il fait encore appel à l'aide de collaborateurs et de collaboratrices : la comtesse Dash, Laure Chaufour, qui signe sous les pseudonymes de Victor Perceval ou de Marie de Fernand. Avec ce nouveau journal, Dumas donne une importance plus explicite à une expression littéraire qui lui est chère : la causerie. Sous la forme d'une lettre très personnelle adressée aux lecteurs, Dumas raconte sa vie, ses rencontres, ses lectures. Le ton familier, fantaisiste, plaisant, invite à la complicité. Entre jeu et sérieux, la causerie fait de Dumas un intime du lecteur, pour qui il évoque des sujets aussi divers que variés[3]. Le goût de l'éclectisme, très prononcé chez lui, s'y manifeste avec brio. Chaque jeudi, Dumas « cause » donc avec ses lecteurs : autrement dit, il monologue sur les sujets qui l'intéressent et n'hésite pas à jouer. Ainsi, il interrompt dans le numéro du 7 mai 1857 sa relation (cocasse) du voyage en Angleterre pour décrire les contingences habituelles de son labeur. Humour :

Pardon, cher lecteurs, mais on entre dans mon cabinet.

Je suis à vous dans l'instant même.

Savez-vous qui entre dans mon cabinet ?

C'est mon imprimeur.

Devinez ce que vient me dire mon imprimeur.

Il vient me dire que non seulement le journal est fait, mais regorge de copie.

Que si je ne m'interromps pas ici, il ne pourra pas mettre ma *Causerie*[4].

Mais *Le Monte-Cristo* a aussi des prétentions littéraires et se fait de plus l'écho du jour. Dans le même numéro du 7 mai, Dumas commente ainsi la mort d'Alfred de Musset, non sans une note d'ironie tendre sur « l'hypertrophie du cœur » dont serait mort le poète des *Nuits*. Le 30 avril 1857, il salue la parution de *Madame Bovary*, dont il perçoit la nouveauté, sans totalement la comprendre :

Les détails sont vrais, mais douloureux ; les caractères sont bien tracés, pleins de facettes, mais désenchantants [*sic*]. Au milieu de cette mêlée littéraire où agissent un père, fermier grossier et brutal, un beau-père fumeur et voltairien, une belle-mère aigre et acariâtre, un pharmacien philosophe et vaniteux, un prêtre idiot et ivrogne, un gentilhomme avare et égoïste, un clerc d'avoué faible et amoureux, un médecin ignorant et sale, un usurier insinuant et inflexible, enfin une maîtresse de piano complaisante, un garçon d'écurie pied-bot, un mendiant aveugle, il n'y a pas un personnage consolateur sur lequel l'œil ait du charme à se reposer ; figurez-vous un jardin tout entier, semé de plantes malfaisantes ou de fleurs vénéneuses : ciguë, aconit, euphorbe, fausse angusture, noix vomique, mancenillier, bohon-upas. Tout cela poussant, fleurissant, faisant ombrage, donnant parfum comme des plantes ordinaires, mais ombrages sous lequel il ne faut pas s'endormir, parfum qu'il ne faut pas respirer.

Oh ! si j'avais trouvé une seule petite fleur bleue dans tout ce livre, comme je me fusse écrié avec Rousseau. — Une pervenche.

Tout cela n'empêche point que *Madame Bovary* ne soit un livre de la plus haute valeur ; ce qui pour moi est un défaut qui tient à une organisation littéraire différente de celle de l'auteur est une qualité pour beaucoup d'autres. Un livre doit être jugé au point de vue où il a été écrit, comme une pièce au point de vue où elle a été faite. Livre de détails et de style, *Madame Bovary* est riche de détails, brillante de style, la phrase a des tours pittoresques et des terminaisons inattendues et insolites qui, à notre avis, lui donnent comme style une supériorité sur la phrase de Balzac ; mais avec tout cela le lecteur éprouve en avançant dans ce livre la fatigue qu'éprouverait un voyageur qui aurait entrepris une longue course avec un bâton trop lourd ; le bâton au lieu de lui être un point d'appui devient une fatigue, si bien que de temps en temps il est obligé de s'asseoir au bord du chemin, ou de poser son bâton à terre.

[...] Lisez *Mme Bovary* ; — *Mme Bovary* est un de ces livres qu'on ne juge pas avec un compas et une équerre, mais avec son tempérament.

Et Dumas de conclure : « *Madame Bovary* est un événement littéraire[5]. » Il vise juste.

Le bref séjour en Angleterre a réveillé le volcan. Dumas sent à nouveau couler en lui l'impérieuse lave du voyage. L'année 1857 est ainsi émaillée de petits voyages en Angleterre, en Belgique et en France. Outre-Manche, on l'invite au fameux Derby d'Epsom. Il chasse et pêche en Touraine, en juillet 1857 ; à Pierrefonds, l'artificier Ruggieri embrase pour lui les ruines de l'abbaye, spectacle fantastique qui l'émerveille.

Bientôt, à bord d'une barque invisible jusque-là, un feu rouge s'alluma.

La barque glissa sur le lac, éclairant ses rameurs, en se reflétant dans l'eau.

Les premiers cris de joie commencèrent.

Ce premier feu éteint, une autre barque lui succéda à un autre endroit avec un feu vert.

Puis une troisième avec un feu blanc. Puis ce troisième feu s'éteignit comme les deux autres, et, cette fois, tout rentra dans l'obscurité.

Tout à coup, les dix mille spectateurs poussèrent un grand cri.

Les ruines, comme un spectre gigantesque, semblaient sortir de la montagne et se dresser dans la nuit.

La pâle apparition dura dix minutes[6].

En septembre 1857, au moment où il publie ces lignes, une autre illumination enchante Dumas. Lilla von Bulyovsky, une beauté hongroise de vingt-trois ans, sollicite le maître pour des recommandations dans le monde du théâtre. L'actrice, célèbre dans son pays, ne pouvait frapper à meilleure porte. Dumas, qui a constamment besoin d'aventures, accueille à bras ouverts l'élégante jeune femme ; il lui écrit des lettres qui l'introduisent dans les meilleurs milieux parisiens, lui sert de guide dans la capitale, l'invite à dîner plusieurs fois par semaine. Quand il s'agit de quitter la France, Dumas se propose d'accompagner Lilla dans son périple européen. Fin septembre, il l'escorte galamment à Bruxelles, Spa, Aix-la-Chapelle. Dumas marche dans les traces de son passé en descendant le Rhin avec son amie : Cologne, Mayence… Mais Lilla n'est qu'une amie et le restera. Le vieux lion, qui aime encore la chair fraîche, se contente de l'affectueuse tendresse de l'actrice qui le baise au front et lui dit au revoir à Manheim, le 26 septembre.

Les publications de 1857 témoignent d'un élan de vigueur retrouvé, même si les récits ne sont pas tous de haute tenue : *Le Meneur de loups*, *Black*, *Les Louves de Machecoul*. En revanche, *Madame de Chamblay* qu'il écrit seul est une transposition émouvante de ses amours avec Emma, dont la santé se détériore. Ce roman, aux teintes personnelles, a des accents funèbres et fantastiques : Edmée de Chamblay a souffert de ses unions. Elle possède un don médiumnique et son amant, Max de Villiers, maîtrise l'art du magnétisme. Emportée par une hémorragie foudroyante qu'elle avait prophétisée, Edmée est enterrée dans un caveau. Fou de douleur, Max se précipite au jardin des morts. Il veut poser un dernier baiser sur les lèvres de sa bien-aimée qui, grâce à ce geste, se met à respirer. Elle était seulement frappée de catalepsie... Ils peuvent fuir au-delà des mers et s'aimer d'un amour passionné et secret. Ces « pages arrachées au livre de sa vie », Dumas sait qu'elles sont aussi illusoires qu'un conte de fées.

La mort est partout en cette année 1857. À l'écriture quotidienne et aux amours se joint désormais l'interminable cortège des deuils. En cette année 1857, il voit défiler sa vie à travers les disparitions de Béranger, Musset, Achille Devéria, Lefèvre-Deumier et enfin de Rachel, qui dit adieu à son public en janvier 1858. Dumas, lui, se porte désespérément bien. Sa force et son énergie ne le quittent que rarement, même s'il souffre ponctuellement du genou, même si son embonpoint est désormais fort visible. Le voyageur continue sa route. En mars 1858, il est mandé à Marseille où on lui passe commande d'une pièce. Dumas veut en profiter pour placer une adaptation de *Jane Eyre*, traduite par Victor Perceval. Mais une actrice, furieuse d'avoir été évincée de la distribution, crie au scandale et dénonce le plagiat. Pour éviter tout incident, Il écrit une autre pièce à la paternité indiscutable, du moins le croit-on. Ainsi offre-t-il offre aux Marseillais *Les Gardes-forestiers*, tirés de son roman *Catherine Blum*. C'est un succès sans nuance. Les ovations le rajeunissent. Partout autour de lui on s'étonne de sa vigueur ! C'est que, pour Dumas, Marseille est la porte de la Méditerranée et donc de son rêve d'Orient. Il songe alors à rejoindre Rome en compagnie de Zirza. Mais ce projet est détourné vers une autre destination. De retour à Paris, il fait la connaissance du comte et de la comtesse Koucheleff-Besborodko, un couple de richissimes aristocrates russes qui visitent l'Europe à grands frais, accompagnés de toute une suite. Dans celle-ci, le médium Daniel Douglas Home se prend d'affection pour Dumas. Au moment de partir, les touristes russes supplient Dumas de les suivre à Saint-Pétersbourg où il sera leur hôte : le départ est prévu cinq jours après. Que faire ? Dumas a déjà organisé son voyage en Méditerranée qui doit débuter en août. Il a cependant quelques mois devant lui et surtout une immense curiosité. Il accepte la proposition, à la grande joie de ses amis. Le voyage débute le 15 juillet 1858 et s'achève le 9 mars 1859. Une nouvelle année extraordinaire dans la vie d'Alexandre Dumas.

Il faut parer au plus pressé. Dumas annonce à ses lecteurs qu'il part pour la Russie, promet la reprise des *Mohicans de Paris* à son retour et s'engage à donner des nouvelles de son périple. Il publiera, de semaine en semaine, des « Lettres de Russie » qui les tiendront en haleine. Le 24 juin, il découvre l'immense villa Besborodko. Le domaine s'étend à perte de vue. Dumas est traité comme un prince. Le dépaysement est total, ou presque. Saint-Pétersbourg est, en effet, l'un des foyers francophiles les plus actifs de Russie. Dumas y retrouve Jenny Falcon, sœur de la célèbre cantatrice Cornelie, qui tient un salon réputé pour son goût exquis. En sa compagnie, Dumas visite la ville, prend des notes qu'il déverse ensuite dans les causeries qu'il adresse à ses lecteurs. Mais pour le romancier, il n'est pas question de s'arrimer à un seul port. Il souhaite visiter l'immense Russie. Grâce à sa correspondance privée, on peut suivre la carte du périple qui lui fait longer la Volga, du nord au sud. Ce voyage est jalonné de surprises. Le 5 octobre, à Nijni-Novgorod, il rencontre les héros de son roman *Le Maître d'armes*, le comte et la comtesse Annenkov, tout juste graciés par le tsar Alexandre II, après trente ans de captivité en Sibérie. L'émotion est grande de part et d'autre : Dumas peut se vanter d'être l'un des rares romanciers à pouvoir serrer dans ses bras les personnages de sa fiction.

Saint-Pétersbourg, Moscou, Kazan, Astrakhan, Bakou, Tiflis (aujourd'hui Tbilissi)... Dumas traverse des territoires aux dimensions jamais vues et va de surprise en surprise. À Astrakhan, on lui offre le spectacle de centaines de chevaux sauvages courant vers la Volga. Outre ces munificences visuelles, Dumas goûte aux spécialités locales, plus ou moins digestes : viande de cheval crue aux oignons, potage de poulain et « de l'eau-de-vie de lait de jument. Pouah[7] ! », écrit-il à son fils. Dumas veut complaire aux différents hôtes qui le reçoivent sur son parcours, aussi accepte-t-il les us et coutumes de chaque région. Lui qui ne boit habituellement que de l'eau avale des litres de vin en Géorgie sans être vraiment ivre, de sorte qu'il suscite l'admiration de ses hôtes. Il expliquera à ses lecteurs du *Monte-Cristo* que l'habitude de la sobriété permet de mieux résister à l'alcool ! La vie quotidienne est ainsi ponctuée d'amusements, d'émerveillements, comme de petits désagréments causés par les mœurs russes :

Tu sais que depuis que je suis en Russie, je n'ai pas vu la queue d'un matelas, le lit est un meuble complètement inconnu [...]. Mais il y a des chambres à coucher parfaitement parquetées et au bout d'un certain temps, on arrive à trouver que certains parquets ne manquent pas d'élasticité. Je préfère ceux de sapin, malgré l'idée peu folâtre qu'ils rappellent[8].

Literie exceptée, le luxe avec lequel on reçoit Dumas cache mal la misère qu'il constate partout sur son chemin. Les moujiks meurent de faim, l'argent et le pouvoir appartiennent à une poignée d'hommes. Alexandre II songe à abolir l'esclavage, mais il faudrait pour cela préparer toute la société. Et que faire des particularités ethniques qui frappent Dumas et dont il rend compte ? Religions, langues, mœurs, tout fait de la Russie un vaste territoire sans autre unité que l'autorité du tsar. Visionnaire et lucide, Dumas prophétise l'écroulement du colosse aux pieds d'argile :

Un jour la Russie prendra Constantinople, c'est fatalement écrit, — la race blonde a toujours été la race conquérante,

— les conquêtes des races brunes n'ont jamais été que des réactions de peu de durée, — alors la Russie se brisera, non pas, comme l'Empire romain, en deux parties, mais en quatre morceaux. Elle aura son empire du Nord avec sa capitale sur la Baltique, et qui restera le véritable empire russe ; elle aura son empire d'Occident, qui sera la Pologne avec Varsovie pour capitale ; son empire du Midi, c'est-à-dire Tiflis et le Caucase ; enfin, son empire d'orient, qui comprendra les deux Sibéries.

Si l'on pouvait pousser plus loin les prévisions, on dirait :

L'empereur régnant, au moment où arrivera ce grand cataclysme, conservera Pétersbourg et Moscou, c'est-à-dire le vrai trône de Russie ;

Un chef, soutenu par la France et populaire à Varsovie, sera élu roi de Pologne ;

Un lieutenant infidèle fera révolter son armée, et, profitant de son influence militaire, se couronnera roi de Tiflis ;

Enfin quelque proscrit, homme de génie, établira une république fédérative entre Irkoutsk et Tobolsk.

Il est impossible qu'un empire qui couvre aujourd'hui la septième partie du globe reste dans la même main : trop dure, la main sera brisée ; trop faible, elle sera ouverte, et, dans l'un ou l'autre cas, forcée de lâcher ce qu'elle tiendra[9].

La lucidité géopolitique de Dumas ne lui fait pas oublier sa mission d'artiste. Il se doit d'évoquer la littérature russe, qu'il connaît mal, mais dont il s'efforce de rendre compte. Sous sa plume, Pouchkine et Lermontov appartiennent à la veine romantique. Plus proches de lui chronologiquement, il cite Gogol et Tourgueniev comme deux romanciers de premier ordre. Ses jugements sur la littérature russe restent cependant très limités, voire injustes : « les Russes [...] n'ont encore ni littérature, ni musique, ni peinture, ni sculpture nationales[10] », écrit-il. Dumas oublie Tolstoï et Dostoïevski et sa critique est conditionnée par sa vision géopolitique du pays.

Au cours de son voyage, il a croisé des centaines de paysages et de visages, mais parmi tous ces hommes et ces femmes, il constate que les Géorgiens ont une beauté supérieure. À Poti, alors qu'il attend l'embarcation qui doit lui faire traverse la mer Noire, il remarque un jeune Géorgien dont la prestance et les airs de débrouillardise lui plaisent. Le romancier lui propose de l'accompagner en France. Pour l'homme du peuple, c'est une providence : Vassili restera attaché à son maître jusqu'à la mort, fidèle même dans la tourmente.

Malgré la Russie et l'enivrement de nombreuses découvertes, Dumas songe toujours à un autre voyage. Aussi son itinéraire de retour a-t-il un seul but : rejoindre les Cyclades, où il doit rencontrer l'un des meilleurs armateurs de bateaux, Nicolas Paghida, qui construira sa future embarcation, le *Monte-Cristo*. L'affaire est rapidement conclue : Paghida fournira à Dumas un clipper contre dix-sept mille francs, payables en trois termes. Pour faire durer le voyage, Dumas débarque à Marseille en costume circassien, coiffé d'un large bonnet d'astrakan qui lui donne un air très « couleur locale ». La photographie de Dumas en costume Kamouk dit assez bien la fière allure du romancier, posant en majesté, viril et triomphant. À Paris, les amis saluent le retour du père prodigue et organisent un banquet en son honneur ; la petite presse, elle, se moque de Dumas et de ses prétentions. Seul Baudelaire, pourtant peu tendre avec la génération romantique, constate qu'il y a une force d'imagination inouïe chez Alexandre Dumas, une puissance créatrice. Alexandre, lui, a déjà le cœur et la tête ailleurs.

Partir, fuir encore. Quitter la capitale pour de nouveaux horizons. Dumas, à peine rentré, se met en quête d'argent pour financer son prochain périple — a-t-il la prescience que ce sera le dernier voyage au long cours ? Les romans qu'il produit alors sont purement alimentaires, oubliés aussitôt que lus. Dumas se soucie moins désormais des lauriers que des moyens concrets pour guérir son besoin chronique de voyager. À la fin du mois de juillet 1859, après trois mois d'attente interminable, le clipper fait son entrée dans le port de Marseille. Le romancier souhaite que son embarcation le rejoigne en empruntant les canaux, mais ses proportions l'en empêchent. C'est donc Alexandre Dumas qui ira vers son nouveau *Monte-Cristo*, quand son ami, l'ébéniste Van Loo, en aura terminé les aménagements intérieurs. En attendant le départ, Dumas vit en compagnie de Marie et de son époux au comportement décidément très étrange. Pour fuir son mariage, la jeune femme se réfugie dans la peinture : elle peint des anges et des saints.

Le 16 août 1859, la loi d'amnistie des condamnés politiques change la donne. Dumas règle son procès avec Lévy, remarquablement secondé par le sage Noël Parfait : habile négociateur et expert financier, il obtient que les frères Lévy rachètent le droit d'imprimer toute l'œuvre en in-18, pour une période de dix ans. Cet accord rapporte immédiatement cent vingt mille francs à Dumas et d'autres traites à venir. La roue de la fortune tourne à nouveau et Alexandre Dumas est de nouveau riche. Il peut partir tranquille : Parfait gère ses affaires en son absence, son fils triomphe avec *Le Père prodigue* et Hugo, fidèle à sa pensée, sauve l'honneur des poètes et des écrivains :

Si l'on n'est plus que mille, eh bien, j'en suis ! Si même
Ils ne sont plus que cent, je brave encor Sylla ;
S'il en demeure dix, je serai le dixième ;
Et s'il n'en reste qu'un, je serai celui-là[11] !

Dumas fuit vers l'Italie, mais son escapade est suspendue par des tracasseries administratives : impossible de naviguer sous le pavillon grec du constructeur de son clipper. Qu'importe, le désir de partir est trop grand pour s'arrêter à cet interdit ! Dumas ira chercher à Livourne l'autorisation de naviguer sous le pavillon de Jérusalem. Deux ou trois semaines sont toutefois nécessaires pour obtenir ce nouveau viatique, mais Dumas sait comment mettre ce temps à profit. Même s'il a emmené avec lui la jeune actrice Émilie Cordier, récemment conquise, son voyage n'a rien d'une promenade sentimentale. De Florence, le train le conduit à Turin, où se trouve Giuseppe Garibaldi. Dumas a déjà rendu hommage au héros de l'unité italienne dans *Montevideo, ou une nouvelle Troie* en 1850. Il souhaite serrer chaleureusement les mains de « l'homme des deux mondes ». Entre eux, la complicité est immédiate. Dumas, qui arrive justement au moment où Garibaldi s'apprête à reprendre les armes, est engagé pour écrire les Mémoires du grand homme. Le romancier lui promet son aide de plume et plus encore : il suffira que le chef de guerre le fasse mander pour qu'il le seconde dans ses entreprises. Dumas a d'irrépressibles envies d'action. En attendant l'héroïsme de papier ou de sang, il savoure quelques moments hédonistes à Venise. En gondole avec Émilie, il goûte au charme de la ville lacustre, même si sa joie est ternie par la présence des troupes autrichiennes qui viennent d'investir la cité des Doges. À Vérone, les amants ne rejouent pas la scène du balcon car Dumas a maintenant l'âge d'un barbon et non d'un jeune premier. Enfin, au bord du lac de Côme, il retrouve Garibaldi blessé, qui prend quelque repos avant la conquête. Entre-temps, l'autorisation de naviguer sous pavillon de Jérusalem est arrivée. Or seul un capitaine catholique peut exercer cette responsabilité et le jeune Apostoli Podimatas est orthodoxe ! Nouvel obstacle, nouvelle solution. Dumas achète un autre yacht, *L'Emma*, cédé par le duc de Gramont, ambassadeur de France à Rome.

À Marseille, Dumas revend le *Monte-Cristo* à perte. La goélette *L'Emma* sera dirigée par un marin breton expérimenté, le capitaine Beaugrand. Le temps de préparer l'embarcation, Dumas bondit à Paris où il laisse des recommandations écrites à son fils, au cas où quelque malheur surviendrait pendant son voyage. Le 10 mai, le *Monte-Cristo* interrompt sa parution : son unique fournisseur est parti sans laisser de pages. Délesté de toutes les entraves, morales et matérielles, Dumas peut enfin prendre le large sur un bateau qui lui appartient. Suivant ses habitudes, il ne voyage pas seul. L'accompagnent Édouard Lockroy, le fils du comédien dramaturge, l'excellent photographe Le Gray, le docteur Aubanel, Paul (fils de Noël Parfait) et enfin Émile, le benjamin de la troupe qu'on surnomme l'Amiral. En fait de moussaillon, il y a Émilie Cordier déguisée en marin, à qui ces aventures plaisent beaucoup. Après une halte à Nice, chez le spirituel auteur des *Guêpes*, Alphonse Karr, l'équipage débarque à Gênes le 16 mai. Au vrai, Alexandre ne rêve que de rejoindre Garibaldi, dont les Chemises rouges viennent, dit-on, de prendre Palerme. Pendant son bref séjour génois, Dumas tente de mettre de l'ordre dans les papiers que le général lui a confiés, très vite lassé de dicter ses mémoires. Avec son talent, Dumas pourra bien les mettre en forme seul, son imagination palliera les manques et comblera les failles de la mémoire. Si Dumas assemble les fragments de gloire sur le papier, il ne songe qu'à entrer de plain-pied dans l'action et à œuvrer, lui aussi, à l'unité italienne.

En juin 1860, l'Italie est un véritable imbroglio (géo)politique : le roi Victor-Emmanuel II dirige son royaume depuis Turin ; François II, lui, règne sur Naples et la Sicile ; le pape possède Rome ; les Autrichiens ont Venise et guettent les frontières ; quant à Napoléon III, il négocie son soutien avec les différents belligérants. À cette date, le rêve d'une unité italienne semble encore une utopie ; selon Dumas, seul Garibaldi pourrait démêler l'écheveau politique et réaliser un tel dessein. En ces périodes troubles, l'information circule mal, ou de manière contradictoire. Dumas ne parvient pas à savoir exactement où en est l'expédition. Trop impatient, il prend l'initiative de gagner Palerme. Après un bref arrêt en Sardaigne, il s'approche de la ville sicilienne ; le canon tonne dans le lointain ; les combats ne seraient-ils pas terminés ? Heureusement, Garibaldi s'est rendu maître de la ville et le Bourbon a été vaincu par les Chemises rouges. Parmi les décombres encore fumants, Dumas découvre Garibaldi assis sur les marches de la cathédrale, exténué mais heureux. Invité officiel, Dumas est logé au palais royal. On l'acclame comme au temps d'*Antony*. La cure de jouvence fait merveille, d'autant plus qu'elle cautérise d'anciennes plaies. Palerme, la victoire de Garibaldi, c'est une blessure qui se referme : quand Dumas voit rouler la tête de la statue du roi Ferdinand dans la poussière, il se souvient que c'est ce même souverain qui avait jadis emprisonné et empoisonné son père. Une revanche sur la destinée.

En France, Dumas n'avait jamais pu réellement briller lors des épisodes révolutionnaires. Cette fois, il est au cœur de l'Histoire, il est l'une des figures de la révolution italienne : on le sacre « citoyen de Palerme ». L'enchantement des paysages siciliens accompagne l'enthousiasme politique. Dumas se dit prêt à tout abandonner pour poursuivre le combat : « si vous me dites "oui", j'ajourne mon voyage en Asie et je fais le reste de la campagne avec vous[12] », écrit-il à Garibaldi le 9 juillet 1860. Partout où il passe, Dumas est fait citoyen d'honneur, sacre laïc qui comble le vieil écrivain infatigable. À sa grande joie, Garibaldi accepte sa proposition de lui fournir des armes — on est loin de l'épopée rocambolesque à Soissons, en 1830 ! Le chef militaire lui suggère aussi de fonder un journal pour la gloire de l'unité italienne. Son titre, *L'Independente*, claironne comme un hymne à la liberté, d'autant plus que le fier Garibaldi attend la plus grande probité de son ami français : « Il voudra commencer par ne pas m'épargner si jamais je m'écarte de mon devoir d'enfant du peuple et de mes principes humanitaires[13] », écrit-il depuis Milazzo, le 21 juillet 1860. Lequel est le plus enfant, de Giuseppe Garibaldi ou d'Alexandre Dumas, qui vit là un rôle à la hauteur des personnages de ses romans ?

À la fin du mois de juillet 1860, il est question de naissance. Émilie Cordier ne peut plus jouer au garçon manqué, son ventre s'est arrondi. Dumas a trouvé un subterfuge héroïque pour l'accompagner en France sans perdre la superbe dont il est auréolé aux yeux de son héros. Il profitera d'un déplacement à Marseille pour rapporter les armes promises ; Garibaldi a obtenu soixante mille francs pour l'achat de munitions, Dumas avance l'argent manquant sur ses propres deniers et rapporte dans ses soutes fusils rayés, carabines, cartouches... Garibaldi a promis de rembourser la différence et tient parole : la générosité de Dumas lui rapporte finalement dix mille francs. Août voit poindre quelques inquiétudes. Cavour, le ministre de Victor-Emmanuel II, est défavorable à une nouvelle expédition en Calabre. À Salerne, en compagnie du chapelain de Garibaldi, frère Jean, Dumas apprend que le royaume de Naples est sur le point de choir. Dans la baie de Salerne, Dumas est rejoint par des centaines de barques qui l'ovationnent en l'escortant. Garibaldi, après avoir pris Naples, a déjà débarqué à Reggio. François II est sérieusement menacé et improvise une monarchie constitutionnelle. Quel rôle exact Dumas joue-t-il dans tous ces bouleversements ? Le ministre de l'Intérieur de François II, Liborio Romano, pense que le Français est l'éminence grise de Garibaldi : aussi s'engage-t-il auprès de lui à défendre la nouvelle constitution et, si les affaires royales tournaient mal, à rejoindre les troupes indépendantistes. En échange, il lui assure la protection grâce à ses liens avec la Camorra, où il avait recruté certains de ses chefs pour les intégrer à sa police, qui inspirera à Dumas bien des pages. Nouveau coup de théâtre dans l'épopée garibaldienne. En apprenant la trahison de son ministre, François II se déchaîne contre le romancier et ordonne qu'on détruise son bateau. Informé de la menace de mort qui pèse sur lui, Dumas fuit vers Messine qu'il gagne le 8 septembre. Ce danger mortel traduit, à ses yeux, le rôle essentiel qu'il tient dans l'histoire. À Messine, il apprend que François II a fui, chassé par Garibaldi. Dumas fait à nouveau route vers Naples ; les vents lui étant défavorables, Garibaldi fait remorquer la goélette de son ami jusqu'au port. Le héros serre le romancier contre sa poitrine et, pour la première fois, il le tutoie : « Ah ! te voilà ! Dieu merci ! Tu m'as bien fait attendre ! » Le plus beau jour de sa vie, affirmera Dumas.

Ce qu'il n'avait pu accomplir en France, Dumas le réalise en Italie. Le 14 septembre 1860, il est nommé directeur des musées et des fouilles de la région, une sorte de ministre de la Culture local en somme. Cette fonction s'accompagne d'un logement, l'élégant palais Chiatamone :

Je suis à Naples avec Garibaldi. J'habite un charmant palais au bord de la mer. J'ai, et c'est pour cela que je vous regrette, toutes les chasses de Sa Majesté François II à ma disposition. Mais j'ai eu jusqu'à présent la paresse de n'y pas tuer un faisan.

Portez-vous bien mon ami. Les journaux vous donneront de mes nouvelles politiques[14].

Les Napolitains se lassent cependant assez vite de la présence encombrante de ce Français qui se prend pour un héros italien. Des rumeurs commencent à circuler. M. Dumas dilapiderait l'argent, vivrait comme un prince — sa réputation l'a sans doute précédé. Il en appelle à son ami, mais le chef militaire est sur la touche : Victor-Emmanuel II a fait appel à Napoléon III pour rétablir l'ordre en Italie. Garibaldi, comme un acteur à qui l'on retire son plus beau rôle, est mis à l'écart. Le plébiscite d'octobre 1860, qui rattache Naples et la Sicile au royaume du Piémont, met fin aux combats. Garibaldi renonce aux honneurs qu'on lui tend et se retire dans ses terres natales. Le 9 novembre, Dumas regarde son héros s'embarquer ; c'est la fin d'une histoire, le terme d'une amitié. Le dénouement tragique d'un amour aussi : le 26 novembre, Emma Mannoury-Lacour meurt dans son château normand. En mai, dans l'une des dernières lettres qu'il lui adressait, Dumas rêvait encore de l'emmener voguer : « Ah chérie le jour où nous serons libres si tu peux supporter la mer, tu verras quelle vie est celle d'être absolument son maître loin de tous les ennuis — c'est une vie royale[15]. » Il tentera de faire connaître son dernier recueil au titre funèbre, *Les Asphodèles* : fleurs des cœurs navrés que les Corses déposent sur les tombes pour honorer leurs morts.

Le 24 décembre 1860, la naissance de la petite Micaëlla, fille d'Émilie Cordier, est un rayon parmi les ombres. Le hasard de l'existence fait un nouveau pied-de-nez à Dumas qui se trouve en même temps père et grand-père, puisque la compagne de son fils, Nadejda Narychkine, vient également de mettre au monde une petite fille. À cinquante-huit ans, Dumas accueille plutôt bien la petite Micaëlla, selon ses principes très personnels de transfert d'amour. Il explique, en effet, à Émilie Cordier qu'il aimera d'autant mieux « Bébé » qu'il a mal aimé sa fille Marie, avec qui les relations ont toujours été conflictuelles. Dumas devrait donc voler à Paris serrer sa petite-fille dans ses bras, mais le luxe du farniente le retient à Naples comme Ulysse au palais de Circé. La magie des lieux a opéré son charme sur Dumas, qui se sent plus italien que français. La terrasse du palais Chiatamone, au-dessus de la mer, offre une vue imprenable. Dumas a installé les bureaux de *L'Independente* dans sa demeure. Mais peut-il encore célébrer la gloire de Garibaldi, alors même que son héros s'est retiré de l'arène ? Il faut bien se résoudre à quitter le confort du palais et faire son deuil d'un si beau rôle. En janvier 1861, il regagne la France. Sur le chemin, il croise son fils venu à sa rencontre. Dumas lui confie les clés du palais, ses délices et son calme. À Paris, Dumas est béat devant sa petite-fille et prend quelques semaines pour s'occuper d'elle et de sa mère. Mais très vite il étouffe, l'air de la capitale est décidément mauvais pour sa santé. Qu'a-t-il à espérer de la

France ? Lui qui a tant travaillé au cours de sa vie n'a plus envie de s'attacher de boulets aux pieds. Le 6 février, il embarque à nouveau à Marseille et rejoint son fils à Naples. Dumas tire encore des plans sur la comète et épuise son fils avec son énergie débordante. C'est que le romancier a une nouvelle lubie en tête : aller en Orient, comme jadis son ami Gérard de Nerval. Émilie sera du voyage, la petite Micaëlla a été placée en nourrice.

Si Dumas est fâché contre Paris, il l'est aussi contre la création. En 1861, il ne produit rien de nouveau et se contente de republier son œuvre ou de rassembler ses articles en volumes. Pourtant, il a repris ses « causeries » dans les colonnes du *Monte-Cristo*. De son palais napolitain, il raconte à ses lecteurs son épopée italienne, digresse à l'envi, décrit la Camorra. Dès qu'il le peut, il évoque son héros italien. Un regain d'énergie, et peut-être de colère, l'incite d'ailleurs à reprendre les rênes de *L'Independente*, laissées à des collaborateurs. En mai 1862, son journal devient une tribune politique. Ces nouvelles braises de papier s'accompagnent de publications : *Ainsi soit-il*, roman très largement inspiré par Emma Mannoury-Lacour ; *Une odyssée en 1860*, qui relate l'épopée garibaldienne. L'écrivain, une nouvelle fois, renaît de ses cendres. D'ailleurs son cœur vient de s'enflammer pour une nouvelle femme, la cantatrice d'origine espagnole Fanny Gordosa, dit « la Gordosa » (« la grosse »). La machine à inventer est de nouveau en état de marche. Dumas envoie de nouveaux projets en France. À Girardin, il propose de se faire chroniqueur de la géopolitique italienne, si riche en rebondissements. Affaire conclue. À compter du 4 janvier 1862, il publiera les « Lettres de Naples » dans *La Presse*. Pourtant, malgré sa volonté de décrire l'état du pays, Dumas se sent impuissant face au délitement de la situation napolitaine. Corruptions et malversations le dégoûtent. Il se raccroche désormais à une nouvelle action grandiose : aller combattre aux côtés de Garibaldi pour l'indépendance albanaise. Cette idée lui a été insufflée par un certain Skanderberg, après avoir été invité à rejoindre un comité international, constitué par la « junte gréco-albanaise ». Mais le mystérieux prince Georges Castriota Skanderbeg disparaît dans la nature avec la caisse de ladite junte : « Enfoncés jusqu'aux épaules ! Comme des sots[16] ! », écrit-il à son fils.

Loin de Paris, Dumas n'a plus la main sur ses affaires. Il sait que la situation de Marie est délicate. Elle s'est réfugiée dans un couvent pour fuir les déportements de son fou d'époux. Elle réclame de l'argent pour achever la procédure de séparation. Créanciers, collaborateurs, hommes de « confiance », tout le monde le pille. Le probe Noël Parfait s'en inquiète. Dumas doit se résigner à rentrer pour mettre de l'ordre dans le capharnaüm de ses affaires. Mais Alexandre a décidément l'humeur vagabonde ; alors même qu'il s'apprête à regagner Paris en juin 1863, il est soudain saisi de l'envie d'aller en Suisse. En compagnie d'Émilie, à nouveau travestie en jeune homme, il traverse le pays de Guillaume Tell. La Suisse n'est plus tout à fait celle qu'il avait visitée, trente ans plus tôt, en compagnie de Belle. D'ailleurs, il n'a pas le temps de s'attarder. À Paris, Dumas prend de nouveaux engagements. Il promet à Émile de Girardin un roman-fleuve, *La San Felice* : dix mille francs pour un million de signes, c'est une belle affaire. Le vieillard aux semelles de vent pense sans cesse à fuir la capitale française, tombeau de ses souvenirs. Avant de partir, fin juin, il se découvre représenté par Marie sous les traits d'un frère franciscain de la stricte observance dans un tableau intitulé *Litanies du Saint Nom de Jésus et de la Sainte Vierge représentée par les Saints*. La fresque hagiographique de près de cinq mètres lui offre un rôle à contre-emploi. Celui d'Hermès ou du Juif errant lui siérait mieux.

Le 3 juillet, Dumas reprend le chemin de l'Italie. Cette fois, il est seul. Émilie lui a demandé de l'épouser pour régulariser leur situation et assurer l'avenir de Micaëlla. Effrayé par cette demande exorbitante, Dumas a refusé tout en proposant de reconnaître « Bébé » et de mettre en place un système de « garde alternée » : six mois chez sa mère, six mois chez son père. L'instinct maternel d'Émilie a refusé cet arrangement « à la Dumas ». Arrivé à Naples, il se plonge dans les méandres de son nouveau roman et se laisse bercer par la voix de la Gordosa. Le romancier songe en outre qu'avec sa nouvelle compagne, la vie parisienne serait aimable et mondaine, d'autant plus que Moïse Millaud vient de créer *Le Petit Journal* où il pourrait publier à loisir pour des émoluments satisfaisants. La décision est prise : le 6 mars 1864, Dumas et la Gordosa rentrent à Paris. Mais un soleil noir a passé sur sa gloire. C'est désormais Alexandre Dumas-fils qu'on acclame. Dumas est inquiet, même si les premiers feuilletons de *La San Felice* ont été bien accueillis.

Le vieux lion reprend une vie mondaine active. Il veut promouvoir sa compagne, vante ses mérites, et lui obtient même le rôle de Violetta dans la *Traviata* de Verdi, composée d'après *La Dame aux camélias*. L'amour rend un peu sourd l'amant car la Gordosa n'est pas une grande voix. Pour avancer dans son roman et achever une adaptation théâtrale des *Mohicans de Paris*, il a besoin de calme. Il loue la villa Catinat à Enghien-les-Bains, élégante demeure au bord du lac, dotée d'un joli parc arboré. Dumas s'installe au deuxième étage, dans la salle de jeux. La table de billard sert à accumuler papiers, livres et manuscrits. Mais la quiétude espérée n'est pas au rendez-vous. Après avoir essuyé des échecs artistiques, la Gordosa fait venir force maîtres de musique, accompagnateurs, pianistes et autres croque-notes qui abasourdissent Dumas. De surcroît, il est régulièrement envahi par des amis et des fâcheux, des pique-assiettes — la table n'est pas mauvaise, surtout quand Dumas en personne fait le maître-queux. Pour s'extraire du tohu-bohu, il adopte une stratégie expérimentée à Bruxelles : il déjeune avec la compagnie puis se retire dans ses quartiers d'écrivain, et parfois s'éclipse chez ses voisins, la princesse Mathilde ou Émile de Girardin, qui possède un petit château gothique pas très loin*.

* Rattaché aujourd'hui au lycée Gustave-Monod.

En août 1864, après un séjour glorieux à Villers-Cotterêts, Dumas apprend que ses *Mohicans de Paris* destinés à la Gaîté ont été censurés : trop d'allusions politiques. Une nouvelle fois, l'écrivain prend la plume et écrit le 10 août à l'Empereur, égrenant la liste de ses œuvres interdites et cependant « inoffensives ». Au nom de son ancienneté dans le monde des lettres, il ose dire ce qu'il pense à celui dont il a eu « l'honneur de serrer la main à Arenenberg, à Ham et à l'Élysée ». C'est rappeler en une phrase le parcours de Napoléon III. L'Empereur cède, sans doute sous l'influence de la princesse Mathilde. Si l'horizon s'éclaircit dans le ciel du théâtre, les orages s'accumulent dans sa vie privée. La Gordosa a, en effet, surpris Dumas « en pleine action » dans un fiacre. Elle laisse exploser son ire contre « Doumasse » et la villa Catinat se transforme en champ de bataille. Vases, chaises, tableaux, petit mobilier, tout y passe.

Depuis son retour d'Italie, il doit constater que son nom n'a plus l'écho de jadis. Son temps est révolu. Le vieux soldat du romantisme est la risée de la jeunesse du Second Empire. Ne dit-on pas qu'il ne lutine plus que des prostituées pour se rassurer ? Ses frasques n'amusent plus personne. Le salut pourrait venir des États-Unis où un avocat new-yorkais, Eugène von Nordhausen, propose à Dumas de venir éditer son œuvre. L'idée de ce nouveau voyage séduit le romancier mais où prendre l'argent ? Le projet achoppe. Dumas se console en assistant à Marseille à une reprise heureuse des *Mohicans de Paris*. La Gordosa en profite pour s'attirer un petit succès de province. De retour à

Paris, le couple s'installe au 70 rue Saint-Lazare. Tous les jeudis, on y tient un salon de musique, ce qui n'enchante que modérément Dumas, qui a toujours préféré la peinture.

Le chantre de 1830 est devenu, avec le « bon Théo[17] », Théophile Gautier, l'un des derniers témoins du romantisme. Vigny, retiré au Maine-Giraud, Hugo exilé, il leur revient de porter le flambeau. Dumas se découvre alors une vocation de conférencier. Le 10 novembre 1864, à l'occasion d'une exposition consacrée à Delacroix, il est sollicité pour prononcer une allocution sur son ami, disparu l'année précédente. Le romancier empoigne la salle par sa faconde et son art de faire revivre ce qui n'est plus. Le ton des conférences rappelle celui, très personnel, des causeries du *Monte-Cristo*. Excellent orateur, Dumas en impose. Pendant deux ans, en 1865 et 1866, il multiplie les interventions en France et en Europe : près de quarante pour la seule année 1865[18] ! Chacune de ses conférences est saluée comme le morceau de bravoure d'un acteur infatigable. Mais cette logorrhée de paroles trahit la stérilité d'écriture. Il parle mais n'écrit plus, ou presque. Il tente le mieux possible de combler le vide qui se creuse entre lui et l'avenir. Sa vie amoureuse ne lui permet plus de trouver ressort et énergie : la Gordosa, trop peu talentueuse pour être durablement admirée, est sortie de sa vie cette même année. Malgré un nombre frénétique de conférences, la gêne financière plane sur les dernières années de Dumas. Il sollicite son éditeur, son fils, tous ceux qui croient (encore) en lui. La liste est courte. Pourtant Dumas n'est pas encore fini.

La lettre ouverte qu'il publie dans *La Presse* le 11 juin indique que ses allocutions ne sont pas seulement d'anodines évocations nostalgiques. Interdites par le régime, elles évoquent les idées républicaines et font l'éloge de Victor Hugo. Erreur fatale aux yeux de l'Empereur. Mais qu'importe « Napoléon le petit » aux yeux de Dumas ! L'essentiel est que Hugo soit content de son ami : « De vous, rien ne m'étonne en fait de vaillance, et, en fait de lâcheté, rien ne m'étonne de ces gueux-là, écrit Hugo. Vous êtes la lumière ; l'Empire est la nuit ; il vous hait, c'est tout simple, il veut vous éteindre, c'est moins simple[19]. » Rien n'arrête, en effet, la course contre la montre et contre la mort. De conférence en conférence, de Rouen à Cognac, de Paris à Vienne, Dumas ramasse les lauriers encore verts de sa gloire qui s'étiole. À Villers-Cotterêts, le 31 août, il est ovationné comme un demi-dieu. Le vieux papa, le père prodigue, l'amant cherche en vain dans l'assemblée des visages connus. Mais toutes les voix chères se sont tues.

Dumas poursuit sa route de conférencier jusqu'à Pest, où on l'acclame. À son retour de Hongrie en janvier 1866, il croise les frères Goncourt, qui laissent un portrait amusé de ce vieillard si juvénile :

> Entre cravaté de blanc, gileté de blanc, énorme, soufflant, heureux comme la fortune d'un nègre, le père Dumas. Il arrive d'Autriche, de Hongrie, de Bohême. Il parle de Pesth, où on l'a joué en hongrois, de Vienne, où l'empereur lui a prêté une salle de son palais pour faire une conférence, de ses romans, de son théâtre, de ses pièces qu'on ne veut pas jouer aux Français, de son CHEVALIER DE MAISON-ROUGE, qui est interdit ; d'une *restauration* qu'il veut fonder aux Champs-Élysées

pour l'Exposition, d'un privilège de théâtre qu'il ne peut pas obtenir.

Un moi énorme, débordant, mais pétillant d'esprit et enveloppé agréablement dans une vanité d'enfant[20].

Installé avec sa fille au 79 boulevard Malesherbes, Dumas rêve encore à ses premières amours, le théâtre. Il mise sur une adaptation de *Gabriel Lambert*, en laquelle il croit. Représentée le 16 mars 1866, la pièce tombe, éreintée par la presse qui, elle, ne croit plus au talent d'arrangeur de Dumas. Celui-ci bat le rappel pour refonder un nouveau Théâtre-Historique. Mais les investisseurs sont rarissimes et Napoléon III, sollicité pour cette affaire, ne donne pas suite. Une entreprise journalistique, *Le Mousquetaire II*, échoue également après six mois de parution. Certes, Dumas a pu séduire Olympe Audouard dans les bureaux de son éphémère journal, mais cette femme qui classe les hommes selon des catégories animales (homme-papillon, homme-canard...) n'est qu'un délassement passager. Il lui préfère la belle Adah Isaacs Menken, touche-à-tout de talent qui excelle aussi bien dans le rôle de conférencière que dans celui d'écuyère-acrobate. Née en 1835 à la Nouvelle-Orléans, elle a déjà épuisé quatre maris quand elle rencontre Dumas, probablement fin 1866. Adah sait tout faire et parle toutes les langues. Elle a émoustillé Londres dans un numéro inspiré du *Mazeppa* de Byron : vêtue d'un collant de couleur chair, elle effectuait des acrobaties suggestives sur un cheval fou. La jeune femme s'est également illustrée dans *Les Pirates de la savane*, joués sur la scène de la Gaîté. Elle adore immédiatement Alexandre qui se sent rajeunir à son contact. Il l'introduit dans tous les milieux parisiens, lui promet un rôle dans une pièce. Audacieuse jusqu'à la provocation, la belle juive enflamme l'imagination du public et celle de Dumas, qui cède à tous ses caprices. Le 28 mars 1867, Adah et Dumas se font photographier par Liebert. Bon enfant, le vieux romancier prend la pose. D'abord en tenue correcte, puis sans sa veste, en bras de chemise. Assise en maillot sur les genoux d'Alexandre ou blottie entre ses jambes, Adah prend des poses équivoques, jette des regards lascifs. Dumas n'a pas l'air trop mécontent. Mais il oublie qu'il doit de l'argent au photographe qui, pour rentrer dans ses fonds, vend les clichés. Le scandale éclate. Marie court les boutiques pour racheter le plus de photos possible. Dumas intente un procès à Liebert mais n'obtient le retrait de la vente que le 24 mai. Les clichés ont circulé. On a fait des gorges chaudes des frasques du vieux Dumas, en prose et en vers. Le jeune Paul Verlaine s'en amuse :

L'Oncle Tom avec miss Ada
C'est un spectacle dont on rêve.
Quel photographe fou souda
L'Oncle Tom avec miss Ada ?
Ada peut rester à dada,
Mais Tom chevauche-t-il sans trêve ?
L'Oncle Tom avec miss Ada,
C'est un spectacle dont on rêve[21].

Il en faut plus pour ébranler le sensuel Dumas, qui poursuit sa liaison avec Adah, jusqu'à ce que celle-ci meure d'une péritonite le 10 août 1868, à Bougival.

Dans son dernier roman, *Les Blancs et les Bleus*, sous-titré *Les Prussiens sur le Rhin* et *La Terreur prussienne*, Dumas avait pressenti la catastrophe de 1870, devinant l'imminence d'un conflit. Depuis le début des années 1860, Bismarck travaille à l'unification de l'Allemagne en gardant un œil sur l'Alsace-Lorraine. De son côté, Napoléon III surveille les activités diplomatiques de la Prusse, craignant l'encerclement, grâce notamment à des alliances avec l'Espagne. Dans son roman, Dumas invente la figure d'un D'Artagnan moderne, Bénédict Turpin. Pour écrire cette fresque très politisée, qui est aussi un brûlot contre la Prusse, il s'est rendu à Francfort en 1866. Le roman est publié dans le journal *La Situation*, farouchement antiprussien. Dumas est à la fois lucide et prophète :

> Quiconque n'a pas voyagé en Prusse, ne peut se faire une idée de la haine que les Prussiens professent à notre égard. C'est une espèce de monomanie qui trouble les esprits les plus limpides. On ne devient ministre populaire à Berlin qu'à la condition qu'on laissera entrevoir qu'un jour ou l'autre on déclarera la guerre à la France. On n'est orateur qu'à la condition que, chaque fois que l'on monte à la tribune, on décochera quelques-unes de ces fines épigrammes ou de ces spirituelles équivoques que manient si légèrement les Allemands du Nord. On n'est poète enfin qu'à la condition que l'on aura fait ou que l'on fera contre la France quelque iambe intitulé Le Rhin, Leipzig ou Waterloo. Cette haine contre la France, haine profonde, invétérée, indestructible, est inhérente au sol, on la sent flotter dans l'air...
>
> D'où vient-elle ? Nous l'ignorons. Peut-être du temps où une légion gauloise, faisant l'avant-garde des armées romaines, entra en Germanie[22].

Une majorité des Français n'entend pas l'appel de Dumas. L'écrivain tente encore d'engranger quelque argent. Une reprise d'*Antony*, de *Madame de Chamblay*. Il faut vivre plus modestement. Dumas ne garde à ses côtés que sa cuisinière et Vassili. Il vieillit mal, il est souffrant. Il projette encore une adaptation des *Blancs et des Bleus* pour se renflouer. Mais le souffle s'étiole comme s'éteindra bientôt la flamme de Lamartine, le 28 février 1869, condamné, lui aussi, à finir sa vie dans les basses œuvres de la misère. Dumas pense-t-il à sa fin quand il adresse à Maquet une lettre de réconciliation, ou plutôt un contrat pour l'avenir de ses droits ? « Ne parlons plus du passé, écrit-il. À partir du mois de janvier dernier, que toute pièce qui portait nos deux noms nous rapporte des droits égaux[23]. » Maquet, plus prévoyant et plus économe que Dumas, possède le très beau château Renaissance de Sainte-Mesme où il coule une maturité heureuse après avoir été décoré par l'Empire.

En juin 1868, Dumas est en expédition pour une conférence au Havre. Si ses déplacements sont plus pénibles, il garde une joie enfantine à l'idée d'aller « causer » avec le public, d'autant plus que ce voyage lui permet de voir Micaëlla, sa petite fille de huit ans. Tout n'est pas si noir : deux de ses drames, *La Conscience* et *Madame de Chamblay* remportent un beau succès à Paris, à l'automne. *Les Blancs et les Bleus*, joués au Châtelet, obtiennent également l'adhésion du public. On a chanté *La Marseillaise* sur la scène et le public a applaudi. Certes, Alexandre Dumas s'est endormi pendant le spectacle, certes, il somnole de plus en plus souvent, mais il est encore là, force qui va, vaille que vaille.

Sa santé décline. Dumas est frappé de tremblements qu'avec humour il impute à l'habitude qu'a sa main d'écrire. En vérité, les symptômes traduisent l'hypertension et la rétention d'eau. Alexandre, son fils, l'incite à consulter. On lui prescrit du repos et Dumas passe l'été à Roscoff. Sur place, la misère locale vide les assiettes. Lasse de ne pouvoir exercer ses talents, la cuisinière rend son tablier. Pris en pitié par les habitants, Dumas est nourri, chouchouté, on lui apporte poissons et fruits de mer. Ces conditions culinaires plus ou moins spartiates lui donnent une idée : écrire un *Grand dictionnaire de cuisine*, une sorte de roman du goût qui fera le récit gastronomique des plats qu'il préfère.

L'automne à Paris est lugubre. Pas d'inspiration, pas de nouveau projet, pas d'argent. Dumas-fils fait la morale à son père, tout en subvenant à ses besoins. Marie s'occupe de lui avec patience et amour. Mais sa santé faiblit. Aux obsèques de Sainte-Beuve, le 16 octobre, Sand le trouve métamorphosé. Combien de mois encore tiendra-t-il ? Il a bien un roman en cours, un roman dont l'action débute justement dans le Berri, cher à la Dame de Nohant : *Création et Rédemption*. L'artiste, sentant ses forces l'abandonner, se tourne vers les mystères de la vie et de la mort. Au temps de la Révolution, il invente le médecin Jacques Merey qui guérit miraculeusement les pauvres. Un autre roman historique, *Hector de Sainte-Hermine*, est commencé avec la collaboration d'Adolphe Goujon, ancien administrateur de *L'Independente*. C'est en sa compagnie que Dumas fait un séjour dans le Sud-Ouest au printemps 1870. Un abcès à la bouche l'empêche de donner des conférences. Il se rend toutefois à Madrid pour honorer une commande, deux volumes consacrés à l'histoire contemporaine de l'Espagne. Mais il s'endort partout où il passe. Entre deux somnolences, il écrit quelques lignes. À Biarritz, il apprend que la France a déclaré la guerre à la Prusse, le 19 juillet. En d'autres temps, il aurait pris les armes. Il rentre à Paris quelques jours avant la capitulation de Sedan, le 4 septembre. Craignant avec raison que l'invasion allemande n'achève son père, Marie, avec Vassili et Goujon, prend la décision de l'éloigner de Paris et le traîne gare Saint-Lazare.

La mort d'un Titan

> — *Je crois en Dieu, dit la foi.*
> — *Je crois en le néant, dit la science.* (Il se promène.) *Le néant dont je suis sorti, — au néant où je vais rentrer. — Pourquoi puisque rien de moi n'existait avant moi, pourquoi quelque chose de moi existerait-il après moi ?*
>
> Le Comte Hermann[1]

L'homme qui monte péniblement dans le train pour Dieppe, le 5 septembre 1870, est apathique, aphasique et malade. Tout en lui s'est alourdi, sa respiration est courte, difficile. Si certains veulent mourir sur scène ou dans la lumière de ce qui fit leur gloire, Dumas, lui, rejoint la quiétude anonyme du cocon familial. Il sait que le brouhaha de sa vie dispendieuse et aventureuse est derrière lui. Et c'est face à la mer, dans la maison de son fils à Puys, qu'il contemple le soleil et écoute une dernière fois le vent.

Le plus souvent, Dumas dort ou bien végète dans une chaise longue qu'on tire vers les rayons du soleil d'automne. En octobre, il peut encore jouer aux dominos avec ses petites-filles. Son fils ne s'inquiète guère de l'état de son père et il s'en confie à Asseline :

J'ai vu aussi Mme Sand dans cet état. Elle s'endormait tout à coup pendant vingt heures, trente heures, se laissant tomber n'importe où elle se trouvait, rêvant tout haut, balbutiant des paroles incohérentes, n'ayant plus besoin de rien que de sommeil, mais d'un sommeil équivalant à la fatigue résultant d'un trop grand effort de l'esprit ; puis peu à peu elle rouvrait les yeux, elle ne se réveillait pas, ce n'est pas le mot, elle renaissait, elle refaisait connaissance avec les choses extérieures et marchait pendant deux ou trois jours dans son jardin, sans dire une parole, et comme à la recherche d'elle-même. Enfin elle se retrouvait ; et rentrée en possession de son individualité, elle la remettait dans son mouvement ordinaire[2].

Dumas, lui, reste immobile. Ses petites-filles, Colette et Jeannine, égaient son silence. À l'heure des repas, il sort parfois de sa torpeur, comme si sa passion de gourmand éveillait en lui encore quelque lueur de vie. Il est choyé comme un enfant par Olga, la fille de Nadejda Narychkine, et par Anoushka, la servante russe. Dumas revient à la vie par intermittence. « Tout son passé lui est présent à l'esprit, c'est le présent qui s'efface immédiatement de sa mémoire et qui se perd aussitôt dans la nuit[3] », écrit son fils à Alphonse Karr. A-t-il conscience que la menace prussienne frappe à la porte ? Quand il est lucide, il fait même preuve d'humour. Ainsi, en apercevant deux louis posés non loin de lui, il aurait dit à son fils : « Alexandre, tout le monde a dit que j'étais un prodigue ; toi-même tu as fait une pièce là-dessus. Eh bien ! tu vois comme on se trompe ? Quand j'ai débarqué à Paris, j'avais deux louis dans ma poche. Regarde… je les ai encore[4]. » Les derniers jours de novembre, Alexandre Dumas ne sort presque plus des ténèbres du sommeil. Dans la nuit du 4 au 5 décembre, il est terrassé par une attaque d'apoplexie. Marie fait venir un prêtre. On s'agenouille autour du lit et on prononce la prière des morts. Le 5 décembre 1870, vers 22 heures, Alexandre Dumas meurt entouré de l'amour des siens.

À sa mort, Alexandre Dumas est l'un des hommes les plus célèbres de son siècle. Point de funérailles nationales cependant. La France est dans la tourmente et la disparition du romancier passe presque inaperçue. Lui qui a inventé tant de dénouements extraordinaires manque sa sortie. Dumas est inhumé le 8 décembre 1870 au petit cimetière de Neuville-lès-Pollet. Deux ans après, le 16 avril 1872, Alexandre Dumas-fils fait transporter la dépouille de son père au cimetière de Villers-Cotterêts, près de Louise et du général Dumas. Cette fois, les funérailles sont officielles et même « festives », dira son fils. Le plus bel hommage est celui d'un absent, Victor Hugo, « retenu près d'un enfant malade » :

> Aucune popularité, en ce siècle, n'a dépassé celle d'Alexandre Dumas ; ses succès sont mieux que des succès, ce sont des triomphes ; ils ont l'éclat de la fanfare. Le nom d'Alexandre Dumas est plus que français, il est européen ; il est plus qu'européen, il est universel. Son théâtre a été affiché dans le monde entier ; ses romans ont été traduits dans toutes les langues. Alexandre Dumas est un de ces hommes qu'on pourrait appeler les semeurs de civilisation ; il assainit et améliore les esprits par on ne sait quelle clarté gaie et forte ; il féconde les âmes, les cerveaux, les intelligences ; il crée la soif de lire ;

il creuse le cœur humain, et il l'ensemence. Ce qu'il sème, c'est l'idée française. L'idée française contient une quantité d'humanité telle, que partout où elle pénètre, elle produit le progrès. De là, l'immense popularité des hommes comme Alexandre Dumas. Alexandre Dumas séduit, fascine, intéresse, amuse, enseigne. De tous ses ouvrages, si multiples, si variés, si vivants, si charmants, si puissants, sort l'espèce de lumière propre à la France.

Toutes les émotions les plus pathétiques du drame, toutes les ironies et toutes les profondeurs de la comédie, toutes les analyses du roman, toutes les intuitions de l'histoire, sont dans l'œuvre surprenante construite par ce vaste et agile architecte. Il n'y a pas de ténèbres dans cette œuvre, pas de mystère, pas de souterrain, pas d'énigme, pas de vertige ; rien de Dante, tout de Voltaire et de Molière ; partout le rayonnement, partout le plein midi, partout la pénétration de la clarté. Les qualités sont de toute sorte, et innombrables. Pendant quarante ans, cet esprit s'est dépensé comme un prodige. Rien ne lui a manqué : ni le combat, qui est le devoir ; ni la victoire, qui est le bonheur. [...] C'était une grande âme bonne[5].

C'est bien la vie d'un Titan que salue Victor Hugo.

Désormais le géant dort, comme son héros Porthos, « de l'éternel sommeil, dans le sépulcre que Dieu lui avait fait à sa taille[6] ».

ANNEXES

REPÈRES CHRONOLOGIQUES

1762. Naissance d'Alexandre, fils du marquis Davy de la Pailleterie et de Marie-Césette Dumas, une esclave.

1769. Naissance de Marie, Louise, Élisabeth Labouret.

1792. Le général Dumas épouse Louise Labouret à Villers-Cotterêts.

1794. Naissance de Marie-Alexandrine Dumas.

1801. Libération du général Dumas des prisons napolitaines. Retour à Villers-Cotterêts et mise à l'écart par Napoléon.

1802. *24 juillet* : naissance d'Alexandre Dumas à Villers-Cotterêts.

1806. Mort du général Dumas.

1810-1815. Enfance et scolarité épisodique à Villers-Cotterêts. Assiste à la chute de l'Empereur.

1816. Saute-ruisseau à l'office de Me Mennesson, notaire.

1818-1819. Premiers émois avec Aglaé Tellier. Amitié avec Adolphe de Leuven.

1820. *Les Abencérages*, première pièce (perdue).

1822. Second clerc de notaire à Crépy-en-Valois. Découvre Shakespeare. À Paris, rencontre avec Talma.

1823. Installation à Paris. Gratte-papier dans les bureaux du duc d'Orléans. Rencontre avec Laure Labay. Se passionne pour la littérature et le théâtre.

1824. Naissance d'Alexandre, fils d'Alexandre Dumas et de Laure Labay.

1825. Première pièce écrite en collaboration : *La Chasse et l'Amour. Élégie sur la mort du général Foy.*

1826. *La Noce et l'Enterrement*. Dirige avec Leuven *La Psyché*, revue littéraire.

1827\. *Juin* : rencontre avec Mélanie Waldor.
Septembre : découvre les représentations de Shakespeare par des acteurs anglais.

1828\. La tragédie *Christine* est reçue à la Comédie-Française. Création ajournée. Dumas compose *Henri III et sa cour*. Il s'absente de son bureau. Liaison avec l'actrice Virginie Bourbier.

1829\. *Février* : triomphe d'*Henri III et sa cour*. Promotion : Dumas devient bibliothécaire adjoint du duc d'Orléans. Liaison avec Louise Despréaux, actrice.

1830\. *25 février* : Dumas assiste à la première d'*Hernani*.
Création de *Christine* à l'Odéon : demi-succès. Début de la liaison avec Belle Krelsamer.
Révolution de Juillet : Dumas prend une part active à l'épisode.
Novembre : fin de la liaison avec Mélanie Waldor. Composition d'*Antony*.

1831\. *Janvier : Napoléon Bonaparte* à l'Odéon.
Février : démission du poste de bibliothécaire. Dumas vit désormais de sa plume. *Mars* : naissance de Marie-Alexandrine, fille de Dumas et de Belle Krelsamer.
3 mai : première d'*Antony*, triomphe.
Août : à Trouville.
Octobre : semi-échec de *Charles VII chez ses grands vassaux*.
Décembre : succès de *Richard Darlington*, écrit en collaboration.

1832\. *Février : Térésa*. Rencontre avec Ida Ferrier. Le choléra entre dans Paris au printemps.
Mai : *La Tour de Nesle*, succès de scandale. Procès avec Gaillardet, collaborateur.
Juin : obsèques du général Lamarque.
Juillet-octobre : voyage en Suisse. Rencontre l'actrice Hyacinthe Meynier.

1833\. Ouvrages historiques : *Gaule et France*, *La Vendée et Madame*. Violente attaque de Granier de Cassagnac dans le *Journal des débats*, diligentée par Hugo. Brouille entre les amis.
Décembre : première d'*Angèle*, succès.

1834\. *Impressions de voyage (La Suisse)*. Interdiction de la reprise d'*Antony* à la Comédie-Française par Thiers : le drame est jugé trop immoral.

Juin : première de *Catherine Howard*, échec. Voyage dans le Midi de la France.

1835. Voyage en Italie avec Ida. *Chroniques de France*, dont *Isabel de Bavière*. Collaboration à *Cromwell et Charles Ier*, joué en mai.

1836. *Avril* : *Don Juan de Maraña*, mystère.
Juillet : Dumas devient critique pour *La Presse* de Girardin, qui vient d'être créée.
Août : grand succès de *Kean* avec Frédérick Lemaître.

1837. *Octobre* : collaboration avec Gérard de Nerval pour *Piquillo*.
Décembre : échec de *Caligula* à la Comédie-Française.

1838. Premiers romans publiés dans la presse : *Le Capitaine Paul*, *Le Maître d'armes*. Création du Théâtre de la Renaissance avec Hugo et Anténor Joly.

1839. Succès de la comédie *Mademoiselle de Belle-Isle* à la Comédie-Française. *Avril* : *Léo Burckart*, en collaboration avec Nerval. Échec. *Le Capitaine Pamphile*, *crimes célèbres*, récits.

1840. *Impressions de voyage* (*Le Midi de la France*, *Une année à Florence*). *Février* : mariage avec Ida Ferrier. Nouveau voyage en Italie.

1841. *Un mariage sous Louis XV*, succès. *Le Chevalier d'Harmental*, *Impressions de voyage*.
Novembre : *Jeannic le Breton* à la Porte-Saint-Martin.

1842. *13 juillet* : mort de Ferdinand, duc d'Orléans, ami intime de Dumas. Séjour en Italie puis retour en France en septembre. Emprunte à Méry les *Mémoires de d'Artagnan*.

1843. Plusieurs récits : *Ascanio*, *Amaury*, *Albine*. Dumas signe un contrat pour des *Impressions de voyage dans Paris* (premier état du *Comte de Monte-Cristo*).

1844. Floraison de romans, écrits en collaboration avec Maquet : *Les Trois Mousquetaires*, *Gabriel Lambert*, *Une fille du Régent*, *Le Château d'Eppstein*.
Août : début du *Comte de Monte-Cristo* dans le *Journal des débats*.

1845. Parution en feuilletons de *La Reine Margot*, *Vingt ans après*, *Joseph Balsamo*, *La Dame de Monsoreau*, *Le Bâtard de Mauléon*. Dumas, devenu très riche, se fait construire un château au Port-Marly, le château de Monte-Cristo.

1846. Privilège pour fonder le Théâtre-Montpensier. Voyage en Espagne puis en Afrique du Nord. Première à la Comédie-

Française d'*Une fille du Régent*. Désormais, Dumas adaptera la plupart de ses romans pour la scène.

1847. *Février* : inauguration du Théâtre-Historique avec une adaptation de *La Reine Margot*. Grand succès.

Juin : installation à Monte-Cristo. *Le Vicomte de Bragelonne* commence à paraître dans *Le Siècle*.

1848. *3-4 février* : adaptation de *Monte-Cristo* en deux soirées au Théâtre-Historique. Succès. Séparation des époux Dumas.

22-24 février : révolution de 1848. Hugo est député, Lamartine ministre. Dumas est battu partout où il se présente.

Août : saisie du château de Monte-Cristo. Dumas choisit d'abord le camp de l'ordre, celui de Bonaparte.

1849. *Février* : *La Jeunesse des Mousquetaires* (Théâtre-Historique). Mort de Marie Dorval. Banqueroute. *Les Mille et Un Fantômes. Le Collier de la reine.*

Novembre : première du *Comte Hermann*, drame.

1850. *La Femme au collier de velours.* Liaison avec Anne Bauër et Isabelle Constant (Zirza). Discorde avec Maquet, fin de leur collaboration. Mort de Louis-Philippe et de Balzac.

1851. *Ange Pitou*, *Olympes de Clèves*. Adaptations de romans au Théâtre-Historique. Graves soucis financiers. Début de publication de *Mes Mémoires*.

2 décembre : coup d'État de Louis-Napoléon Bonaparte. Dumas fuit avec les proscrits en Belgique. Il est poursuivi par les créanciers.

1852. S'installe à Bruxelles. *La Comtesse de Charny*.

Février : triomphe de *La Dame aux camélias* d'Alexandre Dumas-fils.

1853. Retour à Paris. Fondation du quotidien *Le Mousquetaire*. Publication d'*Isaac Laquedem*, roman interrompu.

1854. Début des *Mohicans de Paris*.

Novembre : *La Conscience*, drame. Procès contre Lévy.

1855. *La Dernière Année de Marie Dorval. Les Grands Hommes en robe de chambre* dans *Le Mousquetaire*.

1856. *Janvier* : *L'Orestie*, drame. Mariage de sa fille avec Olinde Plétel.

1857. Fin du *Mousquetaire*. Séjour en Angleterre. Mort de Musset et de Bérenger. Fondation du *Monte-Cristo*, hebdomadaire. *Les Compagnons de Jéhu*.

1858. *Juillet* : départ pour la Russie. Ramène Vassili, un jeune Géorgien.

1859. *Mars* : retour de Russie.
Voyage en Italie. Mort d'Ida Ferrier. Liaison avec l'actrice Émilie Cordier.

1860. Épopée italienne aux côtés de Garibaldi. *Mémoires de Garibaldi*. Fondation de *L'Independente*. Naissance de Micaëlla, « Bébé », fille d'Émilie Cordier et de Dumas.

1861. *Les Garibaldiens*.
Mars : *Le Prisonnier de la Bastille* à Paris.

1862. Nouvelle série du *Monte-Cristo*. Dumas y reprend ses *Causeries*.

1863. Dumas est en Italie. Début de *La San Felice*, roman. Début de sa liaison avec la cantatrice Fanny Gordosa, dite « la Gordosa ».

1864. *Avril* : retour à Paris. Rupture avec Émilie Cordier. S'installe à la villa Catinat avec Fanny Gordosa. Censure impériale des *Mohicans de Paris*, finalement représentés grâce à la princesse Mathilde.

1865. Dumas multiplie les conférences. *Impressions de voyage : en Russie*.

1867. Début de parution de *Les Blancs et les Bleus*, roman brûlant d'actualité (conflit franco-prussien). Liaison avec l'Américaine Adah Isaacs Menken. Photographies compromettantes. Scandale.

1868. Conférences en France et en Europe. Séjourne en Normandie. Mort de Laure Labay, mère d'Alexandre.

1869. Séjour à Roscoff. Sa santé décline. Travaille au *Grand Dictionnaire de cuisine* (posthume).

1870. *Mars* : voyage en Espagne.
Juillet : début de la guerre de 1870. Retour à Paris.
Septembre : il est conduit à Puys, près de Dieppe. Dumas est paralysé.
5 décembre : Alexandre Dumas meurt vers 22 heures.

1872. Funérailles « officielles » à Villers-Cotterêts. Dumas est enterré près de ses parents. Lettre de Hugo à Dumas-fils : « Aucune popularité, en ce siècle, n'a dépassé celle d'Alexandre Dumas. »

2002. Alexandre Dumas entre au Panthéon.

RÉFÉRENCES BIBLIOGRAPHIQUES

CHOIX D'ŒUVRES DE DUMAS

Théâtre :

Drames romantiques, édition de Claude Aziza, Omnibus, 2002.
Antony, édition de Pierre-Louis Rey, Gallimard, « Folio », 2002.
La Tour de Nesle, édition de Claude Schopp, Gallimard, « Folio Classique », 2014.
Kean, adaptation de Jean-Paul Sartre, Gallimard, 1954.
La Jeunesse des Mousquetaires, édition de Jean-Baptiste Goureau, La Table Ronde, « La petite Vermillon », 1994.
La Reine Margot (drame), édition de Sylvain Ledda, Garnier Classiques, 2014.

Romans :

Les Trois Mousquetaires, édition de Jacques Suffel, GF-Flammarion, 2013.
Vingt ans après, préface de Dominique Fernandez, Gallimard, « Folio », 1997.
Le Vicomte de Bragelonne, 3 vol., édition de Jean-Yves Tadié, Gallimard, « Folio », 1997.
Le Comte de Monte-Cristo, 2 vol., édition de Jean-Yves Tadié, Gallimard, « Folio », 1998.
La Reine Margot, édition de Jacques Bony, GF-Flammarion.

La Dame de Monsoreau, édition de Janine Garrisson, Gallimard, « Folio », 2008.
Les Mohicans de Paris, édition de Claude Schopp, Gallimard, « Quarto », 1998.
La San Felice, édition de Claude Schopp, Gallimard, « Quarto », 1996.
Chroniques de la Régence, édition de Claude Schopp, Vuibert, 2013.
Les Blancs et les Bleus, édition de Claude Schopp, Phébus, 2006.

Mémoires et récits de voyage :

Mes Mémoires, I (1802-1830) et II (1830-1833), édition de Claude Schopp, Robert Laffont, « Bouquins », 1989.
Voyage en Russie, édition de Claude Schopp, Hermann, 2002.
Voyage en Suisse, édition de Claude Schopp, Hermann, 2005.
Le Coricolo, Naples, Impressions de voyage, préface de Jean-Noël Schifano, Desjonquères, « Les Chemins de l'Italie », 2006.
Lettres de Capri, édition de Claude Schopp, La Bibliothèque, coll. « L'Écrivain voyageur », 2012.
Impressions de voyage. Midi de la France, Préface de Charles Wright, François Bourin, « Le voyage littéraire », 2011.
Le Véloce, ou Tanger, Alger et Tunis, préface de Jean-Michel Assan, Éditions Palimpsestes, 2006.

Un site remarquable dirigé par Sarah Mombert rassemble tous les journaux d'Alexandre Dumas : http://alexandredumas.org/

OUVRAGES SUR ALEXANDRE DUMAS

Henri Clouard, *Alexandre Dumas*, Albin Michel, 1957.
Gabriel Ferry, *Les Dernières Années d'Alexandre Dumas*, Calmann-Lévy, 1883.
Dominique Frémy et Claude Schopp, Quid *de Dumas*, Robert Laffont, « Bouquins », 1989.
Charles Glinel, *Alexandre Dumas et son œuvre*, Michaud, 1884.
Reginald Hamel et Pierrette Methe, *Dictionnaire Dumas. Index analytique et critique des personnages et des situations dans l'œuvre du romancier*, Guérin littérature, 1990.
Isabelle Jan, *Alexandre Dumas romancier*, Éditions ouvrières, 1973.

Francis Lacassin, *Alexandre Dumas inattendu*, Éditions du Rocher, 2008.

Jean Lacouture, *Alexandre Dumas à la conquête de Paris (1822-1831)*, Éditions Complexes, 2005.

André Maurois, *Les Trois Dumas*, Hachette, 1957.

Claude Schopp, *Alexandre Dumas, ou le Génie de la vie*, éd. revue et augmentée, Fayard, 1997.

—, *Dictionnaire Dumas*, C.N.R.S. Éditions, 2010.

Gustave Simon, *Histoire d'une collaboration, Alexandre Dumas et Auguste Maquet*, Crès, 1919.

Henri Troyat, *Alexandre Dumas, le cinquième Mousquetaire*, Grasset, 2005.

Daniel Zimmermann, *Alexandre Dumas, le Grand*, Julliard, 1993.

On consultera avec profit les *Cahiers Alexandre Dumas* publiés annuellement, ainsi que le site très documenté de la Société des amis d'Alexandre Dumas : http://www.dumaspere.org

NOTES

QUAND LA VIE EST UN ROMAN

1. *La Confession d'un enfant du siècle*, édition de Sylvain Ledda, GF-Flammarion, 2010, p. 60.

2. Jules Janin, *Le Gâteau des rois, symphonie fantastique*, Amyot, 1847, p. 7.

GÉNÉALOGIES

1. *Le Comte de Monte-Cristo*, édition de Jean-Yves Tadié, Gallimard, « Folio », 1998, p. 13.

2. Alexandre Dumas, *Mes Mémoires*, I, 1802-1830, édition de Claude Schopp, Robert Laffont, « Bouquins », 1989, p. 17. Toutes les références à cette édition seront désormais abrégées *MM1*.

3. Alexandre Dumas, *Le Collier de la reine*, édition de Sylvie Thorel, Gallimard, « Folio », 2002, p. 171.

4. *MM1*, p. 18.

5. *Ibid.*, p. 25.

6. Alexandre Dumas, *Le Soufflet de Charlotte Corday*, dans *Mille et Un Fantômes*, Michel Lévy, 1861, p. 62.

7. Voir la biographie de Claude Ribbe, *Le Diable noir*, éditions Alphée, 2008, ainsi que celle de Tom Reiss, *Dumas, le comte noir*, Flammarion, 2013.

8. *MM1*, p. 109.

9. Cité par Daniel Zimmermann, *Alexandre Dumas le Grand*, Paris, Phébus, 2002, p. 35.

10. Florence Naugrette, *Le Théâtre romantique*, Le Seuil, 2001, p. 205.

11. « Le Passé », *Le Comte de Monte-Cristo*, vol. 2, « Au bureau de l'écho des feuilletons », 1849, p. 468.

12. *MM1*, p. 6.

SOUS LE SIGNE DU LION

1. *MM1*, p. 169.

2. *Ibid.*, p. 136-137.

3. François-René de Chateaubriand, *Mémoires d'outre-tombe*, première partie, livre premier, chap. 3, édition de Maurice Levaillant, t. I, Flammarion, 1982, p. 28.

4. *MM1*, p. 137.

5. *MM1*, p. 138.

6. Alexandre Dumas, *Le Meneur de loups*, Michel Mévy, 1868, p. 5.

7. *MM1*, p. 138.

8. Alexandre Dumas, *La Reine Margot*, chap. XVIII, « Le Livre de Vénerie », édition de Jacques Bony, GF-Flammarion, 1994, p. 132.

9. *MM1*, p. 140.

10. *Ibid.*, p. 139.

11. Lettre citée par Claude Schopp, *Alexandre Dumas, le Génie de la vie*, Fayard, 1997, p. 14.

12. Voir l'article « Gastrique chronique », *Encyclopédie des sciences médicales*, vol. 13, 1837.

13. *MM1*, p. 153.

14. *Ibid.*, p. 157.

15. *Ibid.*, p. 158.

16. *Ibid.*, p. 164.

17. *Ibid.*, p. 170.

18. *Ibid.*, p. 165.

19. Voir Jacques-Olivier Boudon, *Napoléon et la campagne de Russie : 1812*, Armand Colin, 2012, p. 265 sq.

20. *MM1*, p. 239.

21. *Ibid.*, p. 192.

22. *Le Comte de Monte-Cristo*, « Les Cent-Jours », *op. cit.*, p. 119.

1. Alexandre Dumas, *Les Trois Mousquetaires*, I, édition de Jacques Suffel, GF-Flammarion, 2013, p. 29.
2. *MM1*, p. 385.
3. *Ibid.*, p. 386.
4. *Ibid.*, p. 342.
5. Jean-Baptiste Louvet de Couvray, *Les Amours du chevalier de Faublas*, chap. I, Ambroise Tardieu, 1787-1790.
6. *MM1*, p. 358.
7. *Ibid.*, p. 359.
8. *Ibid.*
9. *MM1*, p. 361.
10. *Ibid.*
11. Alfred de Musset, *À quoi rêvent les jeunes filles*, *Poésies complètes*, édition de Frank Lestringant, Le Livre de Poche, 2006, p. 298.
12. Samuel-Auguste Tissot, *L'Onanisme, dissertation sur les maladies produites par la masturbation*, Chapuis, 1760, p. 30.
13. Benjamin Constant, *Adolphe*, édition de Sylvain Ledda, Gallimard, « Folioplus classiques », 2008, p. 42.
14. Jean-François Ducis, *Hamlet*, I, 1, chez les Libraires associés, 1809. [1770, première éd.]
15. *Sylvie*, « Dernier feuillet », *Œuvres complètes*, édition sous la direction de Claude Pichois, Gallimard, « Bibliothèque de la Pléiade », 1993, p. 567.
16. Étienne de Jouy, *Sylla*, V, 4, Ponthieu, 1822, p. 76.
17. *MM1*, p. 479.
18. Alphonse de Lamartine, « Le Papillon », *Nouvelles Méditations poétiques*, Urbain Canel, Paris, 1824.

PARIS PAS À PAS

1. Alexandre Dumas, *Vingt ans après*, édition de Dominique Fernandez, Gallimard, « Folio », 1997.
2. J. Frémolle, *Un Belge au tombeau du général Foy, ode dédiée à l'homme de bien*, Charles Versé, Bruxelles, 1826, p. IV.
3. Alexandre Dumas, *Élégie sur la mort du général Foy*, Sétier, 1825, p. 5.
4. *MM1*, p. 577.
5. *Ibid.*, p. 542.

6. *Ibid.*, p. 578.

7. *Ibid.*, p. 579

8. *Ibid.*, p. 709.

9. *Ibid.*, p. 708.

10. Jean-Jacques Rousseau, Adolphe et Davy, *La Chasse et l'Amour*, scène 1, Duvernois et Setier, 1825, p. 4.

11. Alfred de Musset, « À la mi-Carême », *Poésies complètes*, éd. cit., p. 347.

12. *Lettres d'Alexandre Dumas à Mélanie Waldor*, édition de Claude Schopp, PUF, « Centre des Correspondances du XIXe siècle », 1992.

LA REINE SE MEURT, VIVE LE ROI !

1. Voir Éva Bouillo, *Le Salon de 1827, classique ou romantique*, Presses universitaires de Rouen, 2009.

2. *MM1*, p. 846.

3. *Ibid.*

4. *Ibid.*, p. 847.

5. *Ibid.*, p. 850.

6. Alexandre Dumas, *Henri III et sa cour*, acte III, scène 5, Vézard, 1829, p. 123.

7. *Ibid.*, V, 3, p. 173.

8. *MM1*, p. 949.

LE SACRE D'ALEXANDRE

1. *Antony*, acte I, scène 6, édition de Pierre-Louis Rey, Gallimard, « Folio Théâtre », 2002, p. 62.

2. *MM1*, p. 1073.

3. *Ibid.*, p. 1106.

4. « Lettre à Saint-Valry » (11 avril 1830), citée par Edmond Biré, *Victor Hugo avant 1830*, Jules Gervais, 1883, p. 507.

5. Comtesse Dash, *Mémoires des autres*, t. VI.

6. Alfred de Musset, *Poésies complètes*, *op. cit.*, p. 162.

7. Victor Hugo, *Marion Delorme*, acte V, scène 7, édition de Henry Bonnier, dans *Œuvres complètes*, édition sous la direction de Jean Massin, Le Club français du livre, 1967, p. 854.

8. *MM1*, p. 1106.

9. Alexandre Dumas, *Mes Mémoires*, II, 1830-1833, édition de Claude Schopp, Robert Laffont, « Bouquins », 1989, p. 26. Les références à cette édition seront désormais abrégées *MM2*.

10. « Lettre à Mélanie Waldor (13 juin 1830) », *Lettres d'Alexandre Dumas à Mélanie Waldor*, édition de Claude Schopp, PUF, « Centre des correspondances du XIXe siècle »,1982, p. 90.

11. *MM1*, p. 851.

12. *Journal des débats*, 14 août 1829.

13. *MM2*, p. 44-45.

14. *Ibid.*, p. 47.

15. *Ibid.*, p. 136-137.

16. « Lettre à Mélanie Waldor », 2 août 1830, *Lettres d'Alexandre Dumas à Mélanie Waldor, op. cit.*, p. 106.

17. *MM2*, p. 227.

18. *Ibid*, p. 228

19. B.N. n. a. fr. 14660, fº 286, 1. a. s., s. d. Lettre citée par Fernande Bassan et Sylvie Chevalley dans *Alexandre Dumas père et la Comédie-Française*, Minard, 1972, p. 50.

20. Fabrice Erre, « "Le Roi-Jésuite" et le "Roi-Poire" : la prolifération d'"espiègleries" séditieuses contre Charles X et Louis-Philippe (1826-1835) », *Romantismes*, nº 150, Armand Colin, 2010, p. 110.

21. *MM2*, p. 221.

22. Théophile Gautier, « La reprise d'*Antony* » (en octobre 1867), *Histoire du romantisme*, Charpentier, 1874, p. 166.

23. Alexandre Dumas, *Antony*, acte III, scène 7, éd. cit., p. 110-111.

24. *Ibid.*, V, 5-6, p. 151-153.

25. *MM2*, p. 472-473.

26. M. Dupin, *Bâtardi, ou le Désagrément de n'avoir ni père ni mère, existence de la vie d'un homme en cinq portions*, Barba, 1831, p. 37-38.

27. Voir l'ouvrage d'Esther Pinon, *Le Mal du Ciel. Musset et le Sacré*, Honoré Champion, Paris, 2014.

28. Alexandre Dumas, *Antony*, V, 3, *op. cit.*, p. 149.

DÉSENCHANTEMENT ET RAVISSEMENT

1. Honoré de Balzac, « Lettres parisiennes », *Le Voleur*, 9 janvier 1831.

2. *Ibid.*

3. *MM2*, p. 502.

4. *Ibid.*, p. 510.

5. *Ibid.*

6. *MM2*, p. 513.

7. *Ibid.*, p. 533.

8. Cité par Fernande Bassan et Sylvie Chevalley, *Alexandre Dumas père et la Comédie-Française, op. cit.*, p. 70.

9. Acte III, septième tableau, scène 5.

10. *MM2*, t. II, p. 616.

11. François-René de Chateaubriand, *Mémoires d'outre-tombe*, quatrième partie, Livre premier, chapitre 16, *op. cit.*, t. IV, p. 62-63.

12. *Gazette des théâtres*, 12 mai 1832.

13. Cité par Claude Schopp, *Dumas..., op. cit.*, p. 223.

14. *MM2*, p. 855.

15. *Intermédiaire des chercheurs et des curieux*, IX, « Un billet de Charles Nodier à Alexandre Dumas », nº193, 25 mai 1876, p. 316.

16. *Revue des Deux Mondes*, t. III, 1833, p. 14.

17. Cité par Daniel Zimmermann, *Le Fils de l'émigré*, présentation Daniel Zimmermann, Actes Sud, « Papiers », 1995, p. 5.

18. *MM2*, p. 917.

19. *Ibid.*, p. 552.

20. Acte I, 2e partie, scène 3, édition d'Henry Bonnier, *Œuvres complètes*, T. IV/2, éd. cit., p. 683.

21. *Journal des débats politiques et littéraires*, 1er novembre 1833, p. 2-3.

22. Hippolyte Romand, *Revue des Deux Mondes*, 15 janvier 1834, p. 4.

23. « Préface » de *Catherine Howard*, *Théâtre complet d'Alexandre Dumas*, Michel Lévy, Paris, 1864, p. 207.

24. Antoine Jay, *La Conversion d'un romantique, manuscrit de Jacques Delorme*, Moutardier, Paris, 1830, p. 8.

25. Cité dans *Le Bibliophile français*, t. I, Bachelin, 1868, p. 406.

26. *L'Ours*, mai 1834.

27. « Lettre à Victor Hugo », mai 1834. Cité dans *Correspondance d'Alfred de Vigny (août 1830-septembre 1835)*, Madeleine Ambrière (sous la dir. de), Presses Universitaires de France, 1989, p. 342.

28. *L'Écho de Rouen*, 20 ou 21 octobre 1834 ; *Journal des débats*, 22 octobre 1834 : « Inauguration de la statue en bronze de Pierre Corneille », p. 1-2 ; *Courrier des Théâtres*, 26 octobre 1834 ; *Gazette des Théâtres* et *Journal des Comédiens*, 26 octobre 1834.

1. Alexandre Dumas, *Nouvelles impressions de voyage*, t. I, Dumont, 1841, p. 1-2.

2. « Lyon moderne », *Revue de Paris*, t. 40, 1837, p. 36.

3. Voir Alexandre Dumas, *Narcisse et Hyacinthe, Correspondance amoureuse avec Hyacinthe Meinier*, édition de Claude Schopp, Éditions François Bourin, 1991.

4. Alexandre Dumas, *Nouvelles impressions de voyage*, t. I, *op. cit.*, p. 284-285.

5. François-René de Chateaubriand, *Itinéraire de Paris à Jérusalem*, « Préface à la première édition », édition de Maurice Regard, Gallimard, « Bibliothèque de la Pléiade », 1969, p. 701.

6. Alexandre Dumas, *Impressions de voyage*, t. II, *Le Spéronare*, p. 24.

7. *Revue de Paris*, t. 25, 1841, p. 88.

8. *Ibid.*, t. 33, 1841, p. 190.

9. Vicomte de Launay, *Lettres Parisiennes*, t. I, Librairie nouvelle, 1856, p. 225.

10. Voir Julie Anselmini (sous la dir. de), *Dumas critique*, Presses universitaires de Limoges, 2013, p. 11-20.

11. Cité par Claude Schopp, *Alexandre Dumas ou le génie de la vie*, *op. cit.*, p. 302.

12. Sainte-Beuve, « De la littérature industrielle », *Revue des Deux Mondes*, 1er septembre 1839.

13. « Le Feuilleton de *La Presse* », *La Presse*, 2 juillet 1836.

14. Alexandre Dumas, *Kean, ou Désordre et génie*, acte I, scène 2, édition de Claude Aziza, Paris, Omnibus, 2002, p. 795.

15. Alexandre Dumas, *Sur Gérard de Nerval. Nouveaux mémoires*, édition de Claude Schopp, Éditions Complexe, 1990, p. 216.

16. *Revue des Deux Mondes*, janvier 1838, t. 2, p. 130.

17. Alexandre Dumas, *Excursions sur les bords du Rhin*, Dumont, p. 13.

18. *Ibid.*, p. 17-18.

19. Voir Lieven d'Hulst, « Le voyage allemand de Nerval et Dumas en 1838 », *Études nervaliennes et romantiques*, III, Presses universitaires de Namur, 1981, p. 53-57.

20. Alexandre Dumas, *Excursions sur les bords du Rhin*, *op. cit.*, p. 260.

21. Jules Janin, *Histoire de la littérature dramatique*, t. VI, Michel Lévy, 1858, p. 300.

22. Alexandre Dumas, *Crimes célèbres*, t. 1, 1841, p. 193.

23. Eugène de Mirecourt, *Dumas-Père*, Librairie des contemporains, 1869, p. 33.

24. « Lettre à Alexandre Dumas fils », janvier 1840, citée par Claude Schopp, *Alexandre Dumas, le génie de la vie, op. cit.*, p. 331.

25. Beaumarchais, *Le Mariage de Figaro*, acte V, scène 3, édition de Jean-Pierre de Beaumarchais, Paris, Classiques Garnier, 1980, p. 306.

À L'OMBRE DE FLORENCE

1. Alexandre Dumas, « Isabel de Bavière », *Chroniques de France*, Dumont, 1835, p. 8.

2. Alexandre Dumas, « La Villa Palmieri », *Impressions de voyage, op. cit.*, p. 133.

3. *Ibid.*, p. 137

4. Lettre citée par Claude Schopp, *Alexandre Dumas, le génie de la vie, op. cit.*, p. 341.

5. Alexandre Dumas, *Les Garibaldiens. Révolution de Sicile et de Naples*, Michel Lévy, 1861, p. 319.

6. *Revue de Paris*, t. XXIII, novembre 1840, p. 16.

7. Alexandre Dumas, *Le Comte de Monte-Cristo*, vol. 1, *op. cit.*, p. 336.

8. « État civil du comte de Monte-Cristo », *Causeries*, première série, Paris, Michel Lévy, 1860, p. 265.

9. *La Villa Palmieri, op. cit.*, p. 260.

10. *Mémoires de la comtesse de Boigne*, Plon, 1908, p. 274.

11. Alfred de Musset, « De la tragédie. À propos des débuts de Mademoiselle Rachel », *Œuvres complètes en prose*, édition de Maurice Allem, Gallimard, « Bibliothèque de la Pléiade », 1960, p. 147.

12. Alfred de Musset, « Le 13 juillet », *Poésies complètes, op. cit.*, p. 599.

LE PHÉNIX

1. Alexandre Dumas, *Le Comte de Monte-Cristo*, chapitre CXVII, *op. cit.*, p. 1398.

2. Alexandre Dumas, *Histoire de mes bêtes*, Michel Lévy, 1868, p. 5-6.

3. Alexandre Dumas, *Gabriel Lambert*, Michel Lévy, 1868, p. 147.

4. Alexandre Dumas, *Le Comte de Monte-Cristo, op. cit.*, p. 3.

5. *Ibid.*, p. 425-426.

6. Jean-Yves Tadié, « Préface », in *ibid.*, p. I.

7. Eugène de Mirecourt, *Fabrique de romans. Maison A. Dumas et compagnie*, Chez les marchands de nouveauté, 1845, p. 7.

8. Lettre citée par Charles Simon, *Histoire d'une collaboration : Alexandre Dumas et Auguste Maquet ; documents inédits*, Georges Crès, 1919, p. 99-100.

9. Alexandre Dumas, *Le Vicomte de Bragelonne*, vol. 3, édition de Jean-Yves Tadié, Gallimard, « Folio », 1997, p. 843.

10. Alexandre Dumas, *De Paris à Cadix*, Michel Lévy, 1854, p. 12-13.

11. *Ibid.*, p. 100.

12. *Ibid.*, p. 225.

13. Jean-Claude Yon, « La naissance du Théâtre-Historique », *Le Théâtre-Historique d'Alexandre Dumas (I). Le Répertoire et la troupe, Cahiers Alexandre Dumas*, Les Belles Lettres, 2008, p. 25.

14. *Almanach comique*, 1848.

LES HEURES NOIRES

1. *Le Mois*, nº 1, mars 1848, p. 30.

2. Voir l'article de Guy Sabatier : *in* Jean-Claude Yon (sous la dir. de), *Le Théâtre français du XIXe siècle à l'étranger, histoire d'une suprématie culturelle*, Nouveau Monde éditions, 2009, p. 1876.

3. *La Presse*, 1er mars 1848.

4. Alexandre Dumas, *Histoire de mes bêtes, op. cit.*, p. 11.

5. Alexandre Dumas, *La Dernière Année de Marie Dorval*, Librairie Nouvelle, 1855, p. 74-76.

6. Alexandre Dumas, *Le Comte Hermann*, « Préface », Marchant, 1849, p. 1.

7. Alexandre Dumas, « Un dernier mot à mes lecteurs », *ibid.*, p. 48.

8. « Préface », *Ibid.*, éd. cit., p. 2.

9. *Le Corsaire*, 25 novembre 1849.

10. « Alexandre Dumas à Jules Michelet », 22 mars 1851, *Correspondances, Cahiers Alexandre Dumas*, nº 29, 2002, p. 177.

11. *Ibid.*

12. Cité dans Victor Hugo, *Histoire d'un crime*, édition de Jean-Claude Fizaine, Robert Laffont, « Bouquins », 1987, p. 330.

13. Alexandre Dumas, « Lettre à Anténor Joly », 16 mars 1852, *Correspondances, op. cit.*, p. 182-183.

14. Victor Hugo, *Les Contemplations,* t. V, édition de Jean Gaudon, *Œuvres complètes*, t. IX/1, édition sous la direction de Jean Massin, Le Club français du livre, 1967, p. 277.

15. Publié par Claude Schopp dans « Documents pour l'histoire d'une amitié », *Cahiers Alexandre Dumas*, nº 14, 1985, p. 57.

16. Gérard de Nerval, « El Desdichado », *Les Chimères, Œuvres complètes*, t. III, édition sous la direction de Claude Pichois, Gallimard, « Bibliothèque de la Pléiade », 1993, p. 645.

17. Alexandre Dumas, *Sur Gérard de Nerval : nouveaux mémoires, op. cit.*, p. 39.

18. *La libre recherche, revue universelle*, vol. 1, 1855, p. 107.

19. Roger de Beauvoir, *Le Mousquetaire*, 6 juillet 1855, p. 1.

SEMELLES DE VENT

1. *Correspondances, Cahiers Alexandre Dumas*, nº 29, p. 228.

2. « Lettre à Victor Hugo », 5 avril 1857, transcription de Christine Routier-Lecarpentier assistée de Chantal Brière, *Correspondance de Juliette Drouet*, Florence Naugrette (sous la dir. de), www.juliettedrouet.org.

3. Voir l'article de Maxime Prévost, « Alexandre Dumas : de l'épître messianique à la causerie familière », *Médias 19* [en ligne], Guillaume Pinson (dir.), *La Lettre et la Presse : poétique de l'intime et culture médiatique*, 4. la lettre de l'Écrivain-journaliste, mis à jour le : 21/09/2012, http://www.medias19.org/index.php?id=307.

4. *Le Monte-Cristo*, nº 3, 7 mai 1857, p. 2.

5. *Le Monte-Cristo*, nº 6, 28 mai 1857, p. 15-16.

6. Alexandre Dumas, « Le Château de Pierrefonds », *Le Monte-Cristo, Bric-à-brac*, 3 septembre 1857.

7. Alexandre Dumas, *Lettres à mon fils*, édition de Claude Schopp, Mercure de France, 2008, p. 218.

8. *Ibid.*

9. Alexandre Dumas, *Le Caucase*, t. XXXI, *Journal de Voyages et romans*, Michel Lévy, Paris, 1859, p. 126.

10. *Impressions de voyage. En Russie*, Michel Lévy, 1866, p. 211.

11. Victor Hugo, *Actes et Paroles*, *Œuvres complètes*, t. XV, *op. cit.*, p. 1250.

12. Alexandre Dumas, *Les Garibaldiens. Révolution de Sicile et de Naples*, Michel Lévy, 1861, p. 184.

13. *Ibid.*, p. 198.

14. « Lettre à Van Loo », 15 septembre 1860. Cité dans *Bulletin du bibliophile*, Promodis, 1981, p. 189.

15. « Lettre à Emma Mannoury-Lacour », 21 mai 1860, *Correspondances, Cahiers Alexandre Dumas*, nº 29, p. 259.

16. « Lettre à Emma Mannoury-Lacour », mai 1860, accessible sur le site : http://www.dumaspere.org.

17. Voir Alain Montandon, *Théophile Gautier, le poète impeccable*, Paris, Editions Aden, « Le Cercle des poètes disparus », 2013.

18. Voir « Alexandre Dumas. De conférence en conférence. Textes inédits », *Cahiers Alexandre Dumas*, nº 26, 1999.

19. Victor Hugo, *Œuvres complètes*, vol. 13, édition de Jean Massin, Paris, Le Club français du Livre, 1969, p. 721.

20. Jules et Edmond de Goncourt, *Journal*, année 1866, édition de Robert Ricatte, Robert Laffont, « Bouquins », 1989, p. 9.

21. *Œuvres poétiques complètes*, édition de Y. Le Dantec, Gallimard, « Bibliothèque de la Pléiade », 1962, p. 126.

22. Alexandre Dumas, *La Terreur prussienne*, Paris, Michel Lévy, 1868, p. 4.

23. Alexandre Dumas, Lettre à Auguste Maquet, 19 avril 1868, accessible sur le site : http://www.dumaspere.org.

LA MORT D'UN TITAN

1. Alexandre Dumas, *Le Comte Hermann*, « Épilogue », Éditions Marchant, 1849, p. 41.

2. Alexandre Dumas, « Lettre à Asseline », 5 novembre 1870, accessible sur le site : http://www.dumaspere.org.

3. « Lettre d'A. Dumas-fils à Alphonse Karr », octobre 1870, *Correspondances, Cahiers Alexandre Dumas*, nº 29, p. 339.

4. Victor Hugo, *Actes et Paroles*, édition de Jean-Claude Fizaine, Robert Laffont, « Bouquins », 1985, p. 843-844.

5. « Lettre à Alexandre Dumas-fils », le 15 avril 1872, accessible sur le site : http://www.dumaspere.org.

6. *Le Vicomte de Bragelonne*, « La mort d'un Titan », *op. cit.*, p. 739.

REMERCIEMENTS

L'auteur exprime ses plus vifs remerciements à Florence Naugrette, Sophie Mentzel, Esther Pinon, Patrick Berthier, Frank Lestringant, Hervé Lacombe, Sarah Mombert. Il adresse une pensée choisie à Sophie Vanden Abeele-Marchal, ainsi qu'à Claude Schopp, dont l'amitié et la généreuse érudition ont nourri l'écriture de ce livre.

ANNEXES

FOLIO BIOGRAPHIES

Alain-Fournier, par ARIANE CHARTON

Alexandre le Grand, par JOËL SCHMIDT

Lou Andreas-Salomé, par DORIAN ASTOR

Attila, par ÉRIC DESCHODT. Prix « Coup de cœur en poche 2006 » décerné par *Le Point*.

Joséphine Baker, par JACQUES PESSIS

Bach, par MARC LEBOUCHER

Balzac, par FRANÇOIS TAILLANDIER

Baudelaire, par JEAN-BAPTISTE BARONIAN

Beethoven, par BERNARD FAUCONNIER

Sarah Bernhardt, par SOPHIE AUDE PICON

Bouddha, par SOPHIE ROYER

Bougainville, par DOMINIQUE LEBRUN

James Brown, par STÉPHANE KOECHLIN

Maria Callas, par RENÉ DE CECCATTY

Calvin, par JEAN-LUC MOUTON

Camus, par VIRGIL TANASE

Le Caravage, par GÉRARD-JULIEN SALVY

Casanova, par MAXIME ROVERE

Céline, par YVES BUIN

Jules César, par JOËL SCHMIDT

Cézanne, par BERNARD FAUCONNIER. Prix de la biographie de la ville d'Hossegor 2007.

Chaplin, par MICHEL FAUCHEUX

Chopin, par PASCALE FAUTRIER

Churchill, par SOPHIE DOUDET

Cléopâtre, par JOËL SCHMIDT

Albert Cohen, par FRANCK MÉDIONI

Colette, par MADELEINE LAZARD

Christophe Colomb, par MARIE-FRANCE SCHMIDT

Joseph Conrad, par MICHEL RENOUARD

Marie Curie, par JANINE TROTEREAU

Darwin, par JEAN-NOËL MOURET

Alexandra David-Néel, par JENNIFER LESIEUR

James Dean, par JEAN-PHILIPPE GUERAND

Debussy, par ARIANE CHARTON

Charles Dickens, par JEAN-PIERRE OHL

Diderot, par RAYMOND TROUSSON

Marlene Dietrich, par JEAN PAVANS

Dostoïevski, par VIRGIL TANASE

Alexandre Dumas, par SYLVAIN LEDDA

Albert Einstein, par LAURENT SEKSIK

Fellini, par BENITO MERLINO

Flaubert, par BERNARD FAUCONNIER

Freud, par RENÉ MAJOR et CHANTAL TALAGRAND

Gandhi, par CHRISTINE JORDIS. Prix du livre d'histoire de la ville de Courbevoie 2008.

Federico García Lorca, par ALBERT BENSOUSSAN

De Gaulle, par ÉRIC ROUSSEL

Geronimo, par OLIVIER DELAVAULT

George Gershwin, par FRANCK MÉDIONI

Goethe, par JOËL SCHMIDT

Goya, par MARIE-FRANCE SCHMIDT

Jimi Hendrix, par FRANCK MÉDIONI

Billie Holiday, par SYLVIA FOL

Victor Hugo, par SANDRINE FILLIPETTI

Ibsen, par JACQUES DE DECKER

Jésus, par CHRISTIANE RANCÉ

Janis Joplin, par JEAN-YVES REUZEAU

Kafka, par GÉRARD-GEORGES LEMAIRE

Gene Kelly, par ALAIN MASSON

Kennedy, par VINCENT MICHELOT

Kerouac, par YVES BUIN

Lafayette, par BERNARD VINCENT

Lapérouse, par ANNE PONS

Lawrence d'Arabie, par MICHEL RENOUARD

Franz Liszt, par FRÉDÉRIC MARTINEZ

Jack London, par BERNARD FAUCONNIER

Louis XIV, par ÉRIC DESCHODT

Louis XVI, par BERNARD VINCENT

Auguste et Louis Lumière, par MICHEL FAUCHEUX

Machiavel, par HUBERT PROLONGEAU

Man Ray, par SERGE LOPEZ

Magritte, par MICHEL DRAGUET

Maupassant, par FRÉDÉRIC MARTINEZ

Bob Marley, par JEAN-PHILIPPE DE TONNAC

Michel-Ange, par NADINE SAUTEL

Mishima, par JENNIFER LESIEUR

Modigliani, par CHRISTIAN PARISOT

Molière, par CHRISTOPHE MORY

Marilyn Monroe, par ANNE PLANTAGENET

Mermoz, par MICHEL FAUCHEUX

Moïse, par CHARLES SZLAKMANN

Jim Morrison, par JEAN-YVES REUZEAU

Mozart, par JEAN BLOT

Alfred de Musset, par ARIANE CHARTON

Napoléon Bonaparte, par PASCALE FAUTRIER

Gérard de Nerval, par GÉRARD COGEZ

Nietzsche, par DORIAN ASTOR

Pasolini, par RENÉ DE CECCATTY

Pasteur, par JANINE TROTEREAU

Édith Piaf, par ALBERT BENSOUSSAN

Picasso, par GILLES PLAZY

Marco Polo, par OLIVIER GERMAIN-THOMAS

Louis Renault, par JEAN-NOËL MOURET

Rimbaud, par JEAN-BAPTISTE BARONIAN. Prix littéraire 2011 du parlement de la Fédération Wallonie Bruxelles.

Robespierre, par JOËL SCHMIDT

Rousseau, par RAYMOND TROUSSON

Saint-Exupéry, par VIRGIL TANASE. Prix de la biographie de la ville d'Hossegor 2013.

George Sand, par MARTINE REID. Prix Ernest Montusès 2013.

Madame de Sévigné, par STÉPHANE MALTÈRE

Shakespeare, par CLAUDE MOURTHÉ

Stendhal, par SANDRINE FILLIPETTI

Jacques Tati, par JEAN-PHILIPPE GUERAND

Tchekhov, par VIRGIL TANASE

Henry David Thoreau, par LAURA EL MAKKI et MARIE BERTHOUMIEU

Toussaint Louverture, par ALAIN FOIX

Jules Vallès, par CORINNE SAMINADAYAR-PERRIN

Van Gogh, par DAVID HAZIOT. Prix d'Académie 2008 décerné par l'Académie Française (fondation Le Métais-Larivière).

Verdi, par ALBERT BENSOUSSAN

Verlaine, par JEAN-BAPTISTE BARONIAN

Boris Vian, par CLAIRE JULLIARD

Léonard de Vinci, par SOPHIE CHAUVEAU

Wagner, par JACQUES DE DECKER

Andy Warhol, par MERIAM KORICHI

Oscar Wilde, par DANIEL SALVATORE SCHIFFER

Tennessee Williams, par LILIANE KERJAN, prix du Grand Ouest des écrivains de l'Ouest 2011.

Virginia Woolf, par ALEXANDRA LEMASSON

Stefan Zweig, par CATHERINE SAUVAT

COLLECTION FOLIO

Dernières parutions

5581. Paolo Rumiz	*L'ombre d'Hannibal*
5582. Colin Thubron	*Destination Kailash*
5583. J. Maarten Troost	*La vie sexuelle des cannibales*
5584. Marguerite Yourcenar	*Le tour de la prison*
5585. Sempé-Goscinny	*Les bagarres du Petit Nicolas*
5586. Sylvain Tesson	*Dans les forêts de Sibérie*
5587. Mario Vargas Llosa	*Le rêve du Celte*
5588. Martin Amis	*La veuve enceinte*
5589. Saint Augustin	*L'Aventure de l'esprit*
5590. Anonyme	*Le brahmane et le pot de farine*
5591. Simone Weil	*Pensées sans ordre concernant l'amour de Dieu*
5592. Xun zi	*Traité sur le Ciel*
5593. Philippe Bordas	*Forcenés*
5594. Dermot Bolger	*Une seconde vie*
5595. Chochana Boukhobza	*Fureur*
5596. Chico Buarque	*Quand je sortirai d'ici*
5597. Patrick Chamoiseau	*Le papillon et la lumière*
5598. Régis Debray	*Éloge des frontières*
5599. Alexandre Duval-Stalla	*Claude Monet - Georges Clemenceau : une histoire, deux caractères*
5600. Nicolas Fargues	*La ligne de courtoisie*
5601. Paul Fournel	*La liseuse*
5602. Vénus Khoury-Ghata	*Le facteur des Abruzzes*
5603. Tuomas Kyrö	*Les tribulations d'un lapin en Laponie*
5605. Philippe Sollers	*L'Éclaircie*
5606. Collectif	*Un oui pour la vie ?*
5607. Éric Fottorino	*Petit éloge du Tour de France*
5608. E.T.A. Hoffmann	*Ignace Denner*

5608. Frédéric Martinez	*Petit éloge des vacances*
5610. Sylvia Plath	*Dimanche chez les Minton et autres nouvelles*
5611. Lucien	*« Sur des aventures que je n'ai pas eues ». Histoire véritable*
5612. Julian Barnes	*Une histoire du monde en dix chapitres ½*
5613. Raphaël Confiant	*Le gouverneur des dés*
5614. Gisèle Pineau	*Cent vies et des poussières*
5615. Nerval	*Sylvie*
5616. Salim Bachi	*Le chien d'Ulysse*
5617. Albert Camus	*Carnets I*
5618. Albert Camus	*Carnets II*
5619. Albert Camus	*Carnets III*
5620. Albert Camus	*Journaux de voyage*
5621. Paula Fox	*L'hiver le plus froid*
5622. Jérôme Garcin	*Galops*
5623. François Garde	*Ce qu'il advint du sauvage blanc*
5624. Franz-Olivier Giesbert	*Dieu, ma mère et moi*
5625. Emmanuelle Guattari	*La petite Borde*
5626. Nathalie Léger	*Supplément à la vie de Barbara Loden*
5627. Herta Müller	*Animal du cœur*
5628. J.-B. Pontalis	*Avant*
5629. Bernhard Schlink	*Mensonges d'été*
5630. William Styron	*À tombeau ouvert*
5631. Boccace	*Le Décaméron. Première journée*
5632. Isaac Babel	*Une soirée chez l'impératrice*
5633. Saul Bellow	*Un futur père*
5634. Belinda Cannone	*Petit éloge du désir*
5635. Collectif	*Faites vos jeux !*
5636. Collectif	*Jouons encore avec les mots*
5637. Denis Diderot	*Sur les femmes*
5638. Elsa Marpeau	*Petit éloge des brunes*
5639. Edgar Allan Poe	*Le sphinx*
5640. Virginia Woolf	*Le quatuor à cordes*
5641. James Joyce	*Ulysse*

5676. Francesca Melandri	*Eva dort*
5677. Jean-Noël Pancrazi	*La montagne*
5678. Pascal Quignard	*Les solidarités mystérieuses*
5679. Leïb Rochman	*À pas aveugles de par le monde*
5680. Anne Wiazemsky	*Une année studieuse*
5681. Théophile Gautier	*L'Orient*
5682. Théophile Gautier	*Fortunio. Partie carrée. Spirite*
5683. Blaise Cendrars	*Histoires vraies*
5684. David McNeil	*28 boulevard des Capucines*
5685. Michel Tournier	*Je m'avance masqué*
5686. Mohammed Aïssaoui	*L'étoile jaune et le croissant*
5687. Sebastian Barry	*Du côté de Canaan*
5688. Tahar Ben Jelloun	*Le bonheur conjugal*
5689. Didier Daeninckx	*L'espoir en contrebande*
5690. Benoît Duteurtre	*À nous deux, Paris !*
5691. F. Scott Fitzgerald	*Contes de l'âge du jazz*
5692. Olivier Frébourg	*Gaston et Gustave*
5693. Tristan Garcia	*Les cordelettes de Browser*
5695. Bruno Le Maire	*Jours de pouvoir*
5696. Jean-Christophe Rufin	*Le grand Cœur*
5697. Philippe Sollers	*Fugues*
5698. Joy Sorman	*Comme une bête*
5699. Avraham B. Yehoshua	*Rétrospective*
5700. Émile Zola	*Contes à Ninon*
5701. Vassilis Alexakis	*L'enfant grec*
5702. Aurélien Bellanger	*La théorie de l'information*
5703. Antoine Compagnon	*La classe de rhéto*
5704. Philippe Djian	*"Oh..."*
5705. Marguerite Duras	*Outside* suivi de *Le monde extérieur*
5706. Joël Egloff	*Libellules*
5707. Leslie Kaplan	*Millefeuille*
5708. Scholastique Mukasonga	*Notre-Dame du Nil*
5709. Scholastique Mukasonga	*Inyenzi ou les Cafards*
5710. Erich Maria Remarque	*Après*
5711. Erich Maria Remarque	*Les camarades*
5712. Jorge Semprun	*Exercices de survie*

Composition APS
Impression Maury Imprimeur
45330 Malesherbes
le 23 septembre 2014.
Dépôt légal : septembre 2014.
Numéro d'imprimeur : 192420.

ISBN 978-2-07-044931-6. / Imprimé en France.

245902